DELIUS KLASING

SEGELN
IMPRESSIONEN EINER LEIDENSCHAFT

GILLES MARTIN-RAGET
VINCENT BOURDIN

DELIUS KLASING VERLAG

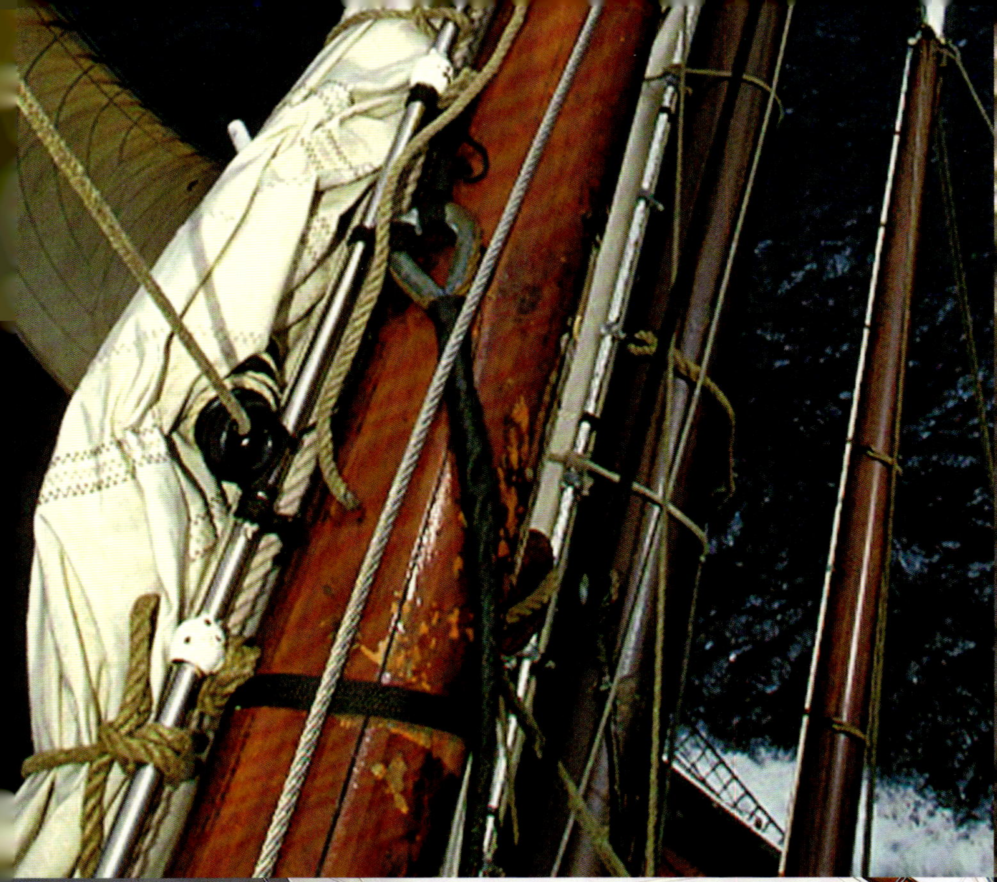
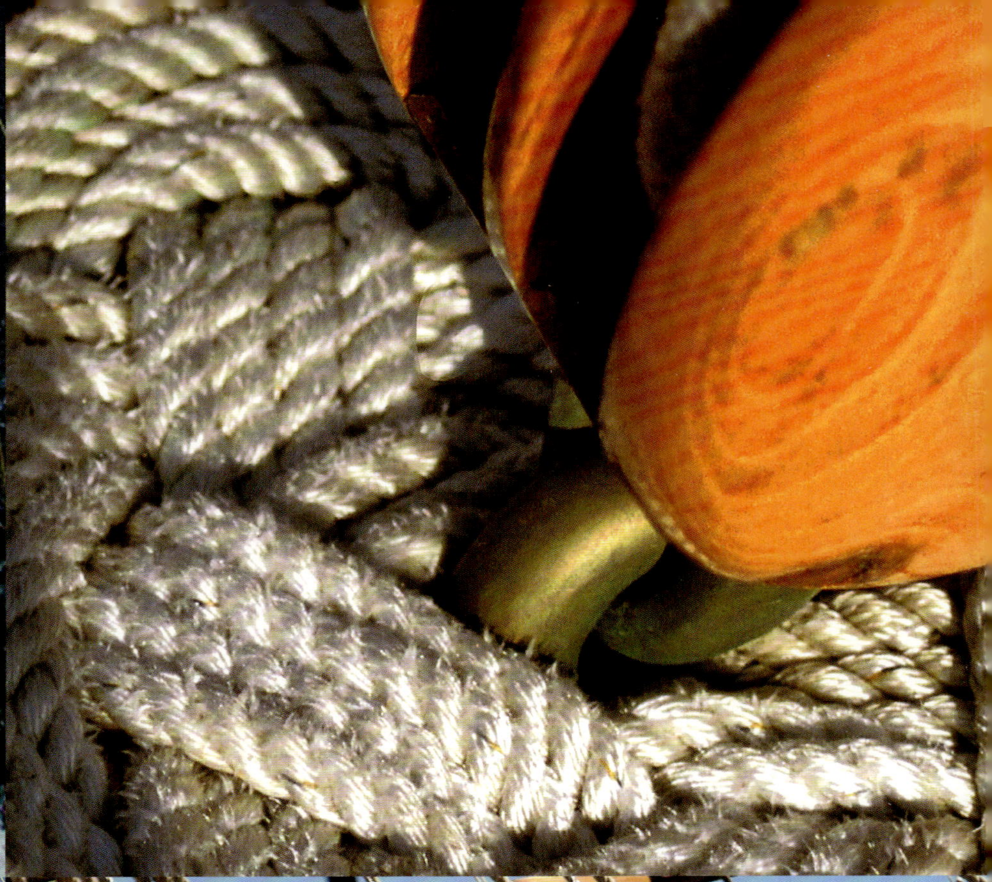
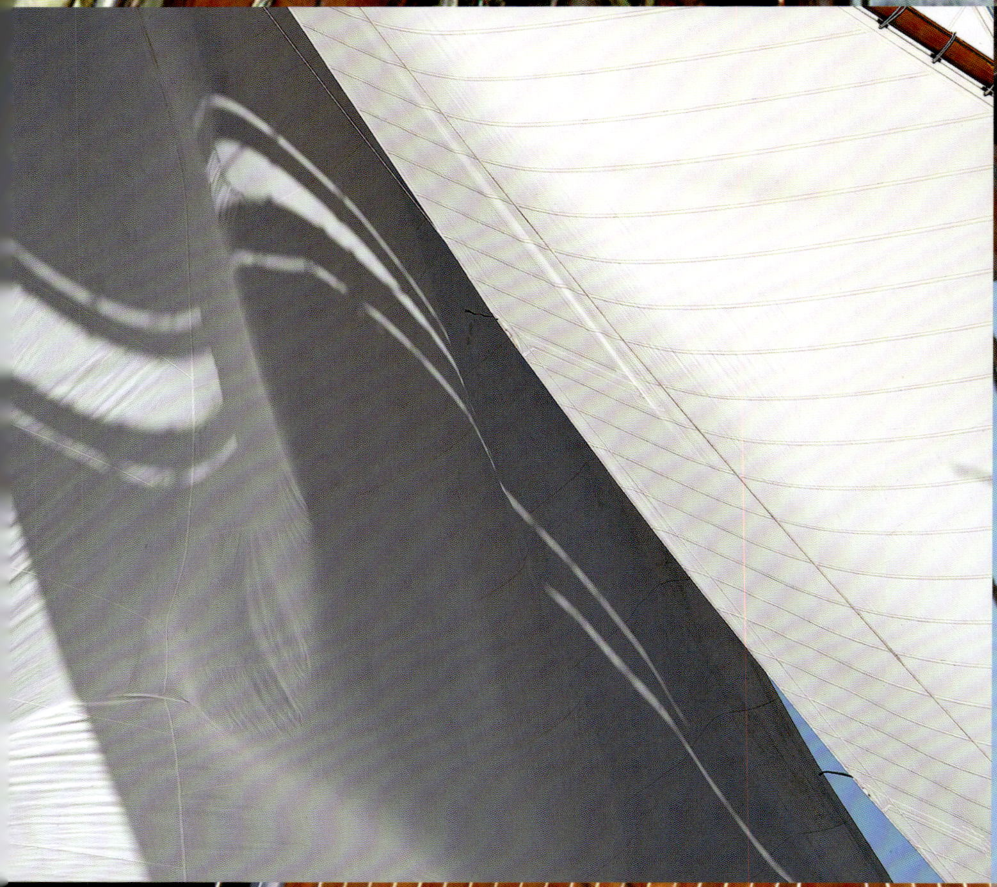
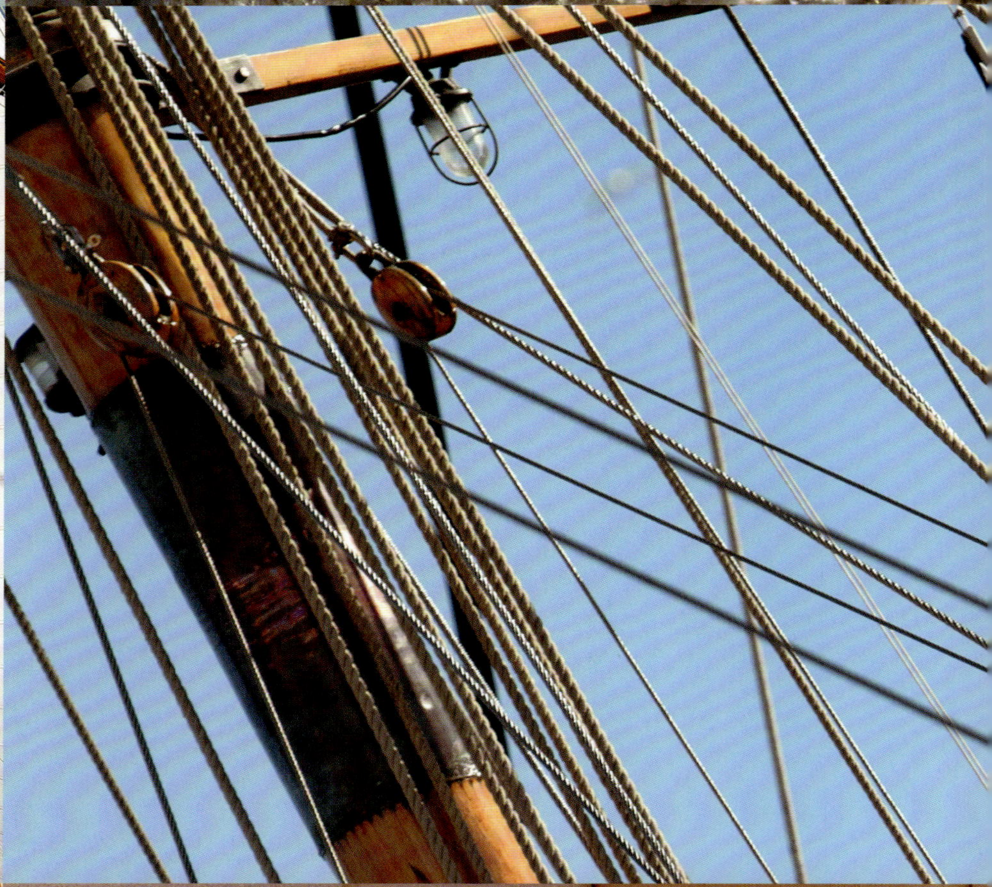
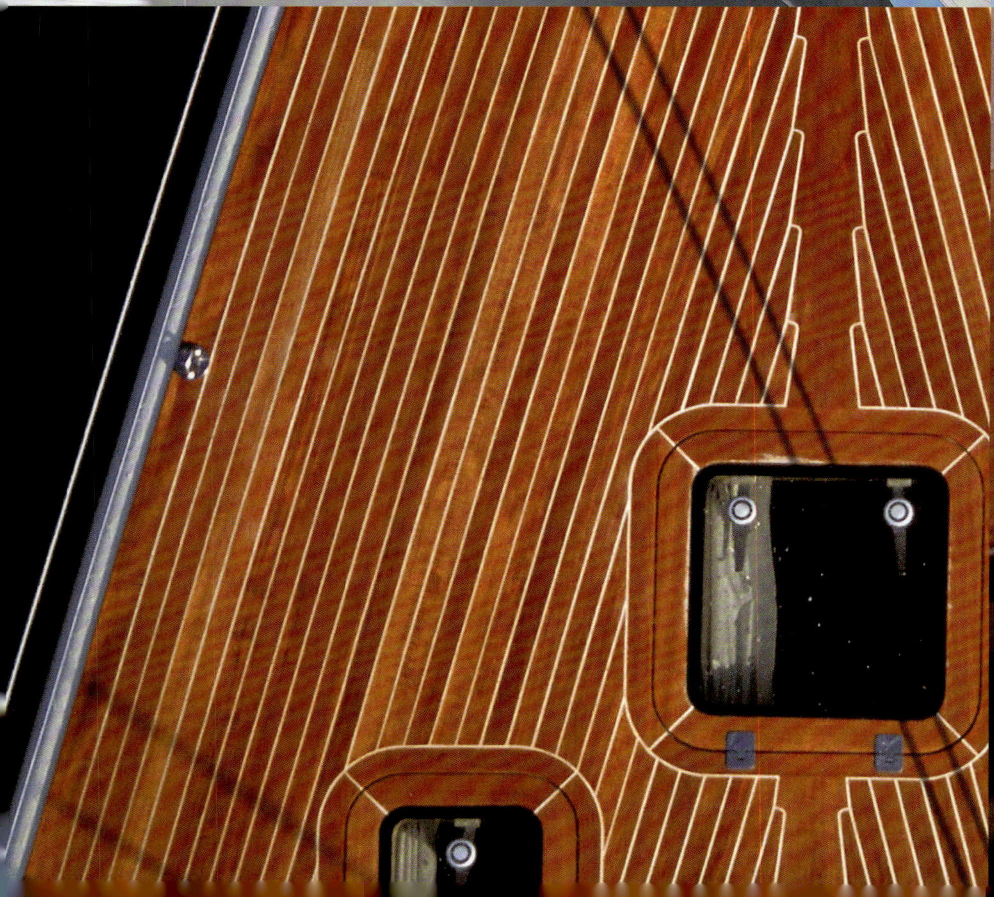
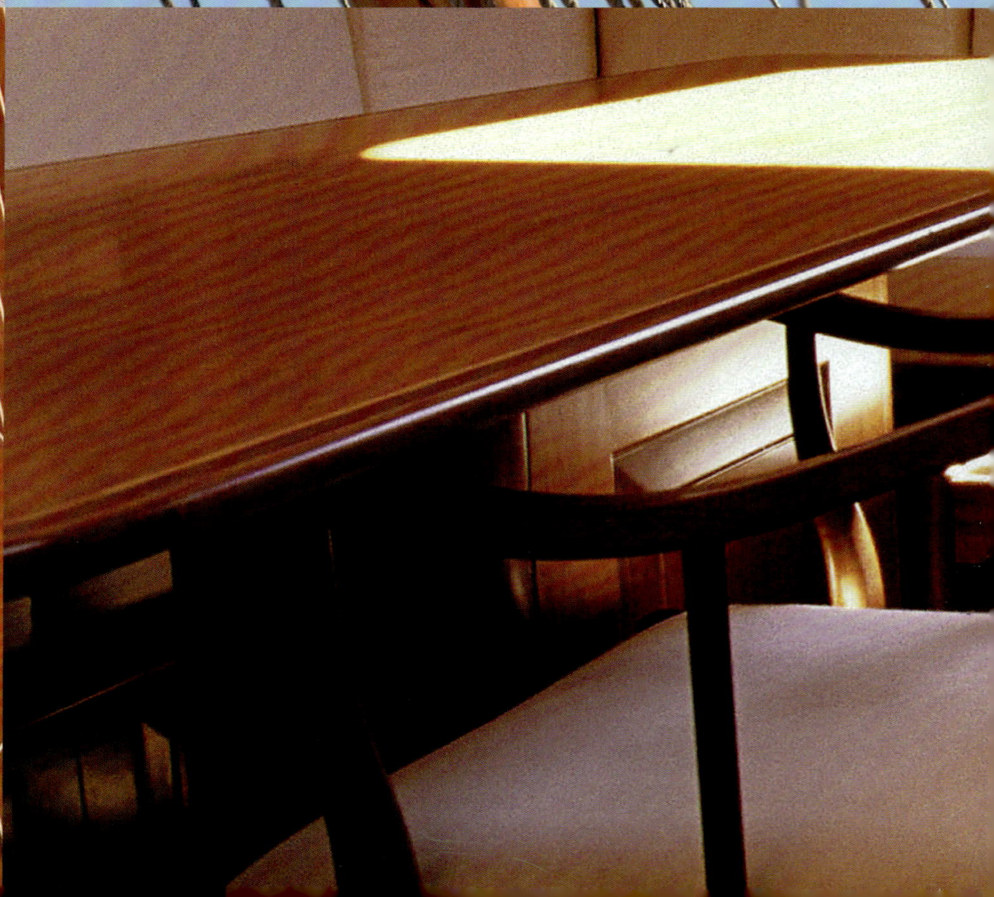

Inhalt

Einleitung – 7

Geburt oder Wiedergeburt einer Yacht – 11
    Konstrukteure und stilvolle Yachten – 12
    Konstruktionen und Materialien – 22
    Maltese Falcon – 36

Freude an Formen – 39
    Auf Deck: Ausstattung, Instrumente und Tauwerk – 40
    Atlantic – 48
    Takelage und Segel – 58
    Unter Deck: Komfort und Stil – 77
    Cambria – 96

Freude am Segeln – 99
    Auf hoher See – 100
    Shenandoah – 106
    Manöver, die das Herz erfreuen – 116
    Indio – 120
    Mariquita – 136
    Bei der Regatta – 148

Segelsport und Lebensart – 162
    Regatten und Zusammenkünfte – 165
    Eleganz und Etikette – 184
    Die schönsten Ankerplätze – 203

Anhang
    Die genannten Yachten in alphabetischer Reihenfolge – 222
    Danksagung – 224

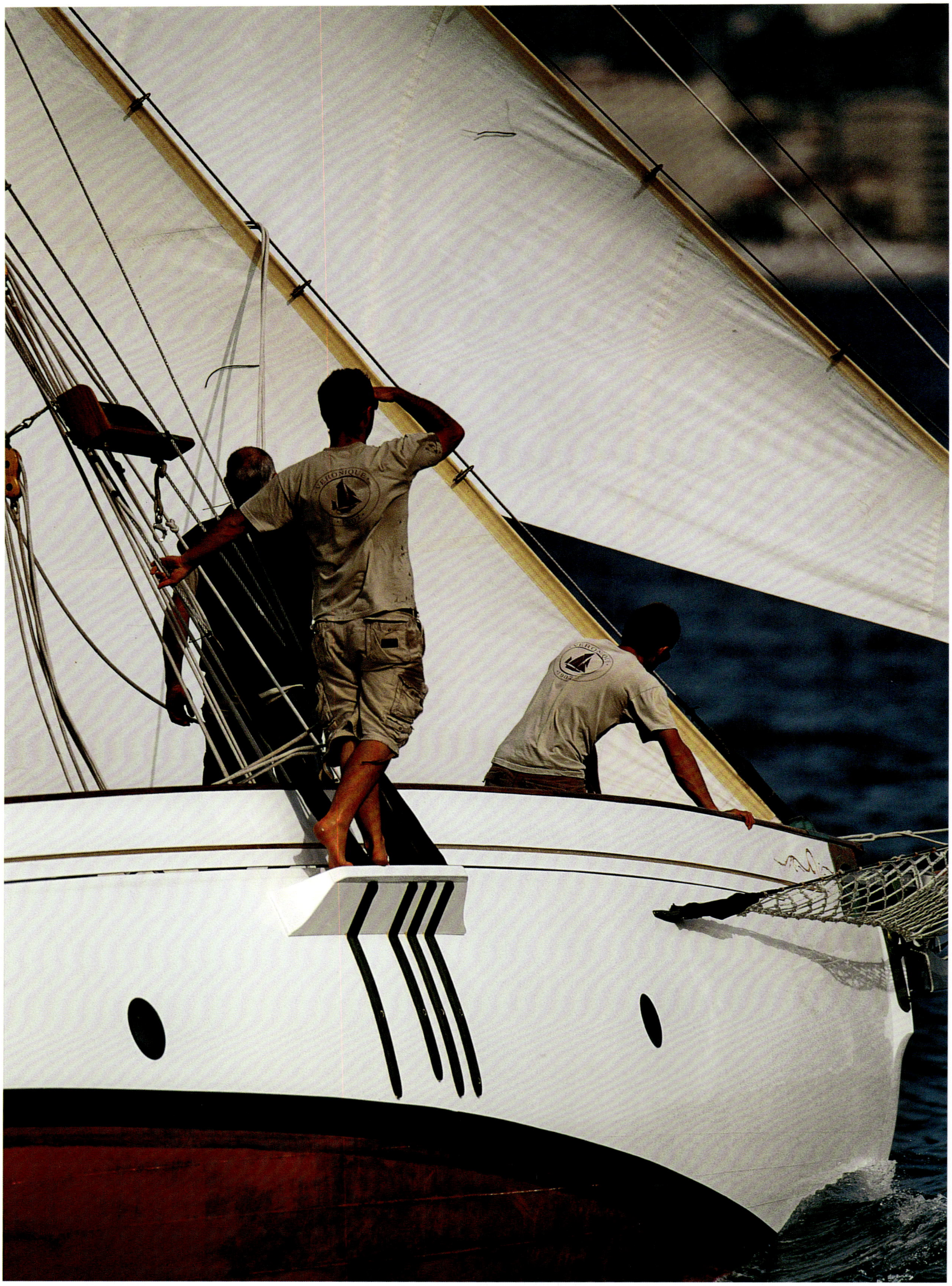

Einleitung

Seeleute sind oft leidenschaftliche Menschen. Das Meer mit seinem Versprechen von Freiheit und Lebensfreude zieht sie an. Manch einer sucht auf dem Wasser auch nach Wahrheit. Das Meer täuscht nicht und lässt sich nicht täuschen. Manchmal zeigt es sich gefährlich, manchmal sanft, duldet aber grundsätzlich weder Prahlerei noch Falschheit. Auch Seeleute sind ehrliche Gemüter und halten sich an ihre Prinzipien, allein schon, um wieder lebendig an Land zu kommen. Jeder Hobby-Kapitän mit Seefahrerherz, aber auch jeder professionelle Skipper hat höchsten Respekt vor dem nassen Element. Die wichtigsten Dinge auf See sind Demut, Weisheit und Sinn für Harmonie. Den wahren Seemann erkennt man daran, dass er in Harmonie mit dem Meer lebt und es nicht nur als einen Vergnügungsort oder seinen Arbeitsplatz ansieht.

Auch wenn der Segelsport in den Augen der heutigen Gesellschaft als nutzlose und unproduktive Betätigung gilt, so stammt er doch vom Können der alten Seemänner ab, die einst Tee und Gewürze auf einem möglichst schnellen und günstigen Weg nach Europa brachten. Angesichts dieser Herausforderung dachten sich einige unternehmungslustige Adelige sportliche Wettkämpfe aus. Zwar haben auch schon einige römische Herrscher Ausflüge auf dem Wasser gemacht, doch das Freizeitsegeln zum reinen Vergnügen und ohne konkretes Reiseziel kam erst in den letzten 200 Jahren auf. Anfänglich war es einer vermögenden Elite vorbehalten, entwickelte sich mit der Zeit aber zu einem wahren Volkssport, an dem sich bis heute jeder erfreuen kann.

Eine Gemeinsamkeit verbindet alle Segler miteinander, egal ob sie Fischer, Regattateilnehmer oder Freizeitskipper sind: die Liebe zum Meer. Dies ist seit Menschengedenken unverändert geblieben. Will der Mensch das Wasser befahren, muss er viel Geschick entwickeln, um bei Wind, Wetter und schwerer Dünung bestehen zu können. Die seefahrerischen Fähigkeiten umfassen nicht nur technisches Wissen, sondern auch eine entsprechende Geisteshaltung und viel Lebenskunst; diese lassen sich nur langsam erwerben und wachsen von Seemeile zu Seemeile.

Demut, Weisheit und Sinn für Harmonie finden mit der Zeit ihren Weg in den Geist der Seeleute. Das Wort Harmonie hat in diesem Zusammenhang eine ästhetische, wenn nicht künstlerische Konnotation, die an vielen Stellen im Segelsport ihren Ausdruck findet. Nur selten jedoch finden Schönheit, Anmut und Eleganz alter Segelschiffe explizit Erwähnung: trotz ganz aus lackiertem Holz gebauter Rümpfe, trotz mit größter Liebe zum Detail gefertigter Aufbauten. Umso erstaunlicher ist es, dass heute recht viele kunstvoll gestaltete Schiffe aus alter Zeit renoviert oder nachgebaut werden und dass es eine jährlich wachsende Flotte von Schiffen so genialer Hersteller wie Fife oder Herreshoff gibt, die erfreulicherweise für die Zukunft erhalten bleibt. Erstaunlich ist es, dass sich zugleich ein moderner selbstbewusster Segelsport herausbildet, bei dem das Augenmerk sowohl auf Eleganz und Schönheit als auch auf Sicherheit und Leistung liegt.

Dieser Bildband gibt dem Liebhaber schöner Yachten einen Überblick über die verschiedenen Aspekte des Sportsegelns: Vom Konstrukteur zum Regattateilnehmer, vom Bootsbauer zum Takelmeister sind alle darum bemüht, eine perfekte Verbindung zwischen Funktionalität und höchster Schönheit zu erreichen und mit ihrer Arbeit eine anhaltende Harmonie zwischen Schiff und Meer herzustellen.

Denn eines ist sicher: Das Meer bietet dem Menschen an Bord ständig neue Überraschungen und seine unbändige Schönheit. Ist dieses Kunstwerk der Natur nicht der am besten geeignete Rahmen, um jene anderen Kunstwerke, die Segelschiffe von heute und gestern, zur Geltung zu bringen?

◄◄
Während der Segler durch die Weite des Meeres gleitet, erfährt er die Harmonie zwischen Seemann, Schiff und Meer.

►
Die Erde ist rund! Dieses Besatzungsmitglied hoch oben auf einer Rah, mehrere Dutzend Meter über Deck, kann diese Tatsache dank der guten Sicht bis zum Horizont wohl bestätigen.

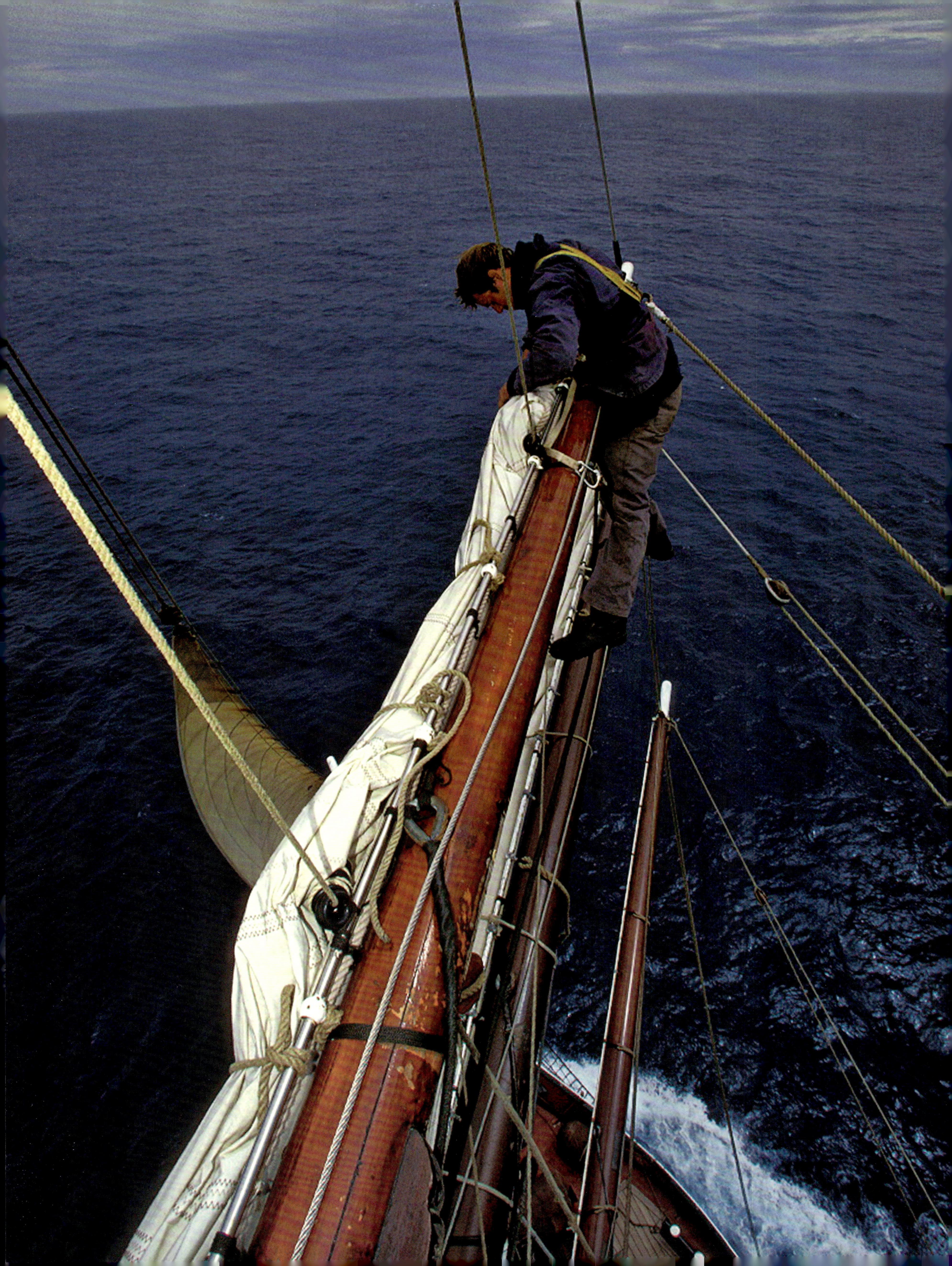

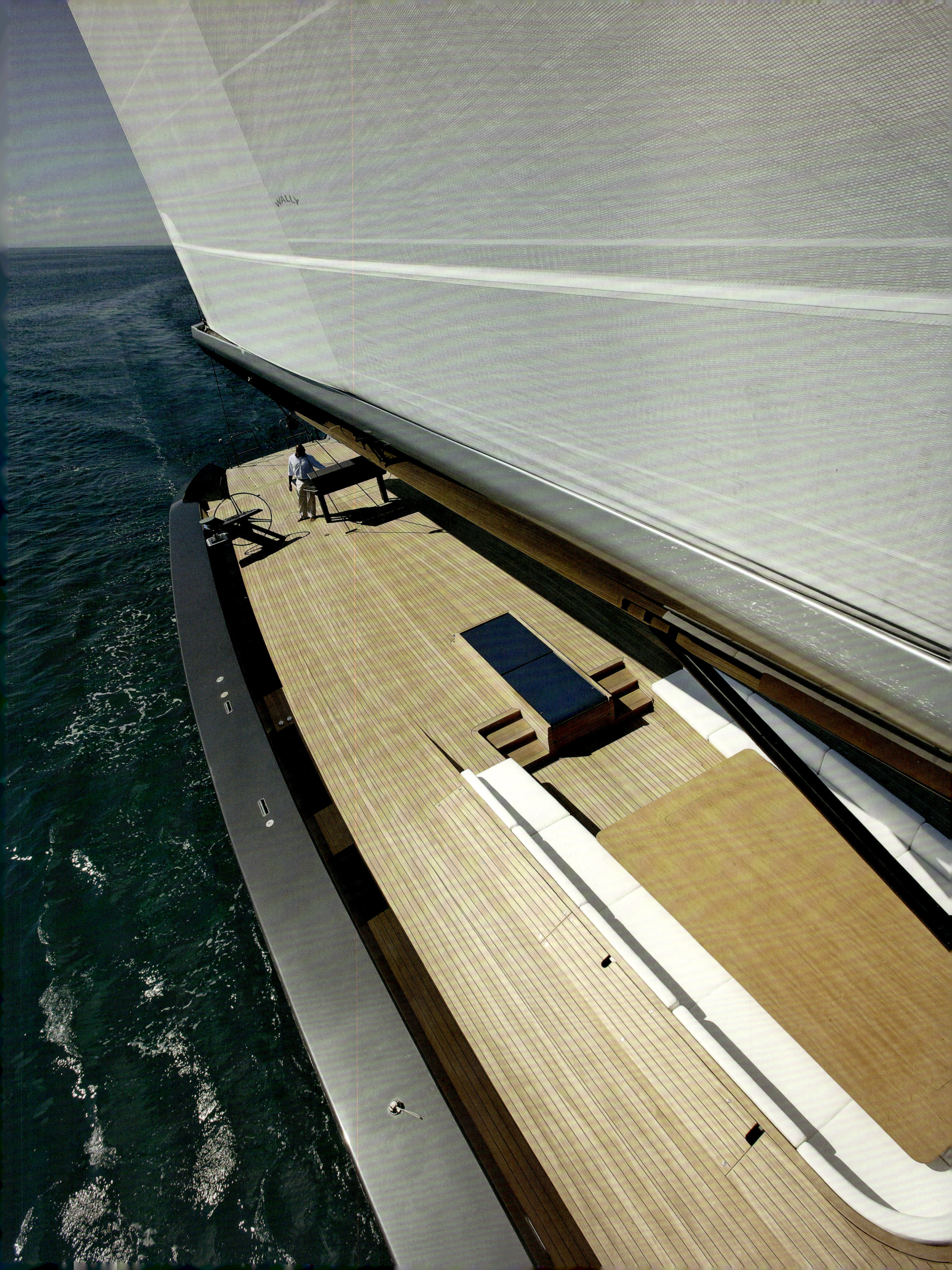
WALLY

Geburt oder Wiedergeburt einer Yacht

Der Stapellauf einer Yacht ist immer ein besonderer und ergreifender Moment. Üblicherweise gingen ihm Monate, wenn nicht Jahre mühevoller Arbeit voraus, während derer die verschiedenen Schiffbauspezialisten Hand in Hand ihren Beitrag leisteten – von den ersten Zeichenstrichen des Konstrukteurs bis zu den letzten Montagen der Rigger oder Deckausstatter. Jeder einzelne trug dazu neben viel Geduld, seinem besten Können und extremer Sorgfalt auch ein wenig von seiner Persönlichkeit bei.

In dieser Kette ist der Konstrukteur gewiss derjenige, der sich mit Kopf und Herz am meisten einbringt, da die zukünftige Yacht zunächst in seiner Vorstellung entsteht, bevor sie auf dem Papier geplant wird. Bevor das fertige Ergebnis dieser Arbeit zu sehen ist, kommt es natürlich ganz auf die sorgfältige Arbeit der Bootsbauer an. Die Auswahl einer passenden Werft ist für den Bau eines Schiffs ein ebenso entscheidender wie schwieriger Schritt: Werften gibt es weltweit einige Zehntausend. Jede hat ihr Spezialgebiet, ihre Stärken und besonderen Arbeitsweisen. Einstmals war es verbreitet, Segelschiffe auf Bali bauen zu lassen, einem Ort mit langer Schiffbautradition. Bali war für seine guten und haltbaren Boote berühmt, die in der Herstellung zudem nicht sehr viel kosteten. Dann wieder waren die Werften des nördlichen Europas sehr beliebt, deren hochqualitative Arbeit auch heute noch legendär ist. Auch die französischen Bootsbauer haben für ihre Aluminiumbauten einen exzellenten Ruf, genau wie die türkischen Werften für ihre Holzkonstruktionen. Andere wieder schätzen am meisten das Hightech neuseeländischer Fertigungsanlagen. Die Auswahl ist so gut wie unbegrenzt …

Konstrukteure und stilvolle Yachten

Der Schiffskonstrukteur entwickelt entsprechend den Wünschen seiner Auftraggeber eine Vision der idealen Konstruktion und bringen ausgehend von seinen Erfahrungen sowie denen seiner Mitarbeiter, ein Netz harmonisch geschwungener Linien zu Papier, deren hydrodynamische Eigenschaften das Wesen des zukünftigen Segelschiffs bestimmen werden, sei es »ausgeglichen«, »bug-« oder »hecklastig«. Dickbauchig, spitz, schlank, mit breitem oder schmalem Heck, mit geradem Steven, Löffelbug oder Klippersteven, mit mehr oder weniger Freibord, mit Rund- oder Knickspant – jeder Rumpf ist einmalig, verleiht dem Schiff seinen besonderen Charakter und verrät außerdem, aus welcher Werft es stammt. So spricht man von den Rissen von Fife, Mauric, Briand, Archer, Kergomard, Herreshoff, Ribadeau Dumas, Farr, Frers, Stephens, Ollier, Dubois und vielen anderen. Einige haben sich zusammengeschlossen und treten gemeinsam auf, sodass ihre Namen so gut wie untrennbar geworden sind: Berret-Racoupeau, Finot-Conq, Judel und Vrolijk oder auch Joubert-Nivelt, um nur einige zu nennen. Diese Namen stehen für besondere Kompetenzen in zwei Bereichen, für ein Tandem, dessen Produktkatalog große Bandbreite und hohe Qualität vereint. In diesem Zusammenhang erklärte Michel Joubert: »Zwar bauen wir unsere Motorboote allein, und auch Bernhard Nivelt entwickelt seine Regattasegler eigenständig, aber in allen anderen Bereichen, etwa bei den Berechnungen ausgefallener Rumpfformen, kooperieren wir und arbeiten sehr erfolgreich zusammen.«

◄◄
Mit ihren 43 Metern Länge ist die *Esense* eine der größten Segelyachten, die der italienische Schiffbauer Wally jemals hergestellt hat. Der von Bill Tripp und seinem Konstruktionsteam konstruierte Rumpf macht auch bei wenig Wind eine gute Figur auf dem Wasser.

▶
Auf dem blank polierten Bug dieses modernen Seglers spiegeln sich die kleinsten Wellenbewegungen.

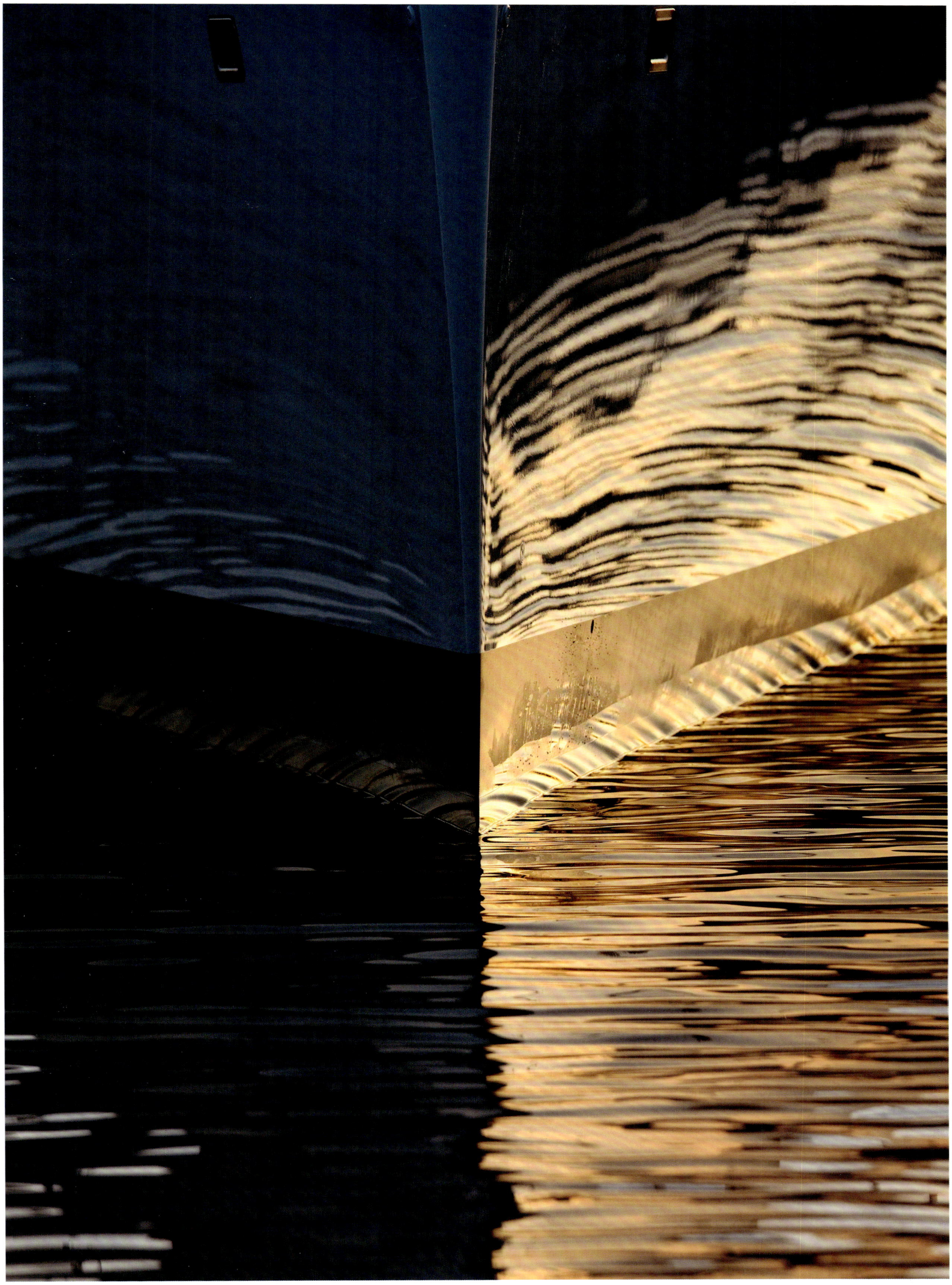

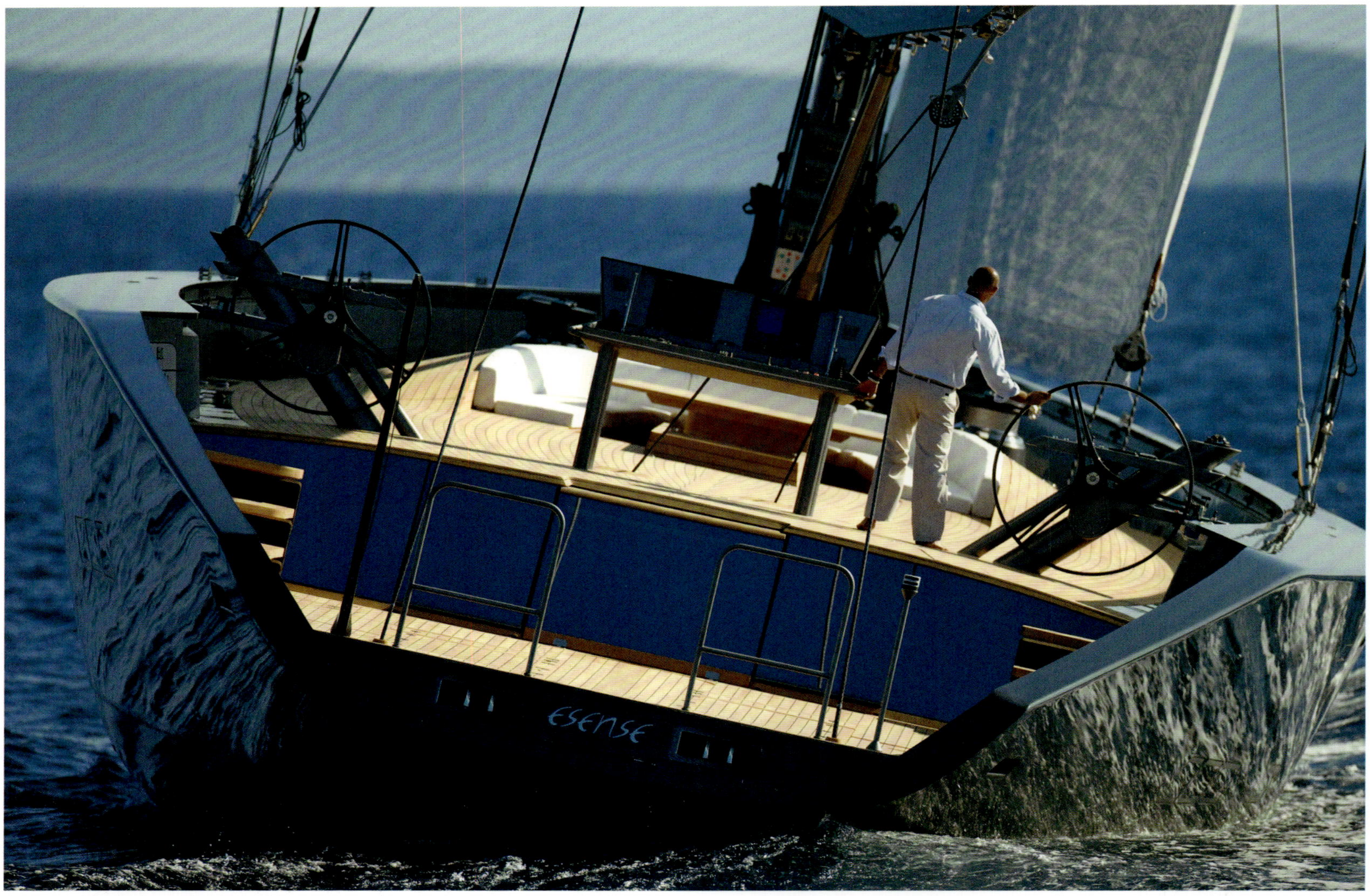
ESENSE

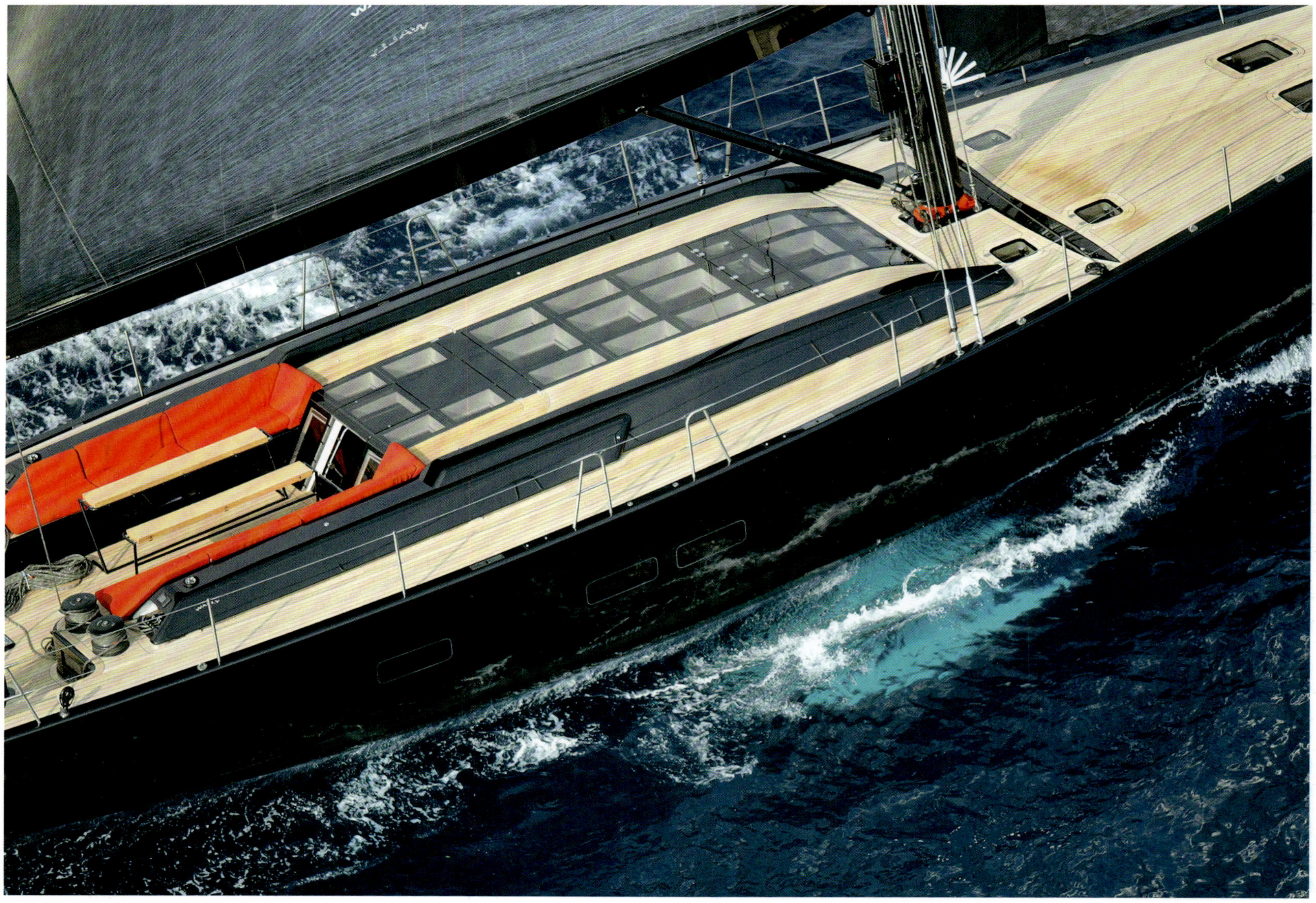

▼

Mit ihren 43 Metern Länge ist die von Bill Tripp designte *Esense* eine der größten Segelyachten aus dem Hause Wally. Die technische Ausstattung an Bord gestattet es einem einzelnen Menschen, das Schiff zu führen. So kann sich etwa das Großsegel in weniger als drei Minuten einrollen.

◄

Bruce Farr, der Konstrukteur der *Tango*, einer 2006 entwickelten 24 Meter langen Wally-Yacht, ist Spezialist auf dem Gebiet Rennboote und High Performance.
Der Umbau der Yacht vom Kreuzfahrt- zum Regattaschiff ist schnell gemacht.

▲

Die *Tomahawk* gehört zu den knapp 100 erhaltenen 12-Meter-Klasse-Booten (12mR) aus dem Hause Camper & Nicholsons. Die britische Werft baute zwischen 1907 und 1987 nach den Plänen des legendären Charles Nicholson an die 170 Stück für den »America's Cup«. 1939 war für die *Tomahawk* ein besonders erfolgreiches Regattajahr.
Die Angabe der Internationalen Bootsklasse (mR) hat schon oft zu Missverständnissen geführt, bezieht sich die vorangestellte Zahl doch auf das Produkt mehrerer Faktoren und nicht allein auf die Länge des Schiffs. Diese 12mR-Yacht misst vom Bug bis zum Heck beispielsweise 21,11 Meter.
François Brenac, Steuermann der *South Australia*, einer 1987 gebauten 12mR-Rennyacht, erklärte anlässlich der 12mR-Weltmeisterschaft von 1999: »Das Steuern einer 12mR ist sogar bei geringem Wind körperlich anstrengend. Diese Boote sind technische Ungetüme. Alles muss ständig reguliert werden, von der Mastneigung bis zur Segelspannung. Da braucht man wirklich eine Gebrauchsanleitung.«

►

Im Sonnenuntergang leuchtet rotbraun der metallische Rumpf von *Tiketitoo*, einer Wally-Yacht von 27 Metern Länge, entworfen von German Frers und 2001 gebaut von CNB.

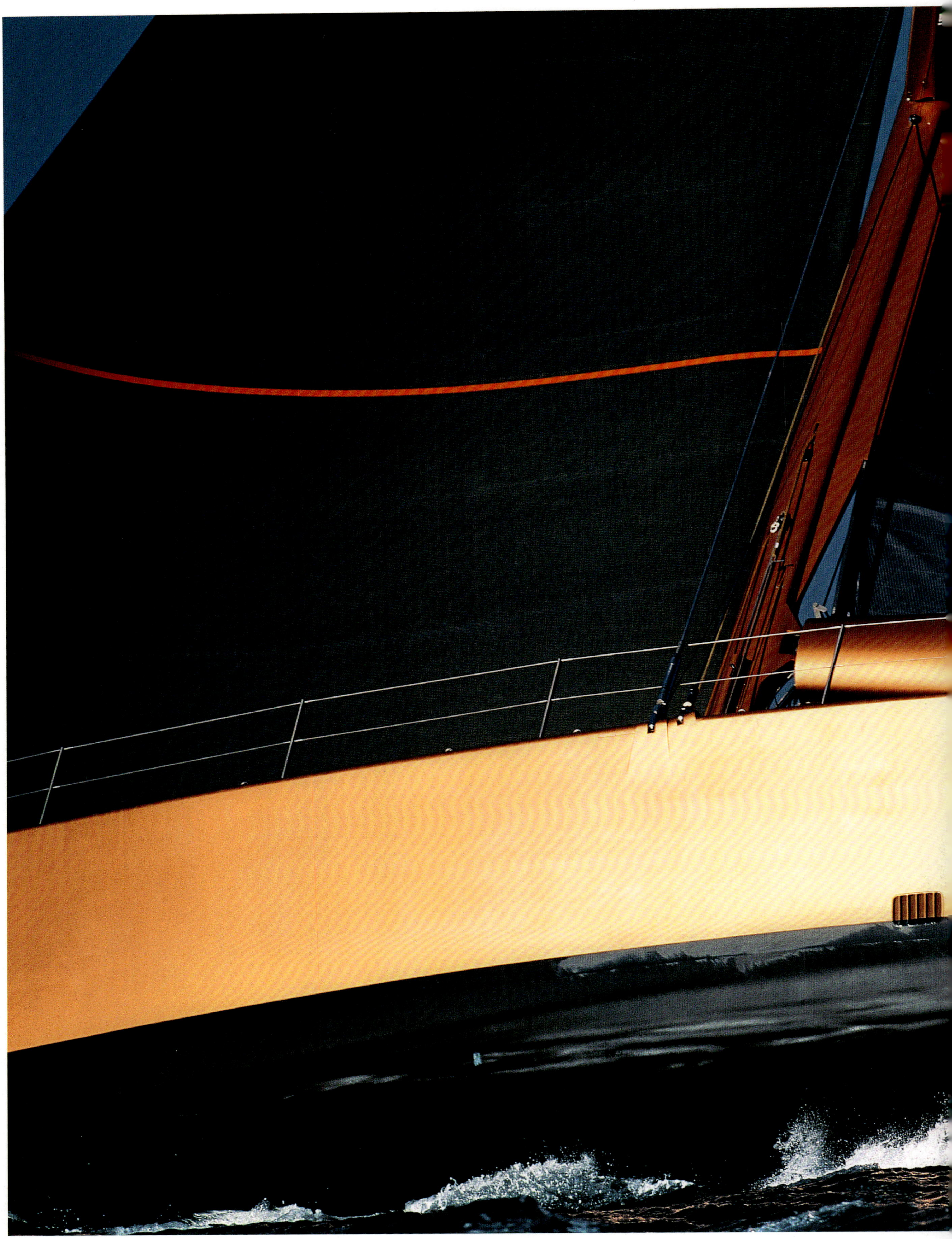

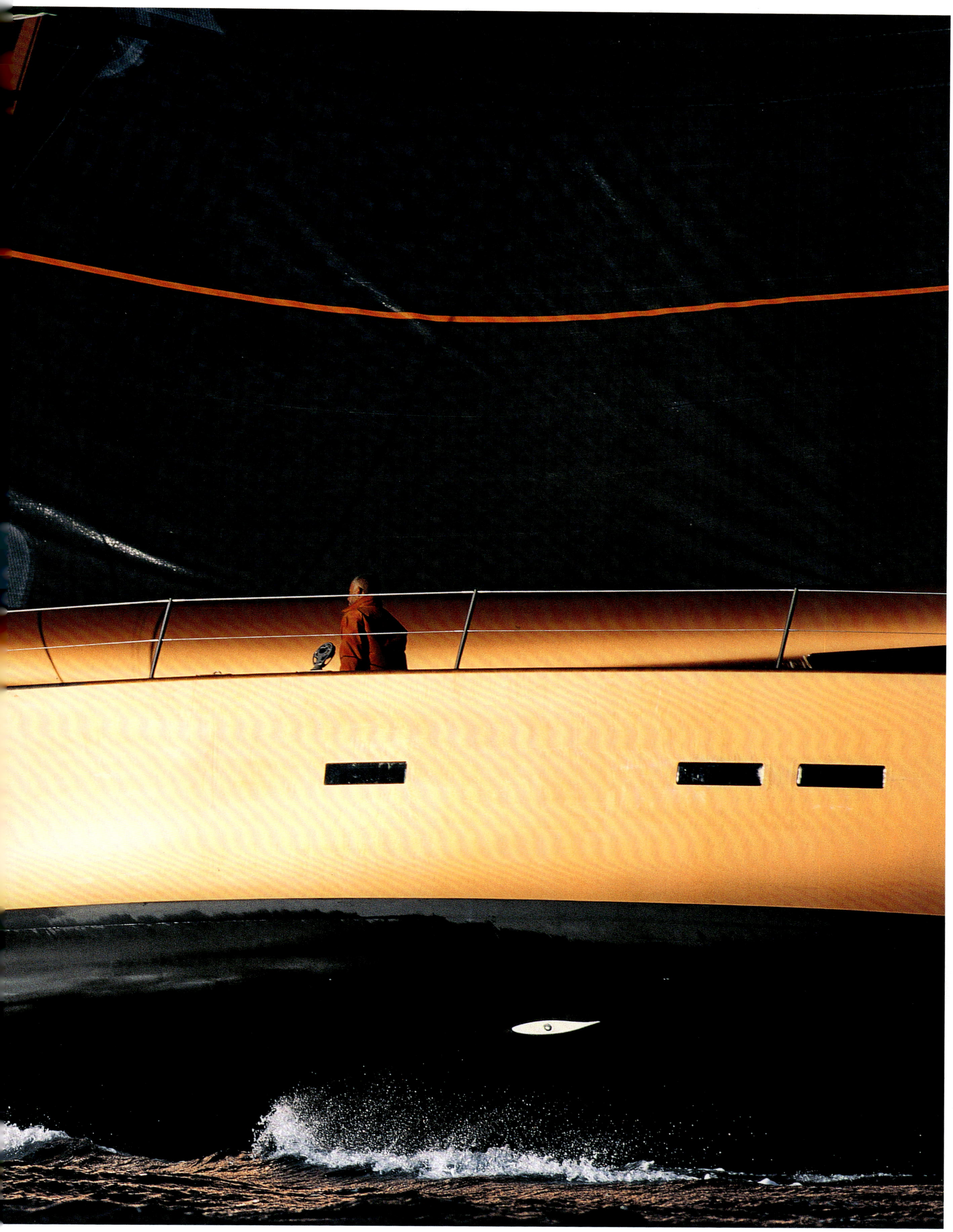

▲
Der Rumpf der *Angel's Share*, früher *Wally 130*, läuft spitz
zu wie eine Klinge. Den Bauplan entwarf der argentinische
Architekt Javier Soto Acebal im Jahre 2005.

▲

Heckansicht der *Hyperion* mit ihrer beeindruckenden Breite von 9,57 Metern. German Frers konzipierte diese Yacht 1998 im Auftrag von Jim Clark, dem Gründer von Netscape und Silicon Graphics. Es handelte sich damals um die breiteste Privatyacht aller Zeiten, und auch ihre Masthöhe war bis dahin unerreicht. Mit 59 Metern ist sie so berechnet, dass sie die Durchfahrtshöhe der Brücke der Amerikas in Panama von 61,30 Metern bei Ebbe gerade noch unterschreitet.

▶▲

Die *Maltese Falcon* ist wahrscheinlich eines der außergewöhnlichsten Segelschiffe des frühen 21. Jahrhunderts. Der noch unfertige Rumpf wurde einer bankrott gegangenen türkischen Werft abgekauft und von dem berühmten italienischen Schiffbauer Perini Navi vollendet. Sämtliche Superlative treffen auf sie zu. Sie ist mit einer Länge von 88 Metern die längste Privatyacht auf dem Planeten. Ihre Takelage, bekannt unter dem Namen *DynaRigg*, umfasst drei Masten mit einer Höhe von 60 Metern, auf denen jeweils fünf automatische Rahsegel montiert sind, die zusammen eine Segelfläche von 2400 Quadratmetern aufbringen. Dieses Hightech-Monstrum mit einem Gewicht von 1240 Tonnen lässt sich dank Kameras und Bordcomputer von einem einzelnen Menschen führen und erreicht Geschwindigkeiten bis zu 21 Knoten (38,8 km/h).

▶▼

Challenge Twelve, eine 12mR-Yacht mit 19,25 Metern Länge, wurde 1983 in der australischen Werft S. E. Ward nach Plänen von Ben Lexcen gebaut. Die Siegerin zahlreicher Regatten ist auch heute oft im französischen Mittelmeerraum unterwegs.

▶▶

Da der Wind abflaut, macht sich die Besatzung der *Eilean* daran, den Flieger zu setzen.

20

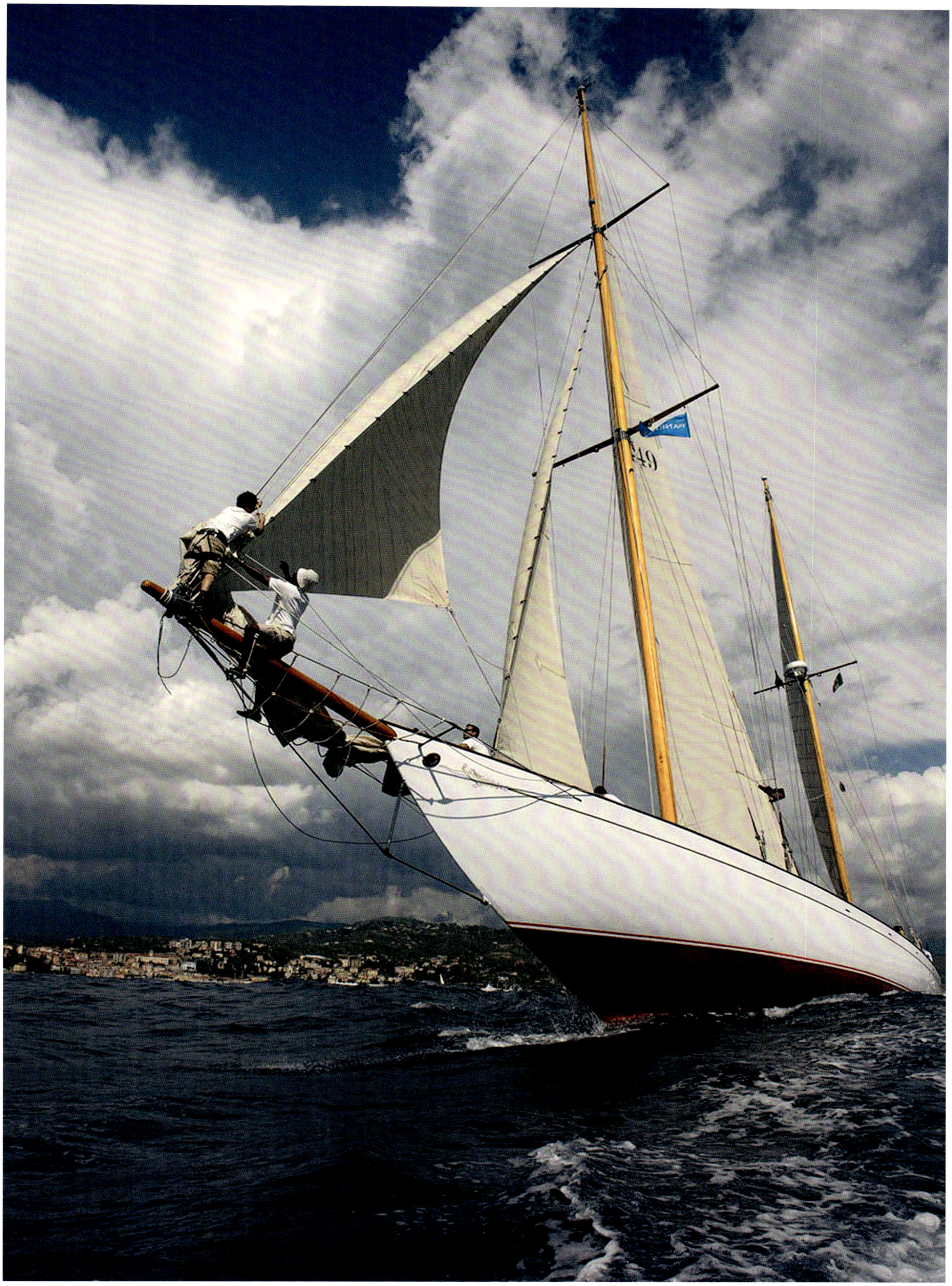

Konstruktionen und Materialien

Die im Schiffbau verwandten Materialien entsprechen strengsten Standards. Witterung und Salzwasser dürfen ihnen nichts anhaben, ebenso wenig wie die ständige Bewegung der Wellen, die bei Sturm mit beträchtlicher Wucht gegen die Bordwände schlagen und die gesamte Konstruktion erschüttern. Über Jahrhunderte war Holz der bevorzugte Baustoff, doch mit dem Aufkommen neuer Fertigungstechniken wurden zunehmend auch andere Materialien eingesetzt: Eisen und später Stahl, die zwar schwer, dafür aber sehr belastbar sind und im Vergleich zu Holz den Vorteil haben, weniger wartungsanfällig zu sein. Bald schon setzten sich für den Bau von Schnellseglern, Arbeits- und Militärschiffen die Metalle durch. Dann wird Aluminium als Baustoff entdeckt, und in den 1960er-Jahren kommen Verbundwerkstoffe mit Glasfasern, Kevlar, Carbon, Epoxyd- und anderen Kunstharzen hinzu, die mit Wabenvlies, PVC-Hartschäumen und manchmal auch Balsaholz zu sehr stabilen und dennoch leichten Laminaten kombiniert werden. Heutzutage arbeiten fast alle Werften mit diesen modernen Materialien. Glücklicherweise gibt es aber auch Bootsbauer, die dieser Mode nicht folgen und dem Holzbau und den traditionellen Fertigungstechniken verbunden bleiben. Der in den letzten Jahren aufgekommene Trend an der Restaurierung alter Boote sichert das Berufsbild des Bootsbauers auch in heutiger Zeit.

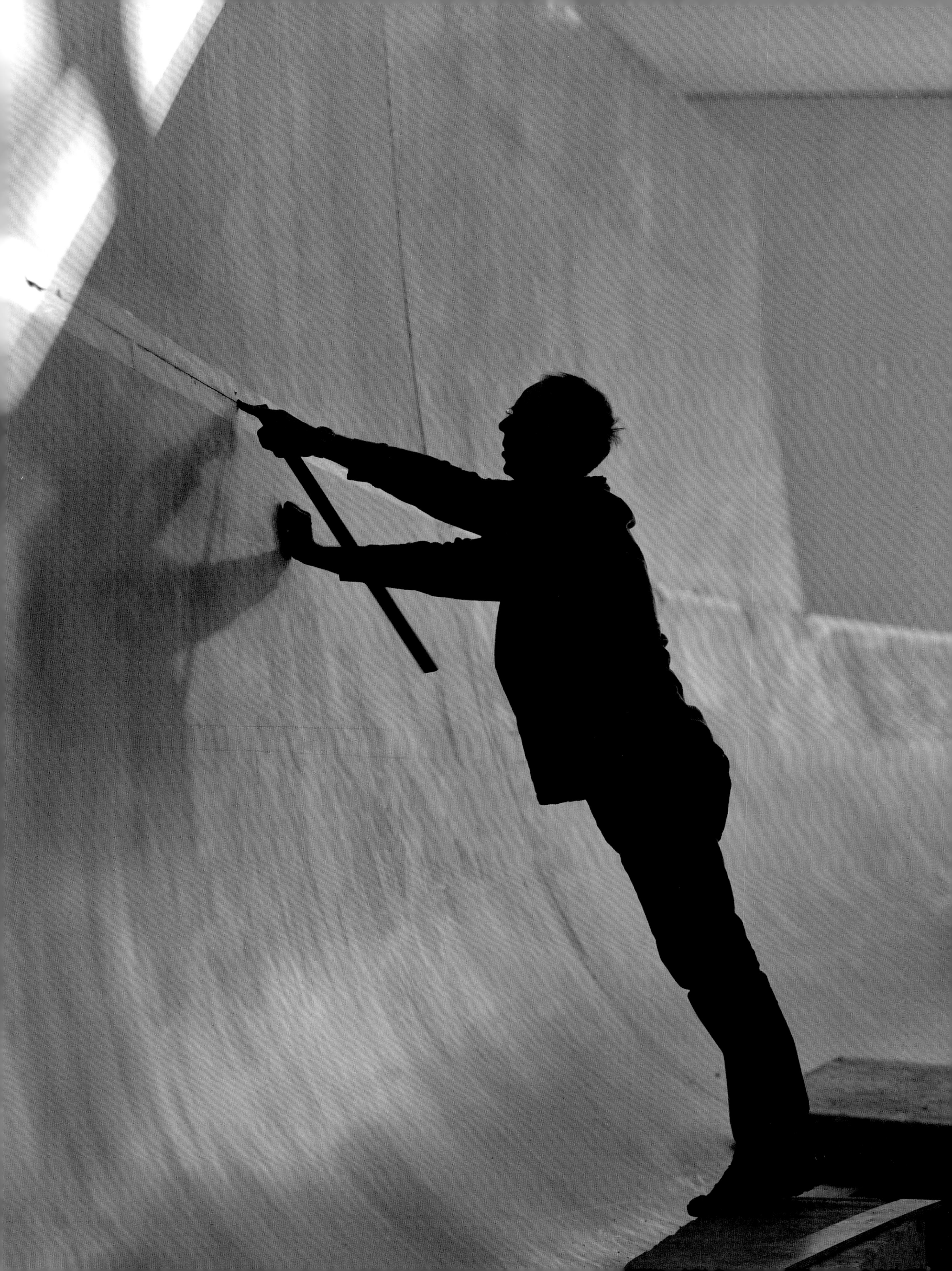

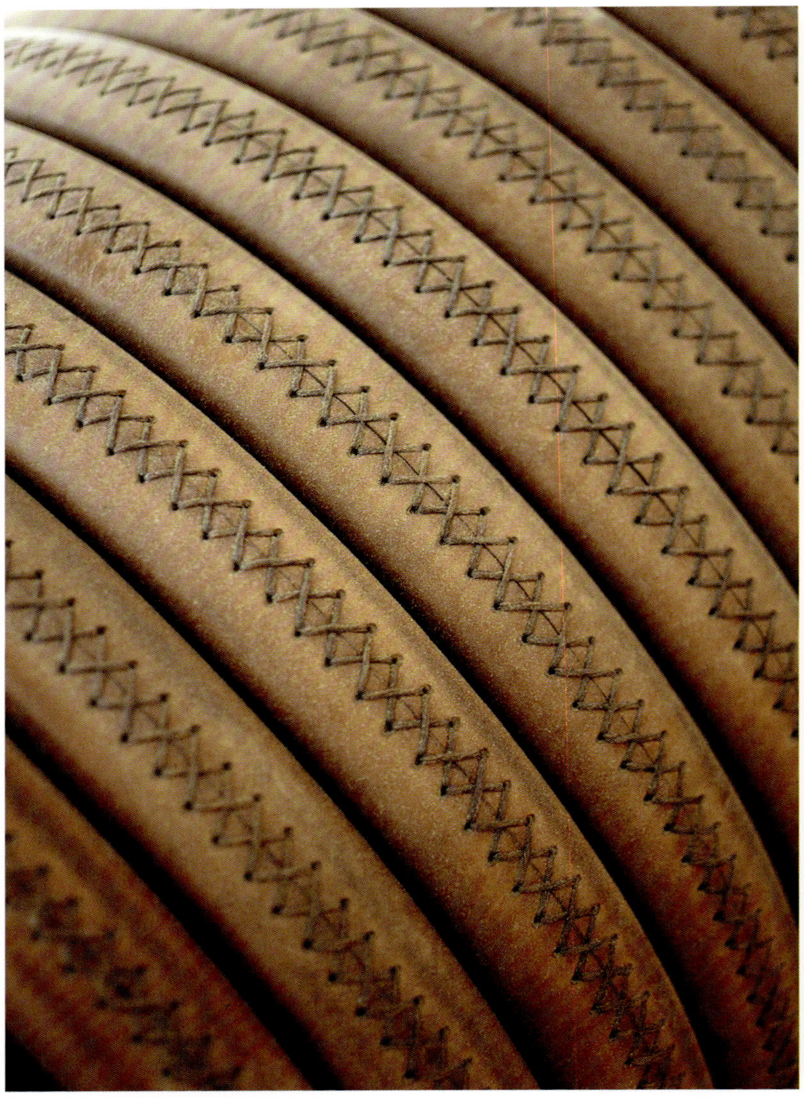
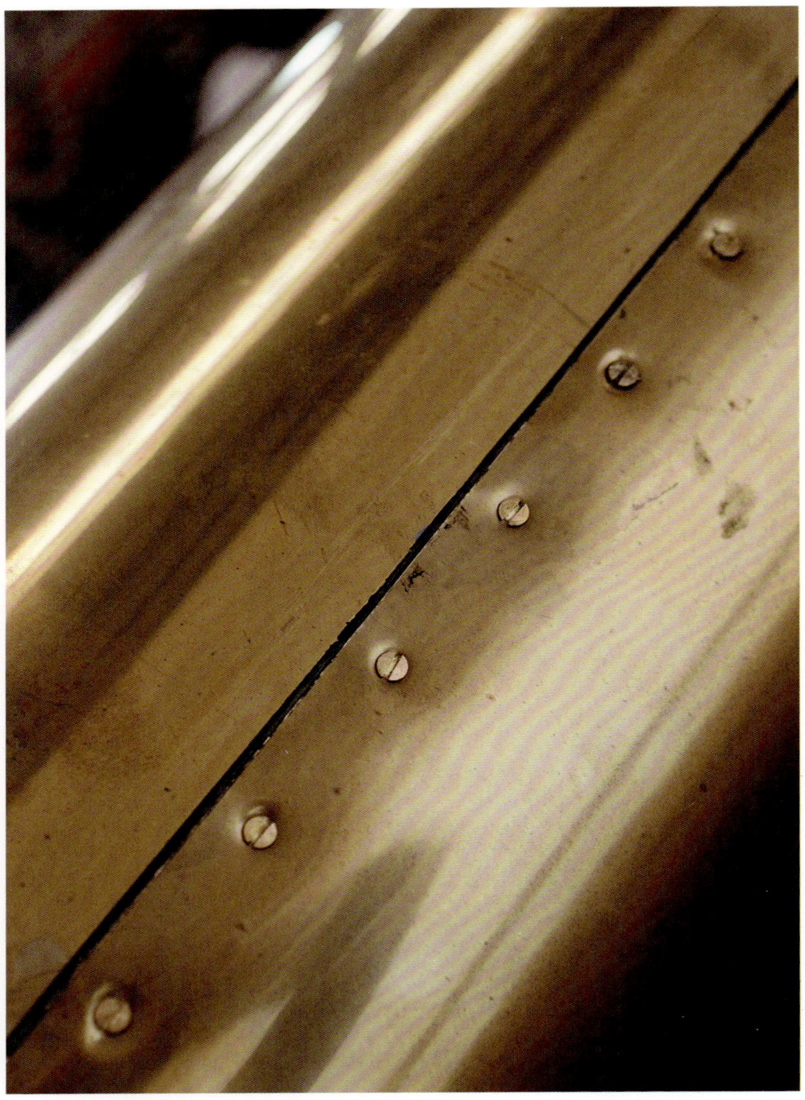
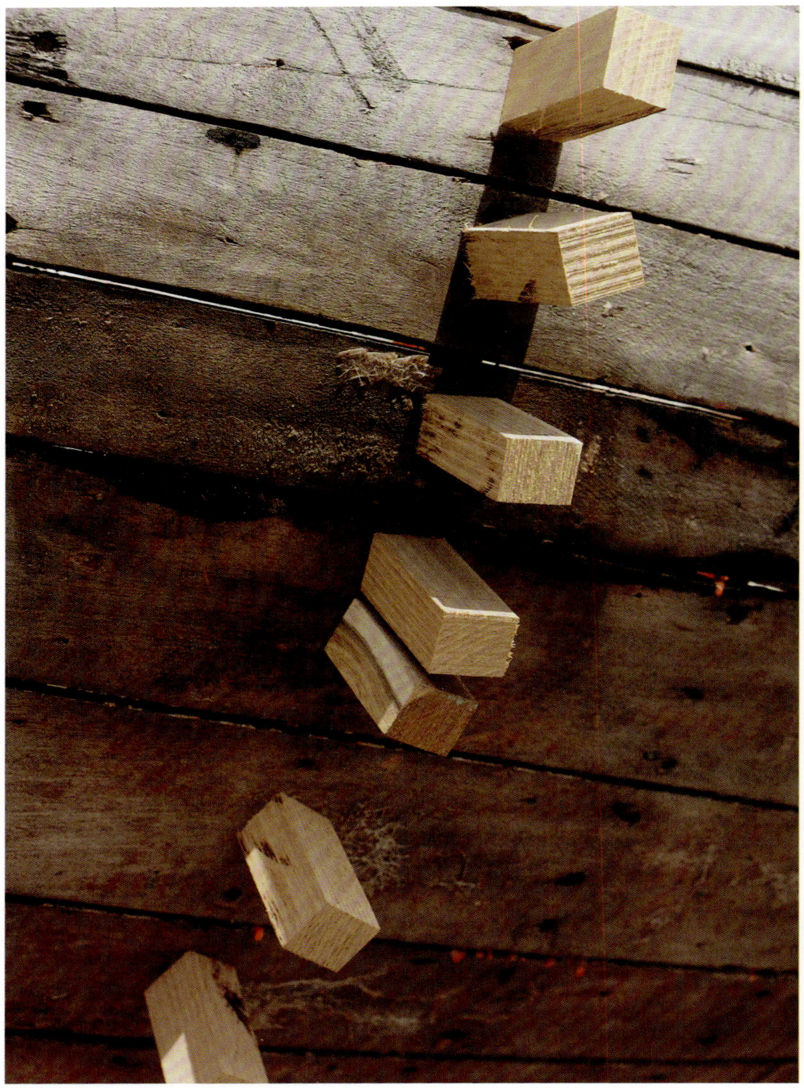
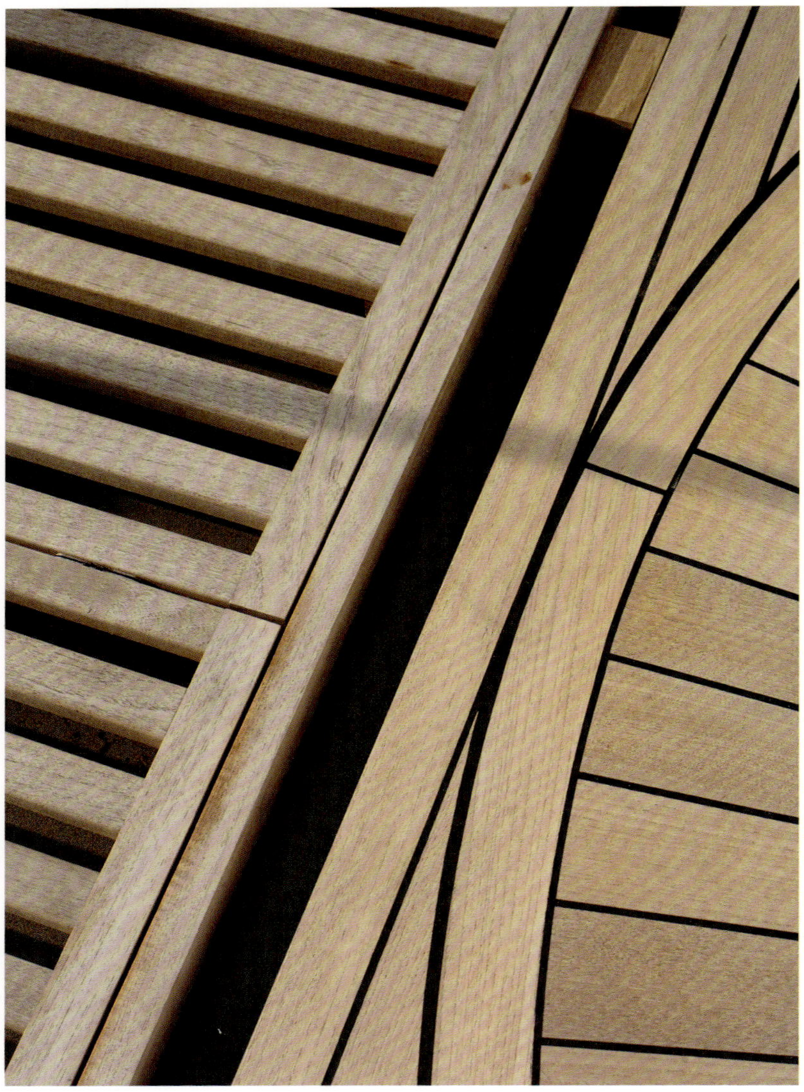

Wie man sehen kann, beherrschen die Werften, in denen diese Yachten gefertigt und renoviert wurden, auch heute noch die traditionelle Verarbeitung so unterschiedlicher Baustoffe wie Holz, Messing und Leder.
Die Perfektion dieser Arbeiten sucht ihresgleichen. Die mit Kreuzstichen in Leder eingefassten hölzernen Mastringe, links oben, die vor den heute gebräuchlichen Mastrutschern dazu dienten, die Segel am Mast zu befestigen, sind ohne jeden Makel. Das Gleiche gilt für die sorgfältig ausgerichteten Schraubenköpfe oder, darunter, für die millimetergenau gefertigten Decksplanken aus Teakholz.
Die Qualitätsansprüche an Material und Verarbeitung sind außerordentlich. Das erklärt, warum Werften mitunter Schwierigkeiten haben, ausreichend qualifizierte Arbeitskräfte zu finden – und die enorm hohen Wartungskosten. Doch all der Aufwand und all die Mühen werden belohnt mit der unvergleichlichen Faszination, die diese Wunderwerke des klassischen Bootsbaus auf Publikum und Profis ausüben.

Die Besatzung großer Yachten verbringt zahlreiche Stunden mit Pflege- und Wartungsarbeiten. Jedes Stück Messing muss täglich gereinigt und poliert werden, damit es blank und ansehnlich bleibt. Die Holzteile werden regelmäßig neu lackiert. Die Sonne, der Regen, das Meerwasser und die salzige Luft stellen hohe Ansprüche an die edlen Materialien, die der klassischen Yacht ihren besonderen Charakter und ihre Eleganz verleihen. Auch wenn die Arbeit anstrengend und undankbar ist, schätzen viele Seeleute die Fahrt mit einem dieser historischen Schmuckstücke so sehr, dass sie sich sogar länger an den Putzarbeiten beteiligen, als der Genuss der eigentlichen Segelfahrt letztlich dauert. Doch der Stolz, auch nur kurz zur Mannschaft eines so prächtigen Segelschiffs zu gehören, reicht aus, um die für das Unterfangen notwendige Hingabe und Zeit aufzubringen. Außerdem herrscht in geselliger Runde trotz der unangenehmen Arbeiten oft Heiterkeit an Bord.

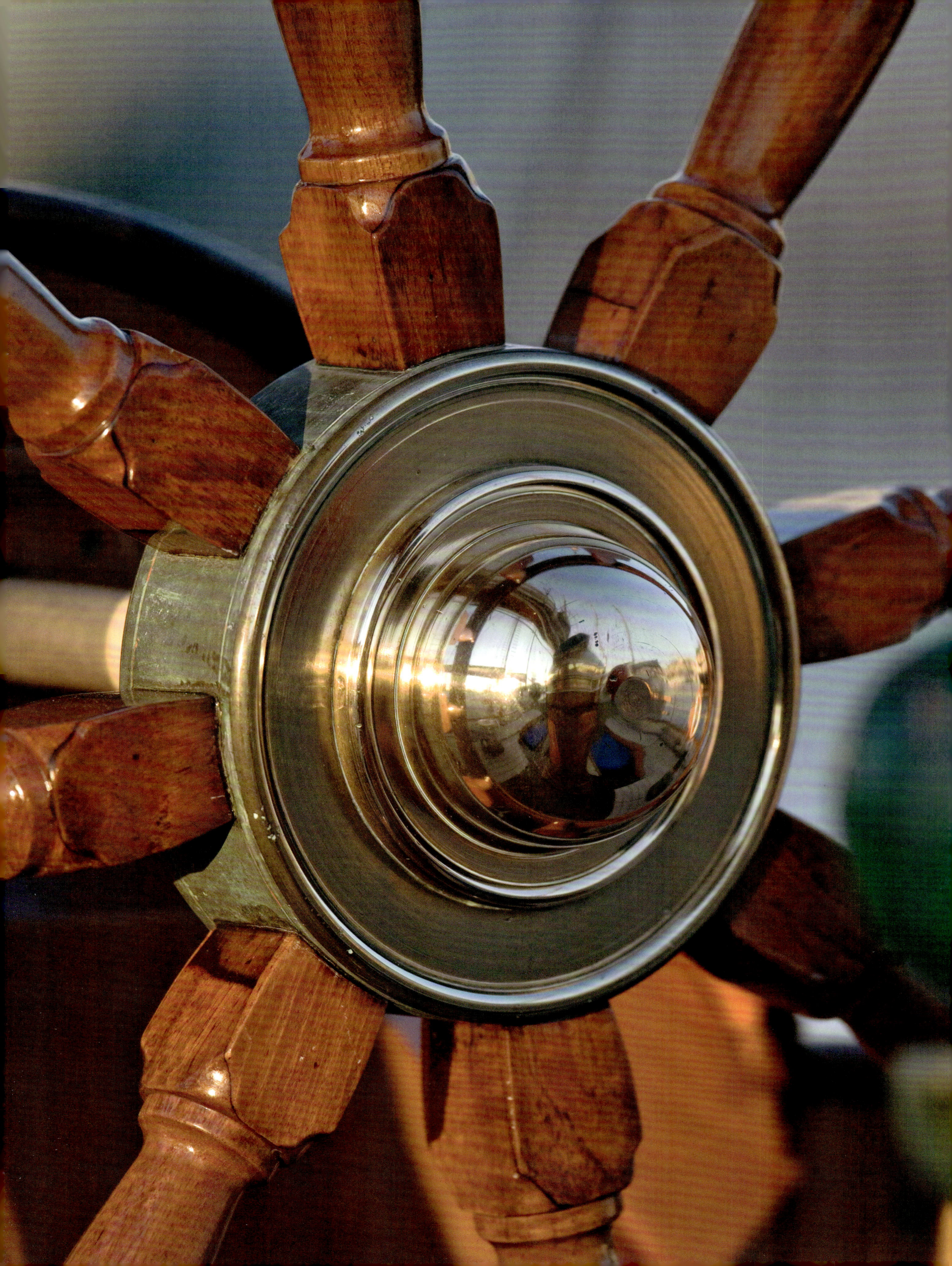

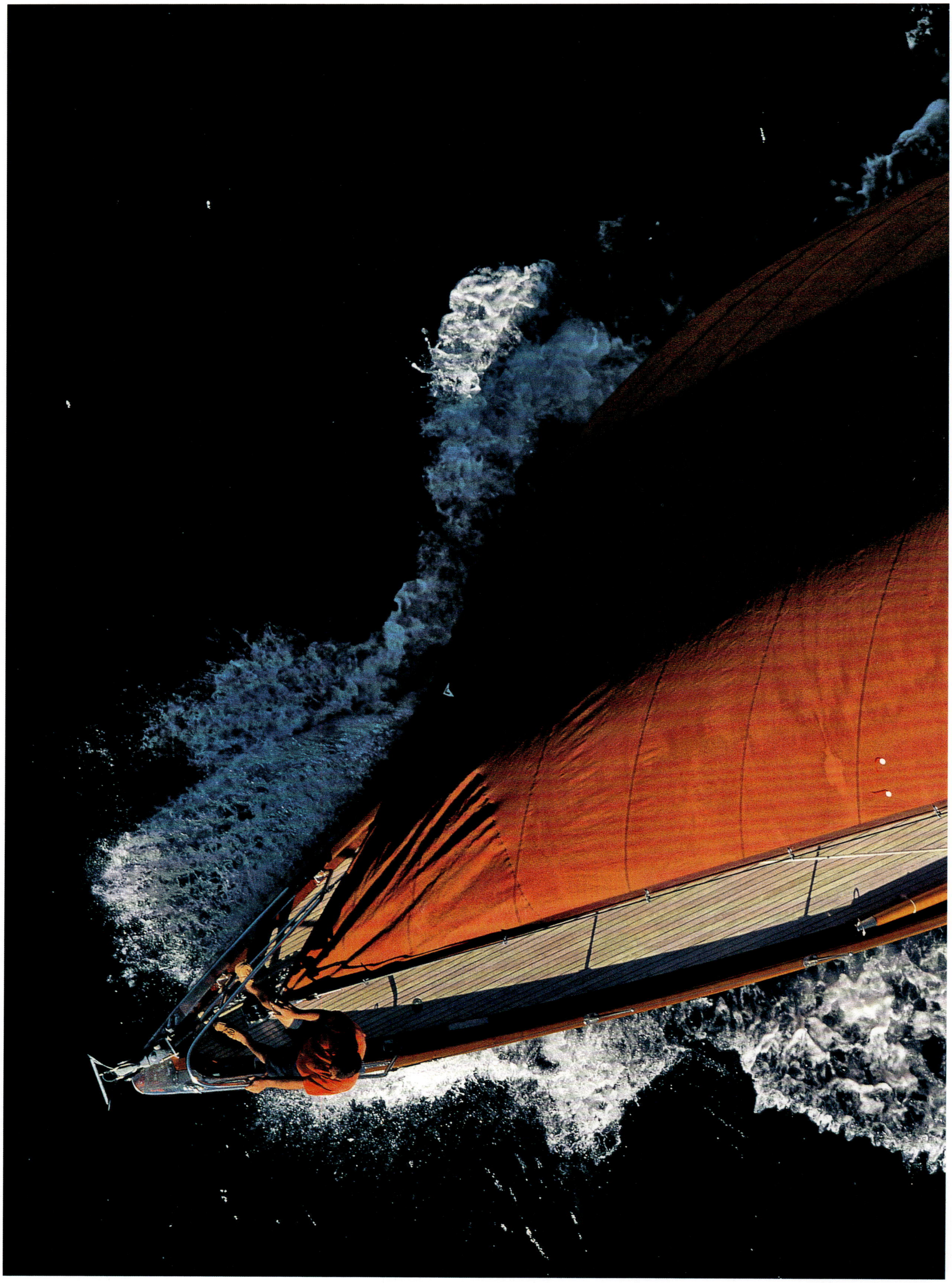

▲▶

Die Messingteile der Winschen auf dieser 8mR-Yacht funkeln bei tiefstehender Sonne im schönen Kontrast zu den urigen Teakkonstruktionen; ein Anblick, geprägt von weihevoller Ruhe.

◀

Agneta ist ein auffälliges Schiff. Nicht nur weil es sich um eine Yawl mit Bermudarigg handelt, der Besanmast also hinter dem Ruder steht, wesentlich kleiner als der Großmast ist und so für eine gute Manövrierbarkeit sorgt. Sondern auch weil die Segel mit ihrer roten Farbe schon von Weitem zu erkennen sind. Dieses Modell des schwedischen Architekten Knut Reimers stammt von 1948. Die Yacht erreichte ihre größte Berühmtheit jedoch erst im Jahre 1957, als Gianni Agnelli, der äußerst wohlhabende Erbe des Autoherstellers Fiat, sich in *Agneta* verliebte und sie erwarb. Er verkaufte sie erst wieder im Jahre 1982, nachdem er 25 Jahre lang mit ihr glückliche Momente verlebt hatte. 2000 wurde *Agneta* vom französischen Bootshersteller Beaulieu an der Côte d'Azur grundüberholt.

▶▶

Kostspielige Materialien wie Aluminium, Carbon und Titan, die bis vor Kurzem vornehmlich in der Luft- und Raumfahrt eingesetzt wurden, sind beim Bau von Rennyachten heute gang und gäbe.

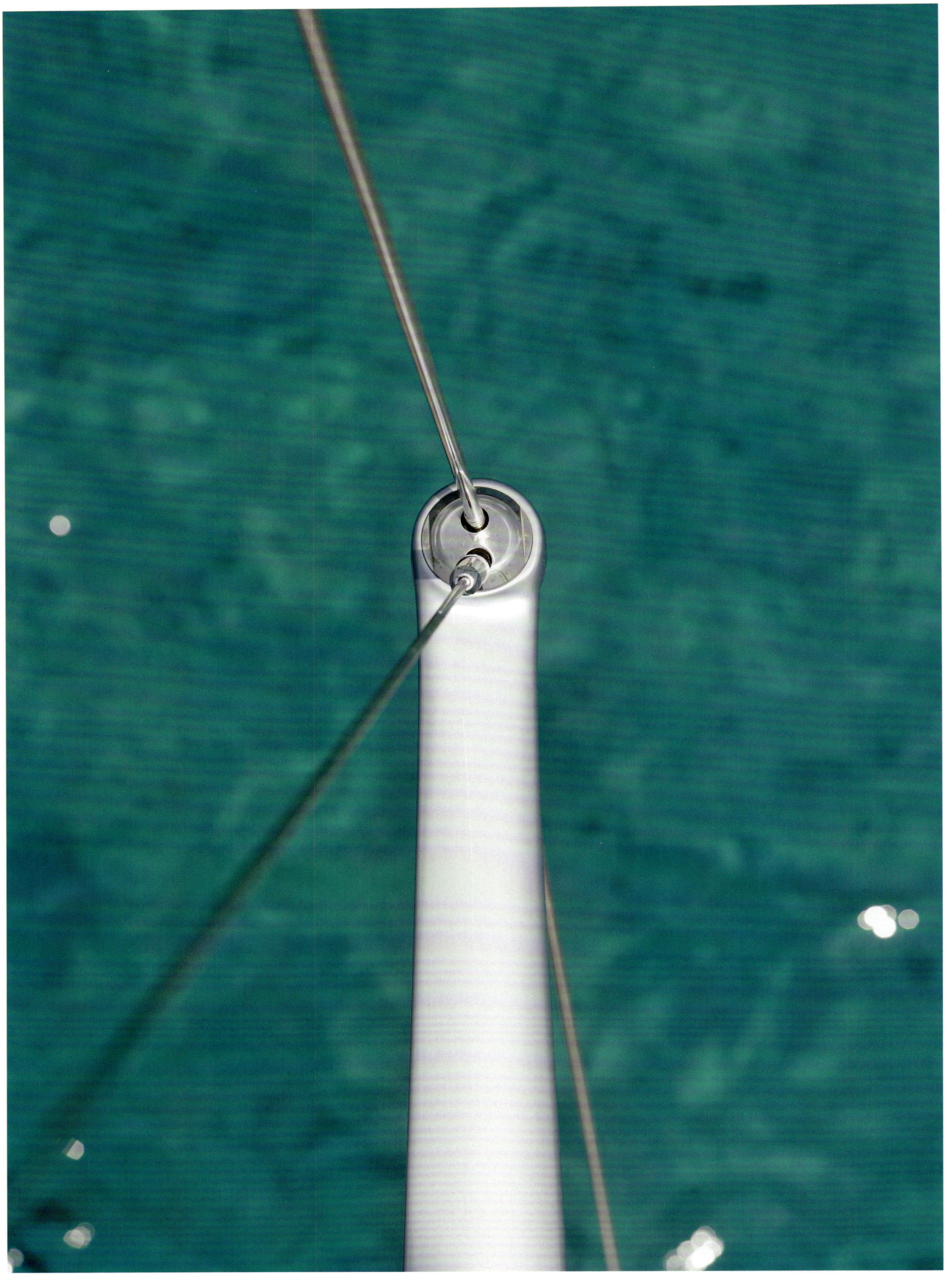

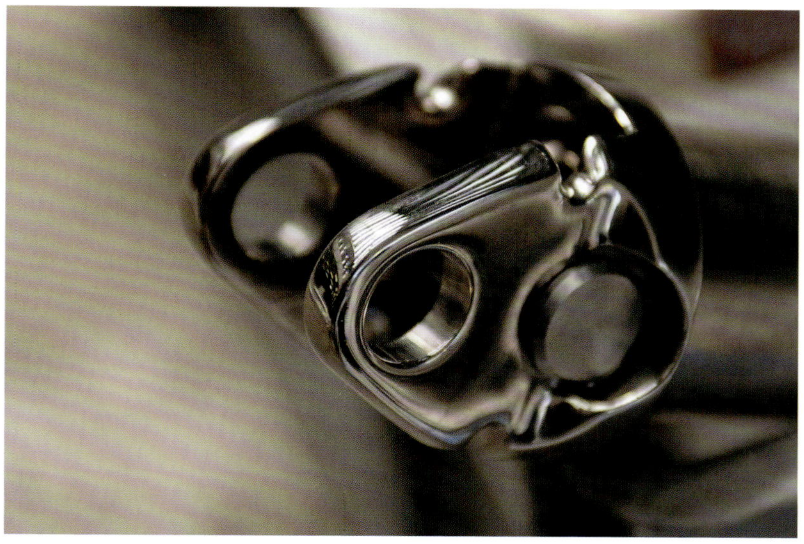
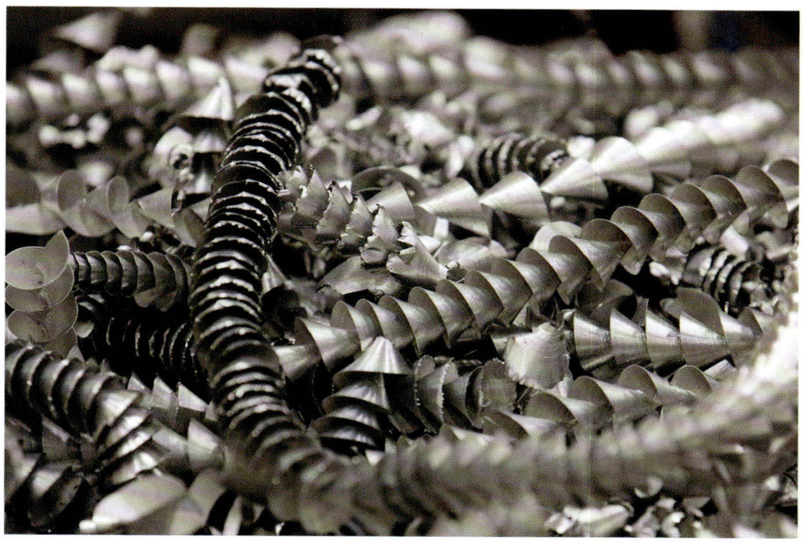
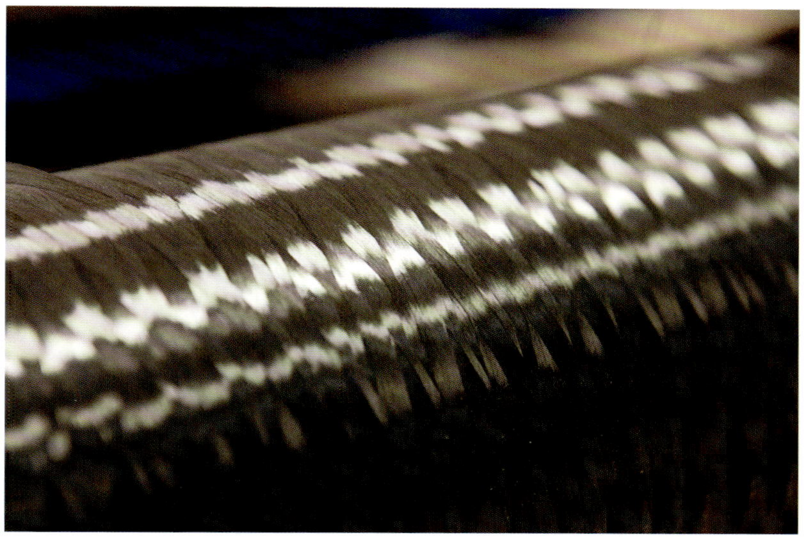
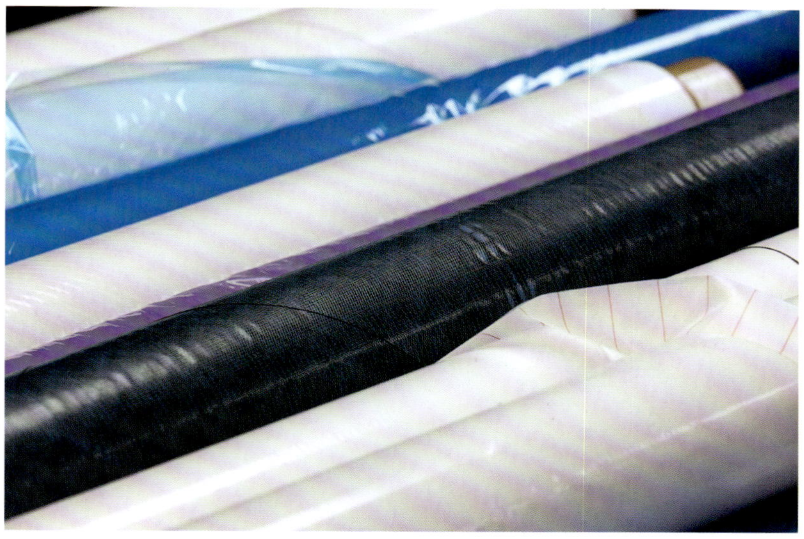
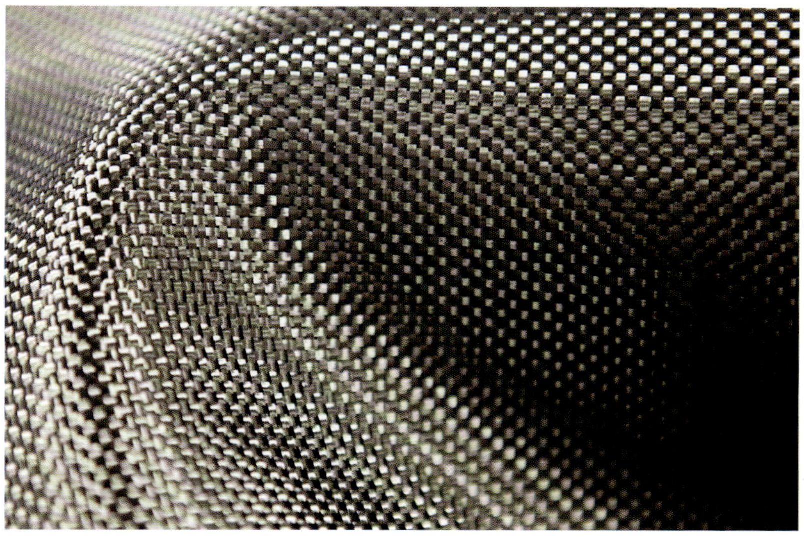
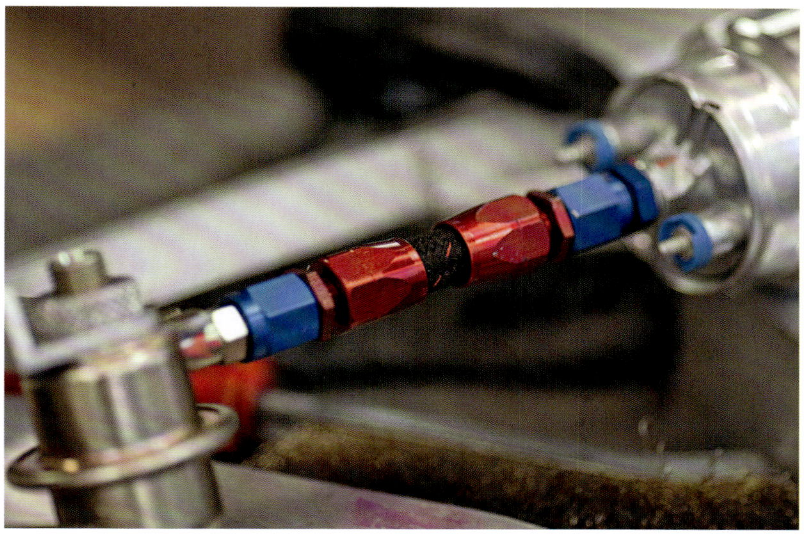
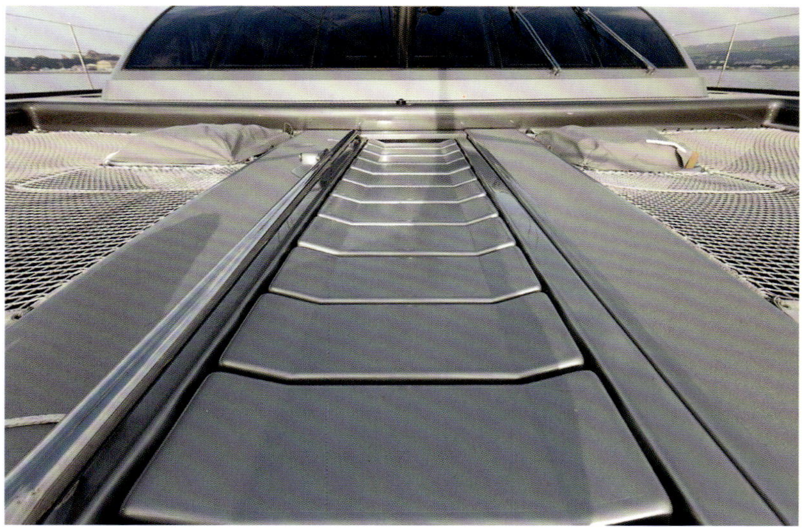
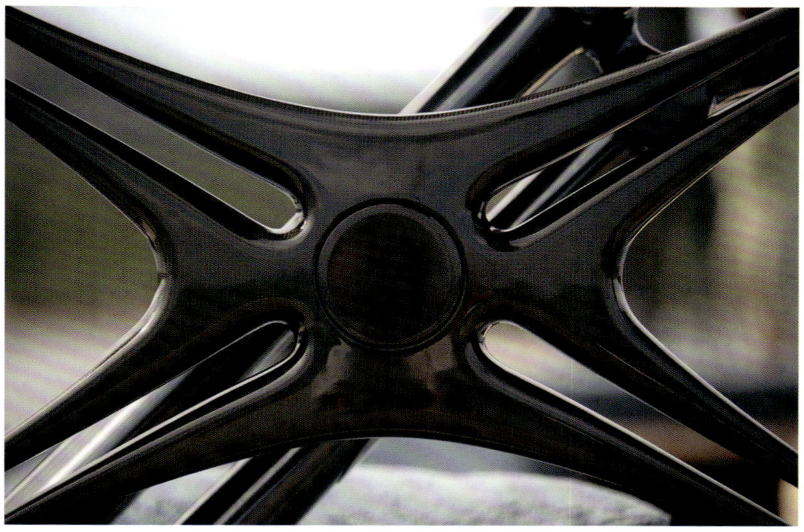

▲
Das Teakholz des Deckbelags harmoniert bestens mit den modernen Werkstoffen wie dem Cockpit aus Carbon oben links oder dem PBO-ummantelten Want oben rechts.

▶
Diese meisterhaft gefertigte Metallkonstruktion erhält durch ihre graue Farbe einen vollends hochtechnologischen Anschein, dabei handelt es sich hierbei um den Lümmelbeschlag – das Gelenkstück zwischen Mast und Baum – des 28,90 Meter langen Katamarans namens *Cartouche*. Gefertigt wurde das Boot in der Reihe Blue Coast 95' nach Plänen von Jean-Jacques Coste. Die südfranzösische Werft H2X in La Ciotat vollendete die Konstruktion im September 2010 bereits nach 14 anstatt der zuvor veranschlagten 18 Monate Bauzeit.

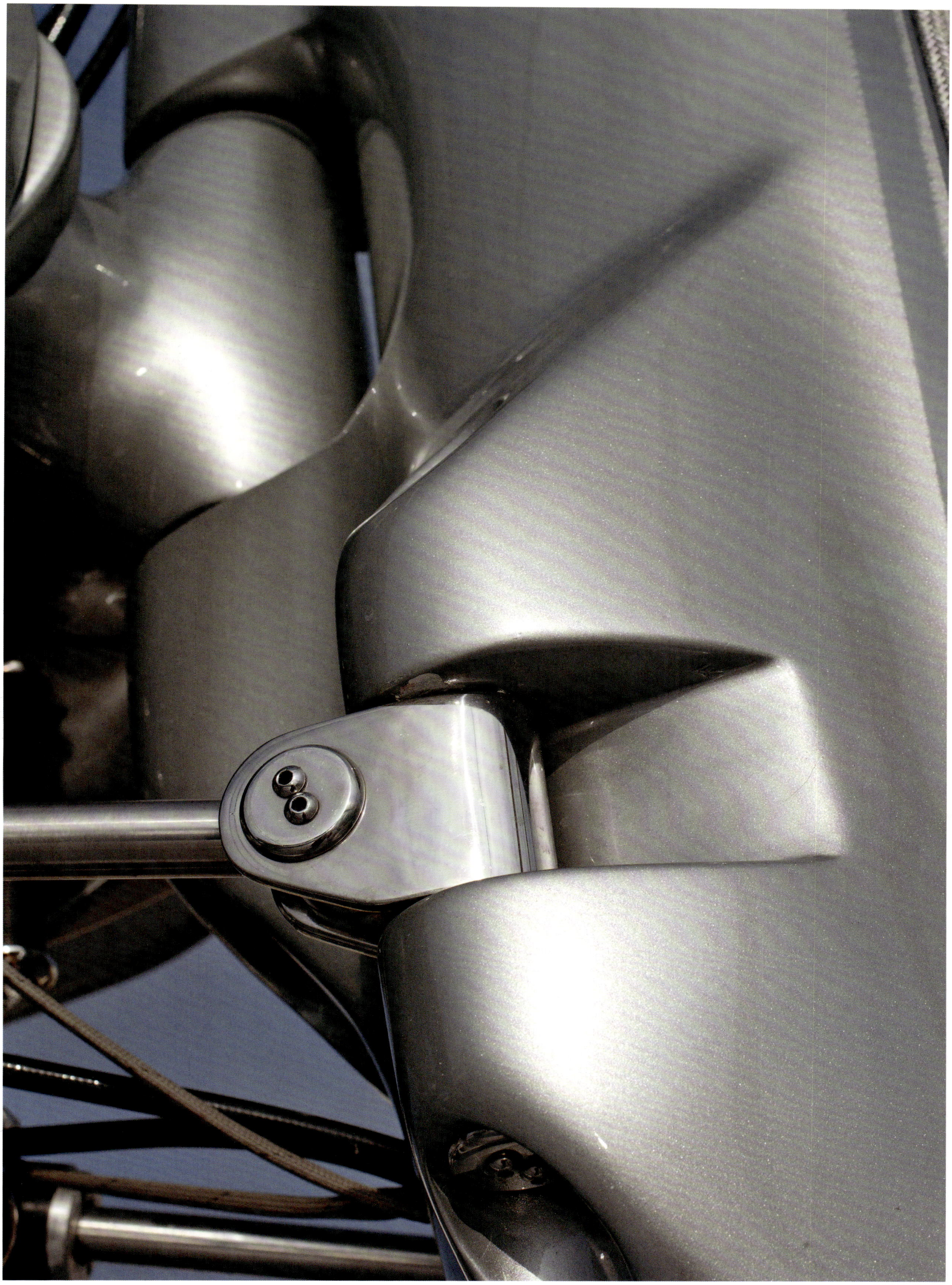

34

Dieser verständlicherweise »Wabenvlies« genannte Faserverbundstoff findet beim Bau moderner Segelyachten immer häufiger Verwendung. Das Material fungiert im Sandwich-Leichtbau als Kern. Beidseitig eingefasst zwischen glasfaser- oder kohlenstofffaserverstärkten Stoffen und mit Epoxy- oder anderen Kunstharzen laminiert, vereint das Wabenvlies (bekannt unter den Markennamen Nomex, Nidaplast etc.) auf fast ideale Weise geringes Gewicht mit großer Festigkeit des Gewebes. Eine kostengünstige Alternative zum Wabenvlies bieten diese PVC-Hartschaumplatten, die bei der Sandwich-Bauweise ebenfalls als Kern Verwendung finden, auch wenn sie nicht ganz so formstabil sind.

Maltese Falcon

88 Meter Technik pur

Typ: Dreimaster mit DynaRigg
Stapellauf: 2006
Länge über alles: 88 Meter
Breite: 12,46 Meter
Tiefgang: 6 Meter
Motoren: 2x 1800 PS Deutz
Verdrängung: 1240 Tonnen
Segelfläche: 2396 Quadratmeter
Süßwasservorrat: 30 000 Liter
Kraftstoffvorrat: 100 000 Liter
Passagiere: 12
Besatzung: 16
Konstruktion: Stahl/Aluminium
Werft: Perini Navi
Architekten: Gerard Dijkstra & Partners/ Perini Navi
Außendesign: Ken Freivokh Design
Innenausbau: Ken Freivokh Design

Das große Abenteuer der *Maltese Falcon* beginnt 1994, als der italienische Schiffbauer Perini Navi den außergewöhnlichen Auftrag erhält, in seiner türkischen Zweigstelle ein 88 Meter langes Segelschiff zu bauen. Rumpf und Aufbauten sind bereits fertig, als der Auftraggeber das Projekt abbricht. Die Werft stoppt die Arbeiten, und das Schiff verfällt in einen sechsjährigen Dornröschenschlaf. Im Jahre 2000 entschließt sich Tom Perkins, ein amerikanischer Finanzmagnat, das Projekt wieder aufzunehmen. »Ich wollte schon immer eine moderne Segelyacht mit automatischen Rahsegeln haben«, erklärt er. »Als ich bei Perini Navi nach Vorschlägen fragte, bekam ich hochkomplizierte Pläne gezeigt, mit Hunderten von Winschen. Keines dieser Projekte gefiel mir, und ich war kurz davor, alles abzublasen, als mir der Schiffskonstrukteur Gerry Dijkstra das Segelsystem DynaRigg präsentierte. Nun schien alles möglich.« Dieses Konzept der sich selbst einholenden Segel war in den 1960er-Jahren von dem deutschen Schiffbauingenieur Wilhelm Prölss entwickelt worden, um in Zeiten der Ölkrise den Kraftstoffverbrauch von Containerschiffen zu reduzieren. Im Zuge sinkender Ölpreise und aufgrund der damals noch sehr schweren und wenig anschaulichen Konstruktionen wurden die Pläne allerdings bald wieder verworfen. Tom Perkins kaufte also den Schiffsrumpf und investierte in eine türkische Forschungsgruppe, die er mit der Entwicklung dieser Segeltechnik betraute. Außerdem beauftragte er den Designer Ken Freivokh mit dem Innendesign und ließ ihn auch die bisherige Kabine durch eine neue ersetzen. Die *Maltese Falcon* stach am 7. Juni 2006 erstmalig in See. Sie ist mit zahlreichen untereinander vernetzten Belastungsmessern ausgestattet, und ihre drei Masten aus Carbon sind die größten und wahrscheinlich auch teuersten ihrer Art. Der Rumpf der Yacht ist in seiner Machart ebenso revolutionär wie die Takelage. Jede Kajüte wurde ausgehend von den Kunstwerken entworfen, die der Eigner in die Innenausstattung einbinden wollte, sowohl in der Formgebung – die Decken einiger Räume mussten erhöht werden, um riesige Gemälde darin anbringen zu können – wie auch in der Farbgestaltung.

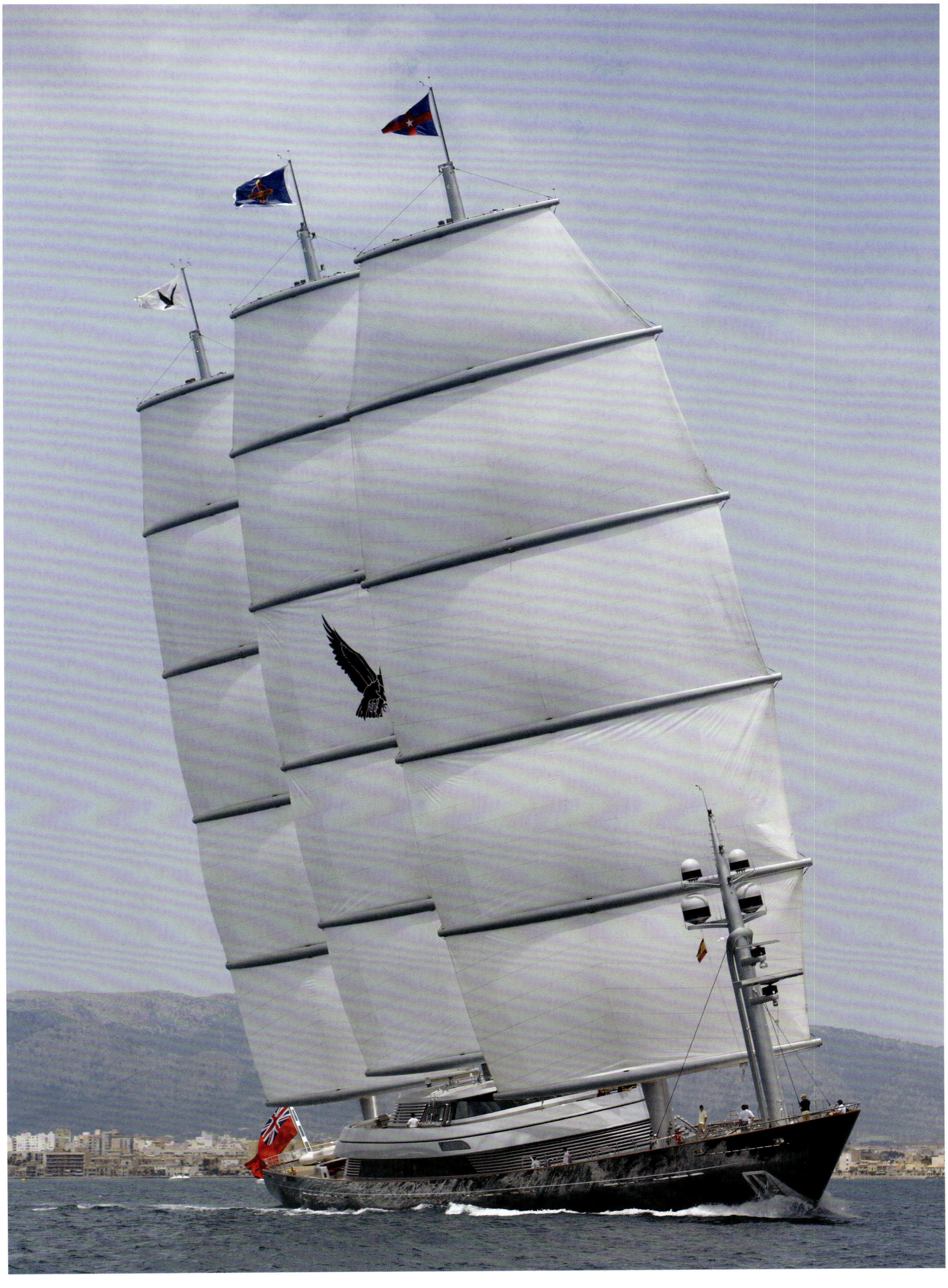

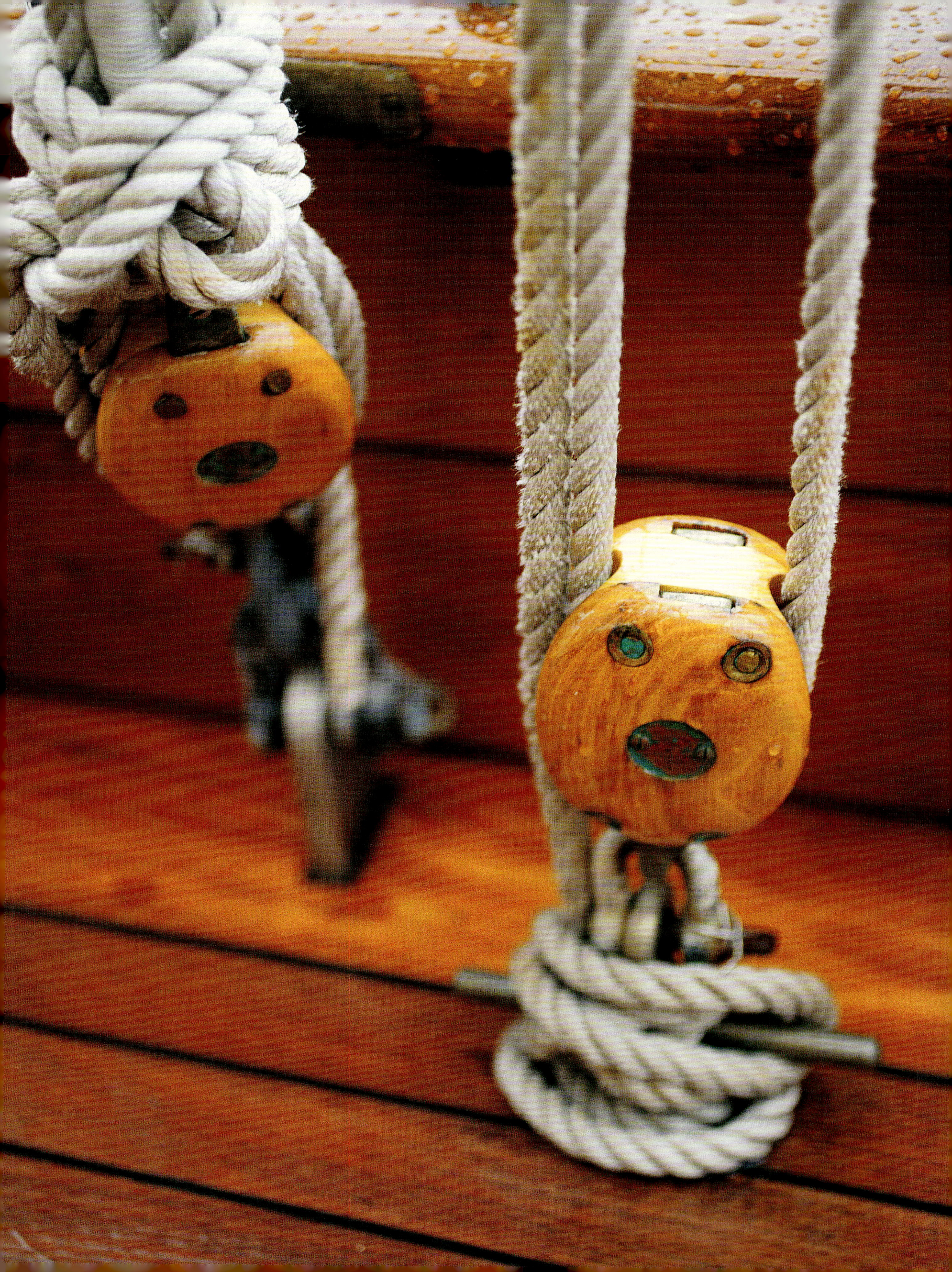

Freude an Formen

»Kleine Dinge sehen nach wenig aus, verbreiten aber Frieden«. An Bord eines jeden Ausnahmeschiffes wurde nichts dem Zufall überlassen. Ob Türgriff, Wasserhahn, Einlegearbeit oder Lampenfuß – jedes noch so kleine Element wurde in Einklang mit dem Gesamtbild der Yacht entworfen, eine weitere Betonung ihrer besonderen Identität, ihrer Homogenität und – auch hier wieder – Harmonie. Einige Details wurden mit außerordentlicher Sorgfalt gefertigt, manche Bootsteile nach Maß von Perfektionisten angepasst, zum großen Gewinn des endgültigen Erscheinungsbildes des Seglers. Oftmals haben wechselnde Schiffseigner ihre jeweiligen Andenken in die Gestaltung der Schiffe einfließen lassen: Gravuren, Gemälde, Trophäen oder Seekarten erzählen dem Besucher die glorreichen und oft bewegten Geschichten. Mit ähnlicher Sorgfalt wurde auch über Deck gearbeitet: Bei den schönsten Schiffen findet sich das Logo, der Name oder das Symbol in fast allen Bereichen der Ausstattung wieder. Selbst der Namenszug, der traditionell das Heck des Schiffes ziert, beweist oft Erfindergeist und Kunstgeschmack. Auch wenn es im Allgemeinen heißt, vor allem die Silhouette mache die Schönheit eines Segelschiffs aus, sind es doch die vielen hochwertigen Details, an denen der Liebhaber die Ausnahmeyacht erkennt.

Auf Deck:
Ausstattung, Instrumente und Tauwerk

Bereits in antiken Schriften aus dem 4. Jahrhundert vor Christus taucht der Begriff Winsch auf, insbesondere in Texten zur Architektur, wobei die hölzernen Winden hauptsächlich für den Bau von Gebäuden Einsatz fanden. Die Erfindung der modernen Winsch verdanken wir allerdings Nathanael Herreshoff, dem »Zauberer von Bristol«, der bereits 1903 auf dem prächtigen Schoner *Atlantic* einige dampfbetriebene Winschen zum Einsatz brachte. Der von Ed Kastelein angefertigte Nachbau bezeugt dies auf wunderbare Weise. Kostbares Detail: Sogar die Winschen sind mit dem Namen des Seglers geschmückt. Diese kleinen Kunstwerke tragen maßgeblich zur Pracht dieser Segelschiffe bei. Das sichtbare Seemannshandwerk, etwa die kunstfertig geknüpften Tauenden, veranschaulicht eindrucksvoll den betriebenen Aufwand. Wer einmal versucht hat, die Kunst des Spleißens zu erlernen, weiß, was gemeint ist: Die Anfertigung solcher Verzierungen setzt höchste Sorgfalt und viel Erfahrung voraus. Mit ähnlicher Kunstfertigkeit werden auch alle anderen Bereiche der Yacht verziert, vom Steuer über den Kompass bis zum kleinsten Block. Hat man früher alle diese Bauteile aus Holz, Hanf und Messing auf den klassischen Schiffen stolz zur Schau gestellt, so gehört es heute zum guten Geschmack, sie unter einem sogenannten Flushdeck zu verbergen. Es stimmt, dass die heutigen Baumaterialien, Stahl und Carbon, in ihrer Erscheinung recht kalt und nüchtern wirken und dass die Mode, die wahrscheinlich von der italienischen Werft Wally als erster geprägt wurde, stark minimalistisch ist. Doch hat auch sie ihren eigenen Charme ...

◄◄
Diese Blöcke aus Holz und Messing wurden ausschließlich von Hand gefertigt. Auf einem großen klassischen Segler wie der *Atlantic* werden zum Handling der Segel mehrere Dutzend dieser Blöcke benötigt!

►
In diesem riesigen Sichtfenster an Deck der *Indio* spiegelt sich der gesamte Heckbereich des Schiffes und lässt es noch größer erscheinen.

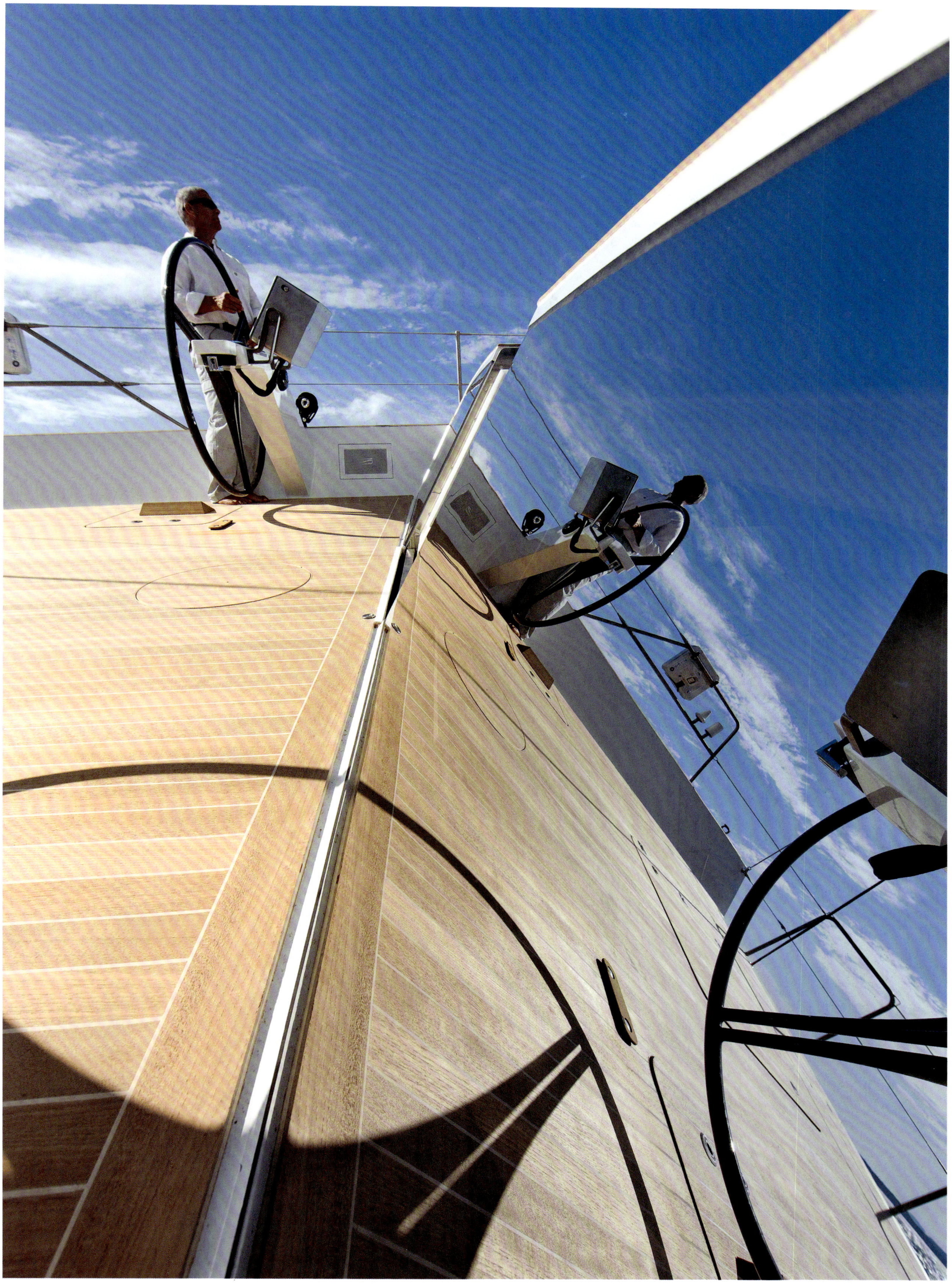

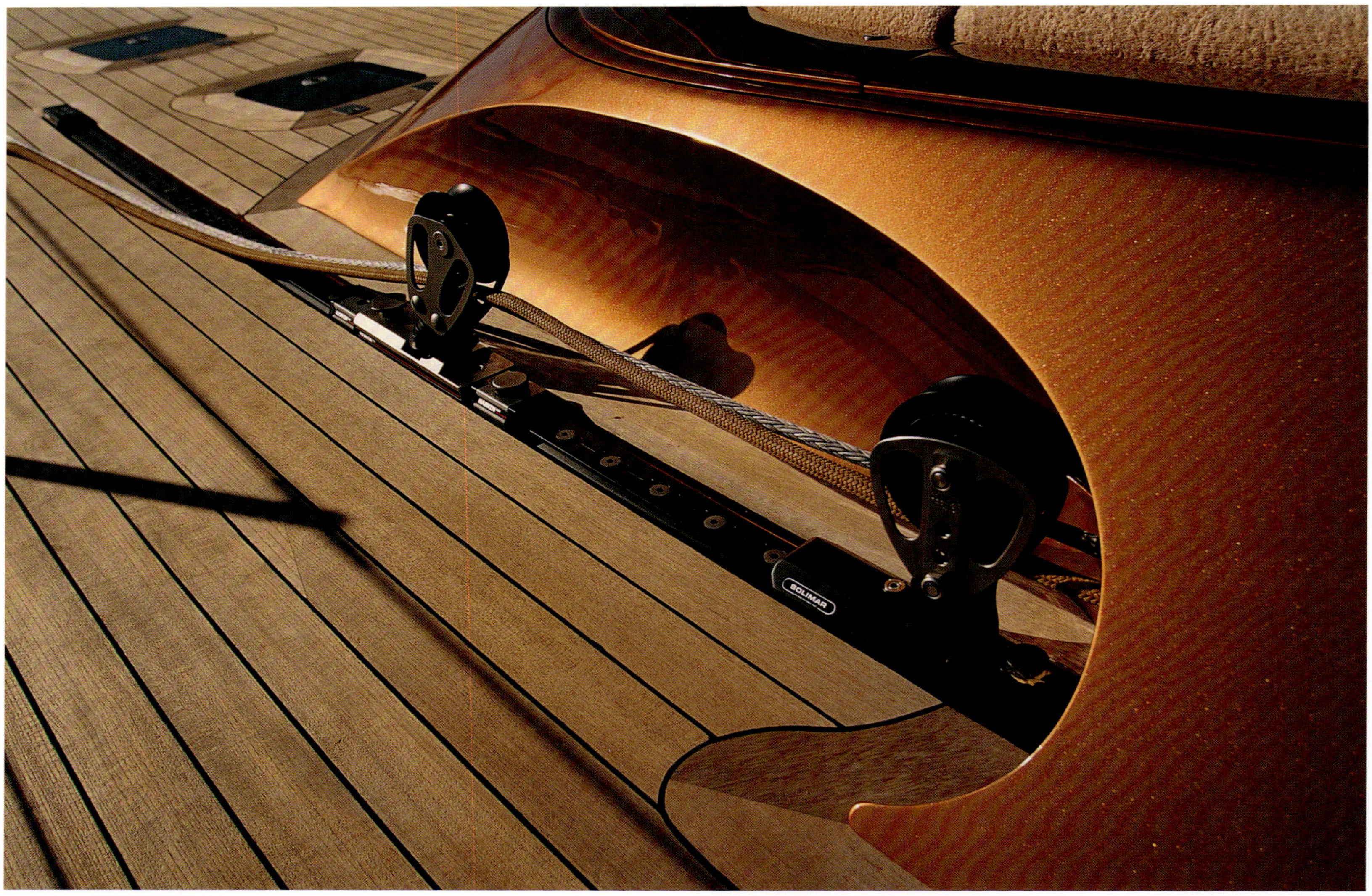

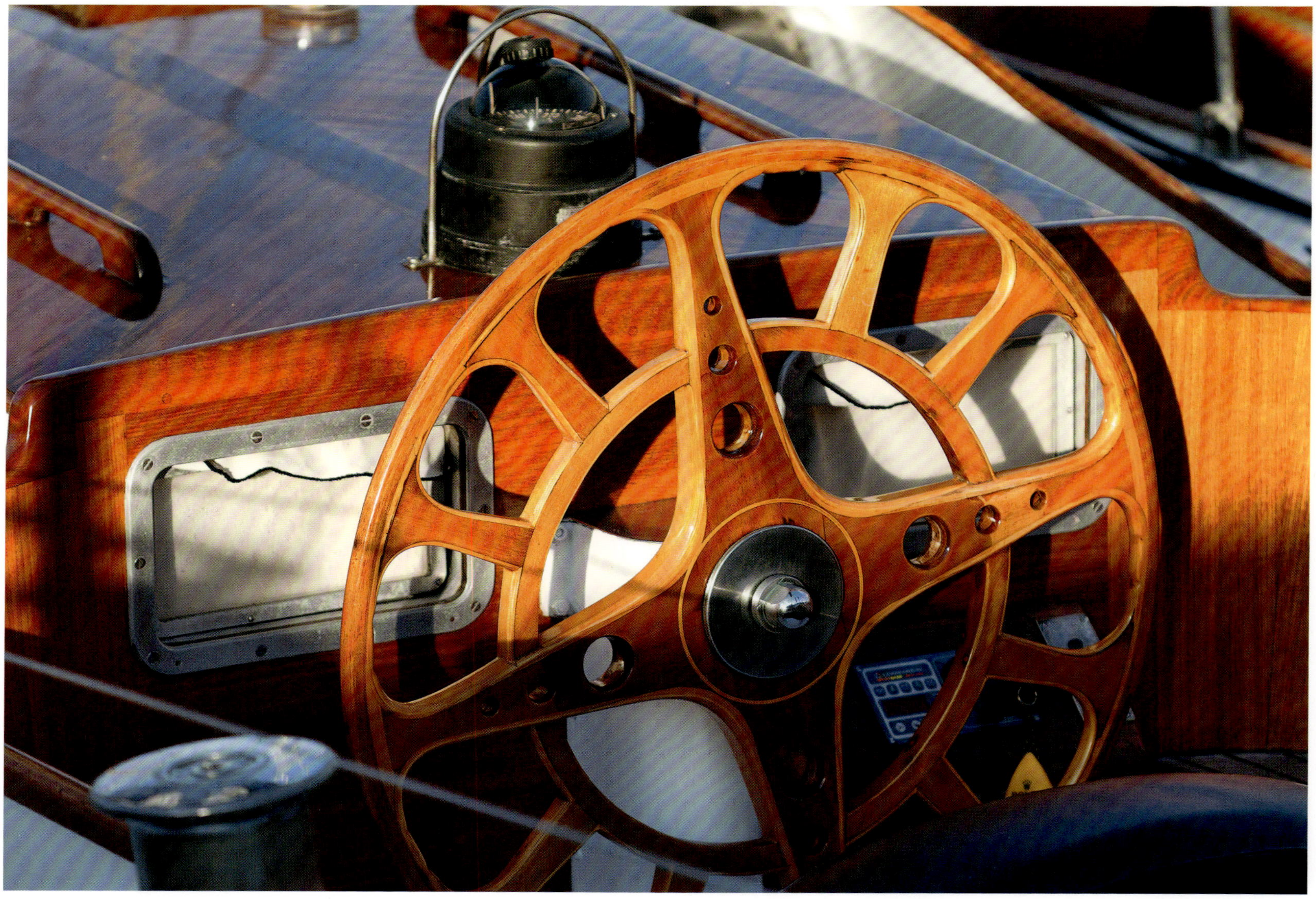

▼

Der kupfergoldene Metallicschimmer der 27 Meter langen *Tiketitoo* ist leicht zu erkennen. Die Yacht wurde von German Frers entworfen, die Inneneinrichtung stammt vom Bootsbauer Wally und die Aufbauten von den Chantiers navals de Bordeaux (CNB). Ihre Jungfernfahrt machte die *Tiketitoo* im Jahre 2001.

◀

Das Steuerrad der *Outlaw* ist ein bemerkenswertes Unikat, genau wie der Rest des Schiffes aus dem Hause Souters, einer britischen Werft. Der Konstrukteur dieses 14 Meter langen, hochgetakelten Kutters, der 1963 für den »Admiral's Cup« entwickelt wurde, ist John Illingworth. Nachdem er 1945 selbst einmal die berühmten Sydney–Hobart-Regatta gewonnen hatte, hatte Illingworth nach 1959 in Zusammenarbeit mit Angus Primerose über 500 Schiffe gebaut.

▲

Agneta segelt hart am Wind. Die Laufdecks aus ihrer Entstehungszeit waren um einiges schmaler, beengter und vollgepackter als heute.

▶

Das 43 Meter lange Teakdeck der *Esense* erstrahlt in perfekter Harmonie. Die Abwesenheit von Leinen und die Aufgeräumtheit dieses vollkommenen Flushdecks sind Markenzeichen der Werft Wally.

▶▶

Auf den modernsten Schiffen haben Bildschirme und bunte Knöpfe die Seekarten und Winschkurbeln ersetzt, sodass der Platz am Steuer oftmals wie das Cockpit eines Raumschiffs aussieht.

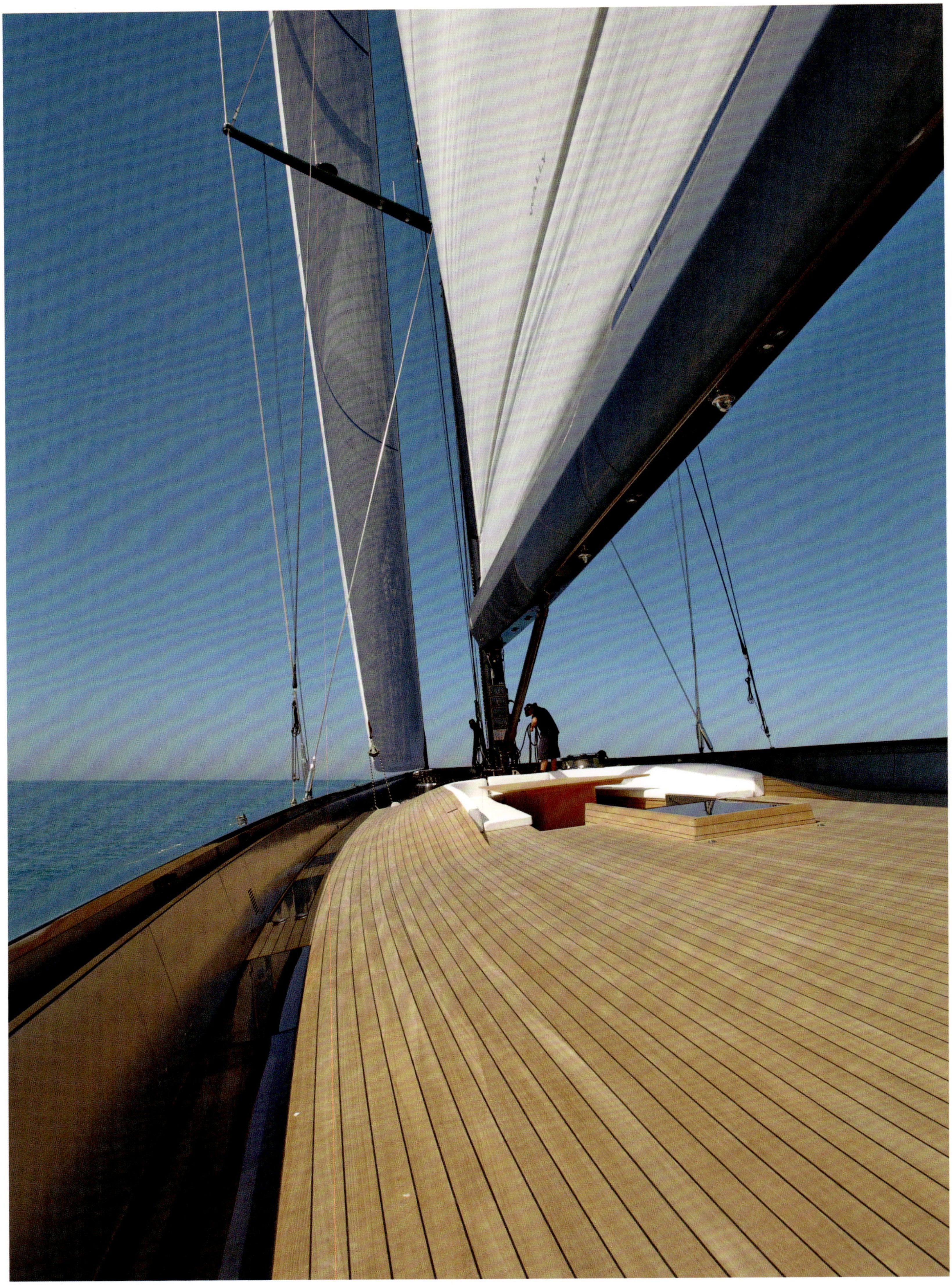

45

▲
Das Tauwerk aus modernen Verbundstoffen ermöglicht die Verwendung von kleineren Durchmessern. Hier, an Bord der Wally 130 *Angel's Share*, wird die Fock mit einer erstaunlich dünnen Schot gehalten – erstaunlich vor allem gemessen an der kräftigen Carbon-Einfassung des Segels.

◄

Auf der *Atlantic* verwendet man das traditionelle Tauwerk aus Hanf mit entsprechend großem Durchmesser.

▲

Der Heckausleger der *Veronique*, einer Gaffel-Yawl von 1907, gebaut nach Plänen von Albert R. Luke. Diese recht seltene hölzerne Spiere ragt als Halterung der Besanschot über das Heck des Bootes hinaus.

▶

Die *Eilean* gilt als Musterbeispiel für eine gelungene Schiffsrestauration. Die 22-Meter-Ketsch ist 1936 erstmalig vom Stapel gelaufen. Im Jahre 2009 wurde das von William Fife konzipierte Schiff komplett überarbeitet. Auch die Schiffsglocke erstrahlt in neuem Glanz.

Atlantic

Wiedergeburt einer Legende

Typ: Dreimast-Gaffelschoner
Stapellauf: 2010
Länge über alles: 64,50 Meter
Breite: 8,85 Meter
Tiefgang: 4,90 Meter
Motor: Yanmar 829 PS
Verdrängung: 395 Tonnen
Segelfläche: 1721 Quadratmeter
Süßwasservorrat: 15 000 Liter
Kraftstoffvorrat: 17 000 Liter
Konstruktion: Stahl
Werft: Van der Graaf, Niederlande
Architekten: Gardner & Cox,
  New York, 1903 /
  Doug Peterson, San Diego, 2006

Seit über 20 Jahren widmet sich Ed Kastelein, ein niederländischer Geschäftsmann, dessen Vorfahren bereits im 16. Jahrhundert zur See fuhren, fast ausschließlich dem Neubau der schönsten Schiffe aus der Geschichte des Segelns. Nach *Zaca a te Moana*, der Replik von *Zaca*, dem berühmten Schiff von Errol Flynn, und *Eleonora*, dem Nachbau der *Westward*, die 2003 vom Stapel lief, war nun die *Atlantic* an der Reihe, zu neuem Leben aufzuerstehen. Der dreimastige Schoner mit Gaffeltakelung, den Gardner & Cox 1903 entwarfen, schrieb Geschichte durch Charlie Barrs Rekordfahrt über den Atlantik im Jahre 1905: Der berühmte Segler erreichte das andere Ufer in 12 Tagen, 4 Stunden, 1 Minute und 19 Sekunden. Schneller schaffte diese Strecke erst 1980, also 75 Jahre später, Éric Tabarly mit seinem Trimaran *Paul Ricard*, und in der Kategorie Einrumpfboote erst die *Mari-Cha III* im Jahre 1998 – nach fast einem ganzen Jahrhundert. Zusammen mit Doug Peterson, dem Konstrukteur vieler bekannter Segelschiffe, recherchiert Ed Kastelein fast ein ganzes Jahr, um möglichst viel über den Schoner herauszufinden, bevor er das verrückte Projekt eines originalgetreuen Nachbaus dieser Schiffslegende unternimmt. Dabei ersetzte er die damals revolutionäre Dampfmaschine, die zusätzlichen Antrieb brachte, Strom für die ersten elektrischen Winschen erzeugte und außerdem die Kabinen beheizte, durch zwei moderne Motoren, baute die Masten nicht wie ursprünglich aus Holz, sondern aus Aluminium und ergänzte einiges an Elektronik, um den heutigen Sicherheitsstandards zu entsprechen. Weitere Zugeständnisse an die Moderne machte Kastelein allerdings nicht. Seit ihrem Stapellauf im Jahre 2010 hat die *Atlantic* bereits mehrere Tausend Seemeilen zurückgelegt und erstaunt nach wie vor Besatzung und Zuschauer mit ihrer Eleganz und Schnelligkeit. Die 1721 Quadratmeter Segelfläche bringen den fast 65 Meter langen Rumpf auf Spitzengeschwindigkeiten von 17 Knoten, ein Tempo, das auch moderne Boote nur mit Mühe erreichen.

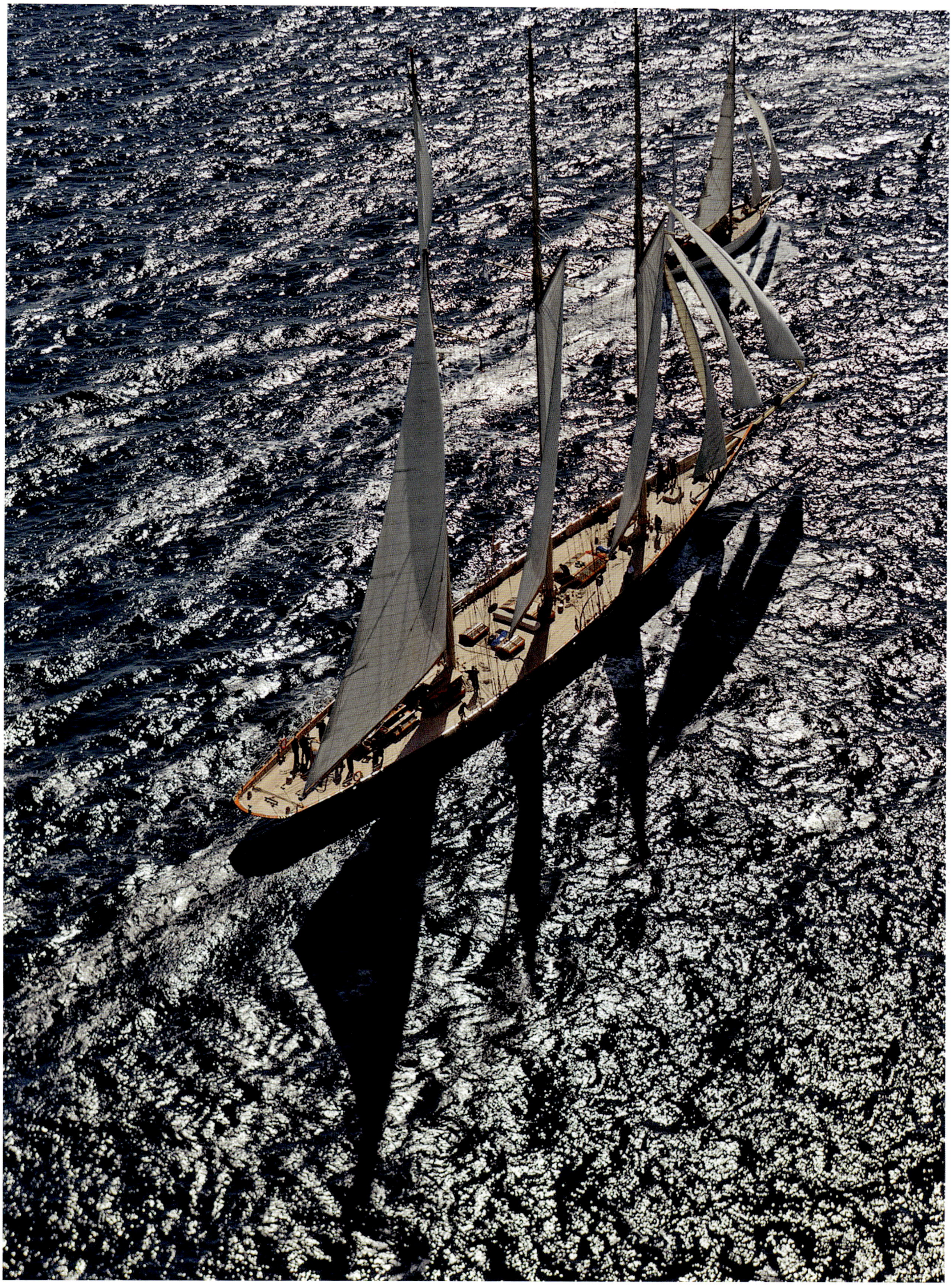

Atlantic

▲
Kleines verstecktes Zugeständnis an die Moderne. Dieser Block der *Atlantic* wurde an der Messingöse mithilfe einer Leine aus Dyneema fixiert, einem leichten, aber äußerst reißfesten Verbundstoff.

▶
Nahaufnahme eines leeseitigen Blocks am Backstag der *Atlantic*. Bei klassischen Yachten sind die Backstagen zu beiden Seiten des Mastes als Flaschenzüge angebracht und stabilisieren ihn im oberen Bereich.
Das luvseitige Backstag muss immer gut gespannt sein, das leeseitige sollte locker hängen. Bei jeder Wende oder Halse muss die Besatzung die Backstagen neu trimmen.

▶▶
Die Decks des Bootsbauers Wally sind fast immer mit zwei großen Carbon-Steuerrädern ausgestattet, die den Eindruck von Leichtigkeit und Anmut vermitteln. Zwei Steuerräder ermöglichen den Steuerleuten, bei Krängung am höchsten Punkt des Schiffs zu stehen und somit die Takelage und das umgebende Meer gut im Blick behalten zu können.

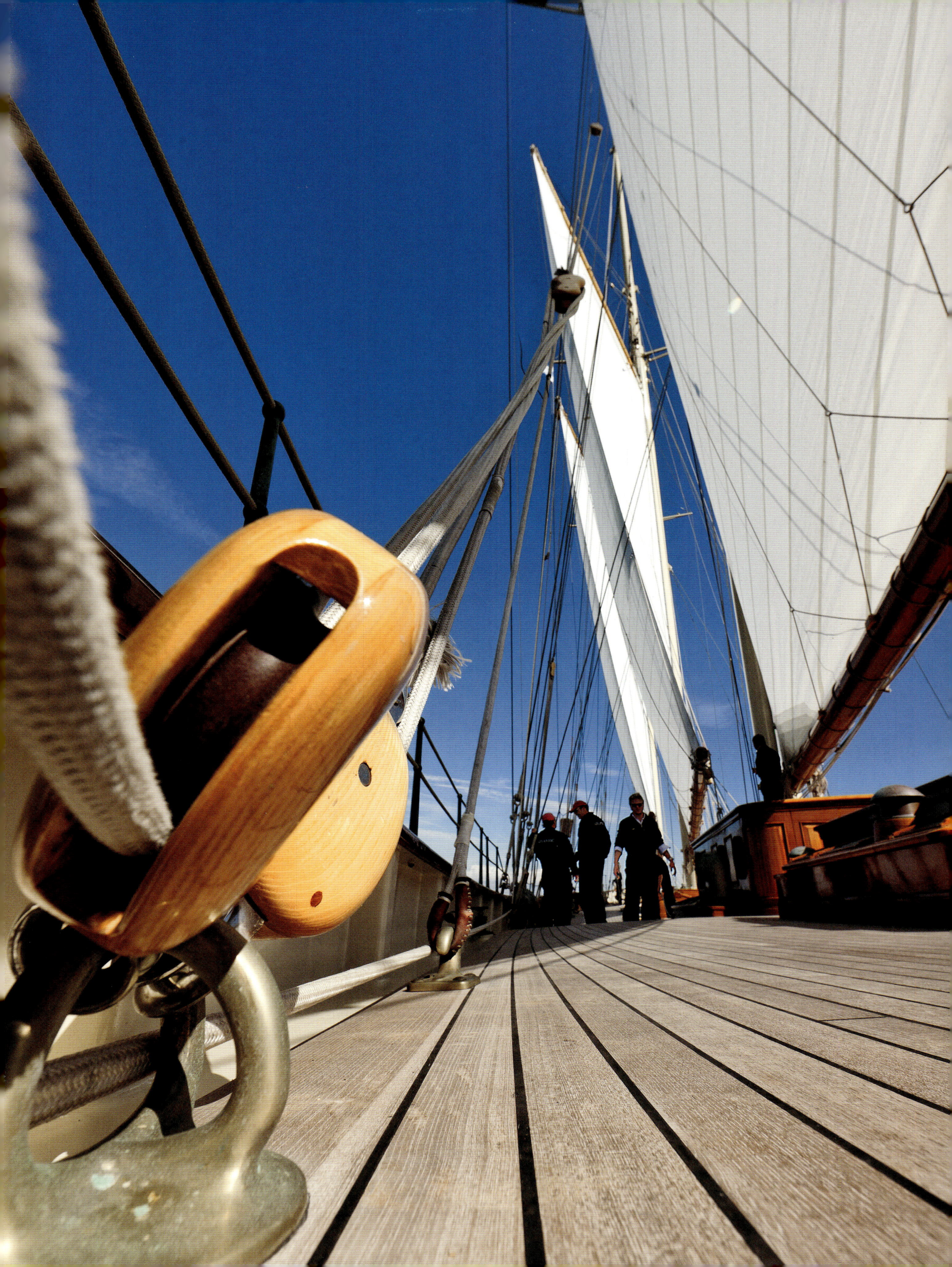

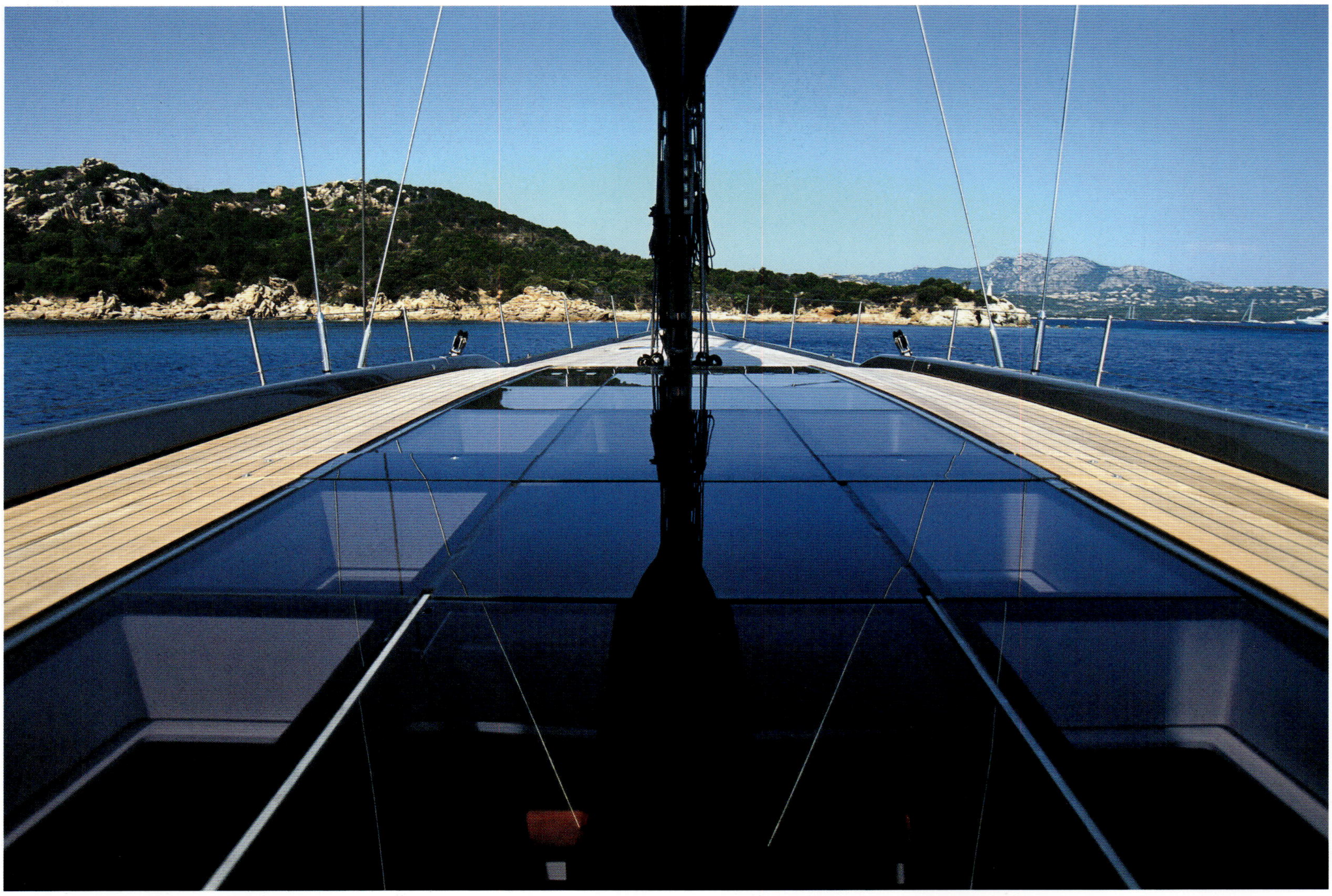

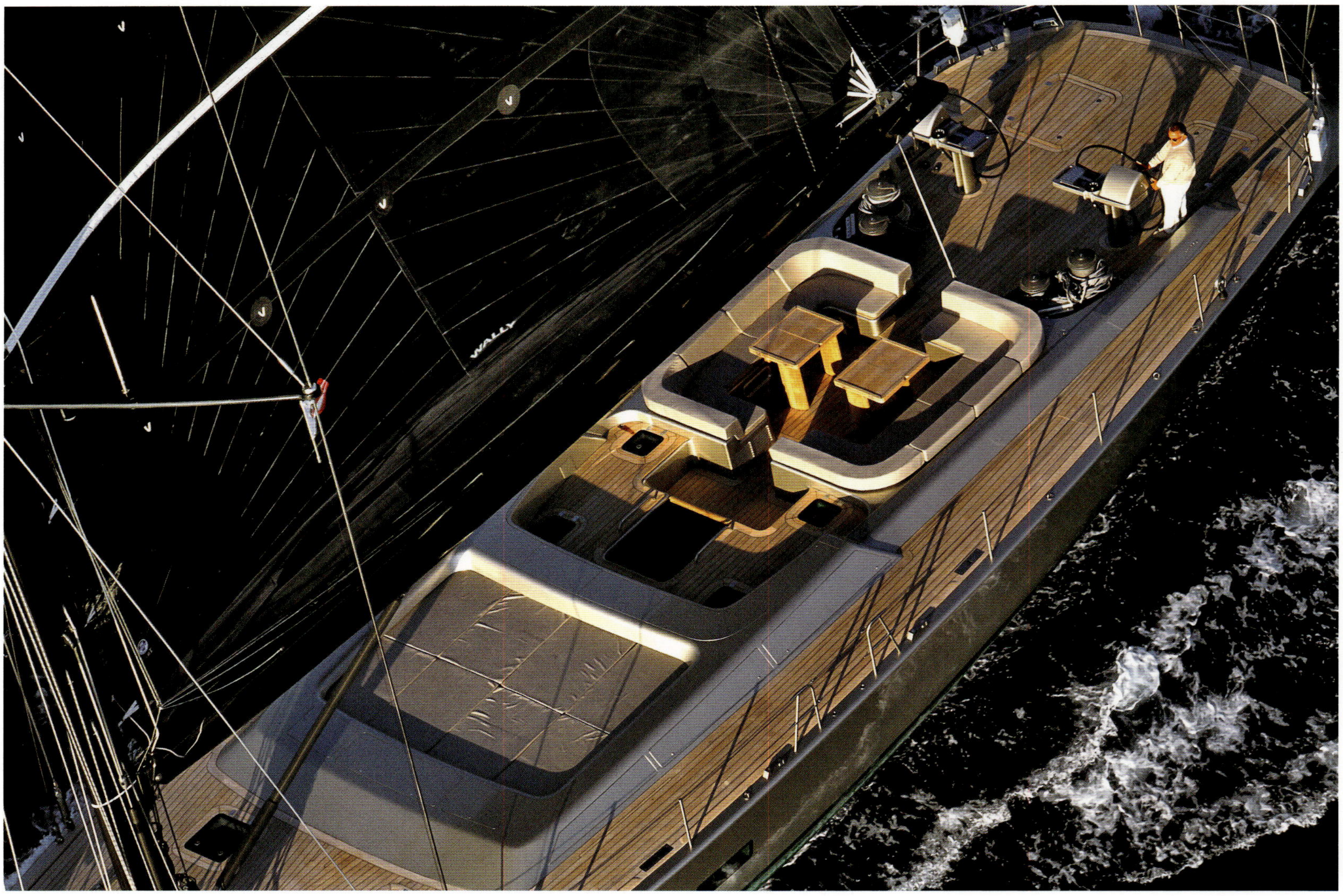

53

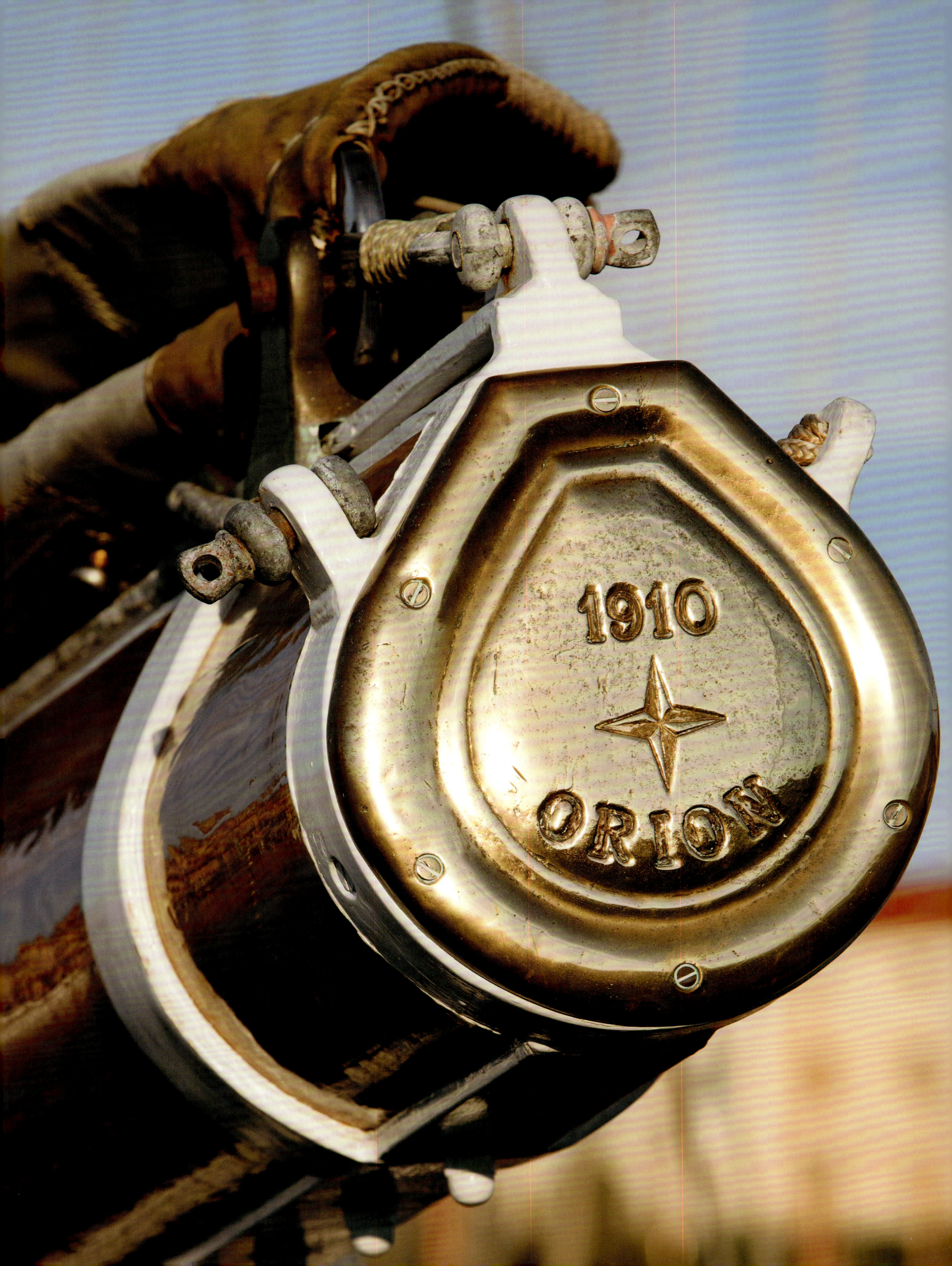
1910
ORION

◀

Die *Orion*, die laut dieser Messingkappe am Baumende im Jahre 1910 vom Stapel lief, gehört zu den legendenumwobensten Schiffen der westlichen Seefahrt. Der 44,80 Meter lange Schoner mit einer Segelfläche von 986 Quadratmetern wurde im Auftrag der spanischen Krone von dem äußerst produktiven Architekten Charles Nicholson entworfen und in der Werft Camper & Nicholson aus Stahl und Teakholz gefertigt. In ihrer Geschichte wechselt sie mehrfach den Eigner und verbringt auch einige Jahrzehnte in Argentinien. Bei ihrer ersten Taufe trug sie den Namen *Sylvana*, später wechselte dieser in *Pays-de-France*, *Le Matin*, *Diane* und *Vira*, bevor sie 1930 in *Orion of the Seas* umbenannt wurde.
2003 unterzog man sie in La Ciotat einer gründlichen Überholung. Bei großen Seglertreffen ist sie auch heute noch vielerorts zu sehen, etwa bei den »Voiles de Saint-Tropez« oder den »Régates Royales« in Cannes.

▲

Diese in Messing eingefassten Instrumentenanzeigen auf der *Véronique* sind eine Augenweide. Zur Ausstattung gehören ein Barometer, eine Uhr, darüber ein Thermometer und darunter ein Zeigerklinometer (Krängungsmesser), der anzeigt, wie sehr das Schiff krängt.

▶▶

Designer und Bootseigner überbieten sich bei der Gestaltung der Namenszüge oft gegenseitig an Fantasie, um die Einzigartigkeit und den besonderen Charakter ihrer Schiffe hervorzuheben.

Janice
of Wyoming
GEORGE TOWN

COMO

Highland

biancaneve

ATLANTIC

VERONIQUE
1907

EILEAN 1936
ATLA
ORIOLE
SUNSHINE
AMERICA
MAUNA LOA 1907
BARONG C LONDON
WINDHOVER TL

Takelage und Segel

Takelage und Segel sind wohl der größte Schmuck einer Yacht, an ihnen zeigt sich ihre ganze Schönheit und Erhabenheit. Ohne Mast kein Segel, ohne Segel kein Antrieb. Ein Segelschiff wäre ohne Masten vollkommen hilflos und auf dem Meer verloren. Um nicht länger der Spielball von Wind und Wellen zu sein, hat der Mensch die Segelkunst entwickelt und mit vielerlei Techniken gelernt, mittels Mast und daran befestigten Segeln die Kraft des Windes für sich zu nutzen. Dabei kommen verschiedenste Segelformen und diverse Materialien zum Einsatz. Die Bandbreite der unterschiedlichen Takelungen ist so groß, dass allein darüber mehrere dicke Bücher verfasst wurden: Slup, Ketsch, Schoner, Marconi- oder Hochsegel, Gaffelsegel, Rahsegel, Luggersegel, Lateinersegel, Sprietsegel, Topptakelung, 7/8-Takelung, 9/10-Takelung, freistehend, drehbar, kippbar, als Rodrigg, als Drahtrigg, geriggt mit Kabeln aus PBO – seit jeher haben Ingenieure nach immer neuen Wegen gesucht, wie sie möglichst effizient Masten aufstellen und Segel daran befestigen können. Bereits im Jahre 56 vor Christus beschreibt Caesar die aus Leder genähten Segel der armorikanischen Kelten. Die Inkas nutzten Röhricht oder Balsaholz. Später setzte sich Baumwolle als Segelmaterial durch, danach Polyesterfasern wie Dacron. Heutzutage besitzen die Katamarane der Vorauswahl für den 34. »America's Cup« in den Klassen AC 45 und AC 90 steife Großsegel, die stark an wendige Flugzeugflügel erinnern. Diese Segel verfügen über eine perfekte Aerodynamik und nutzen die Kraft des Windes optimal aus. Sie sind aus Verbundmaterialien wie Carbon, Kevlar oder PET-Folie gefertigt und haben damit den Vorteil, fest und gleichzeitig leicht zu sein. Ohne sie kommt ein moderner Regattasegler nicht mehr aus.

Dieses perfekt stehende Segel gehört zu dem 28,90 Meter langen, von Jean-Jacques Coste entworfenen Maxi-Katamaran *Cartouche* aus der Werft H2X in La Ciotat. Die horizontal verlaufenden, durchgehenden Latten verleihen diesem Marconi- oder Hochsegel die notwendige Festigkeit, um eine stabile Segelform und damit hohe Geschwindigkeiten zu ermöglichen.

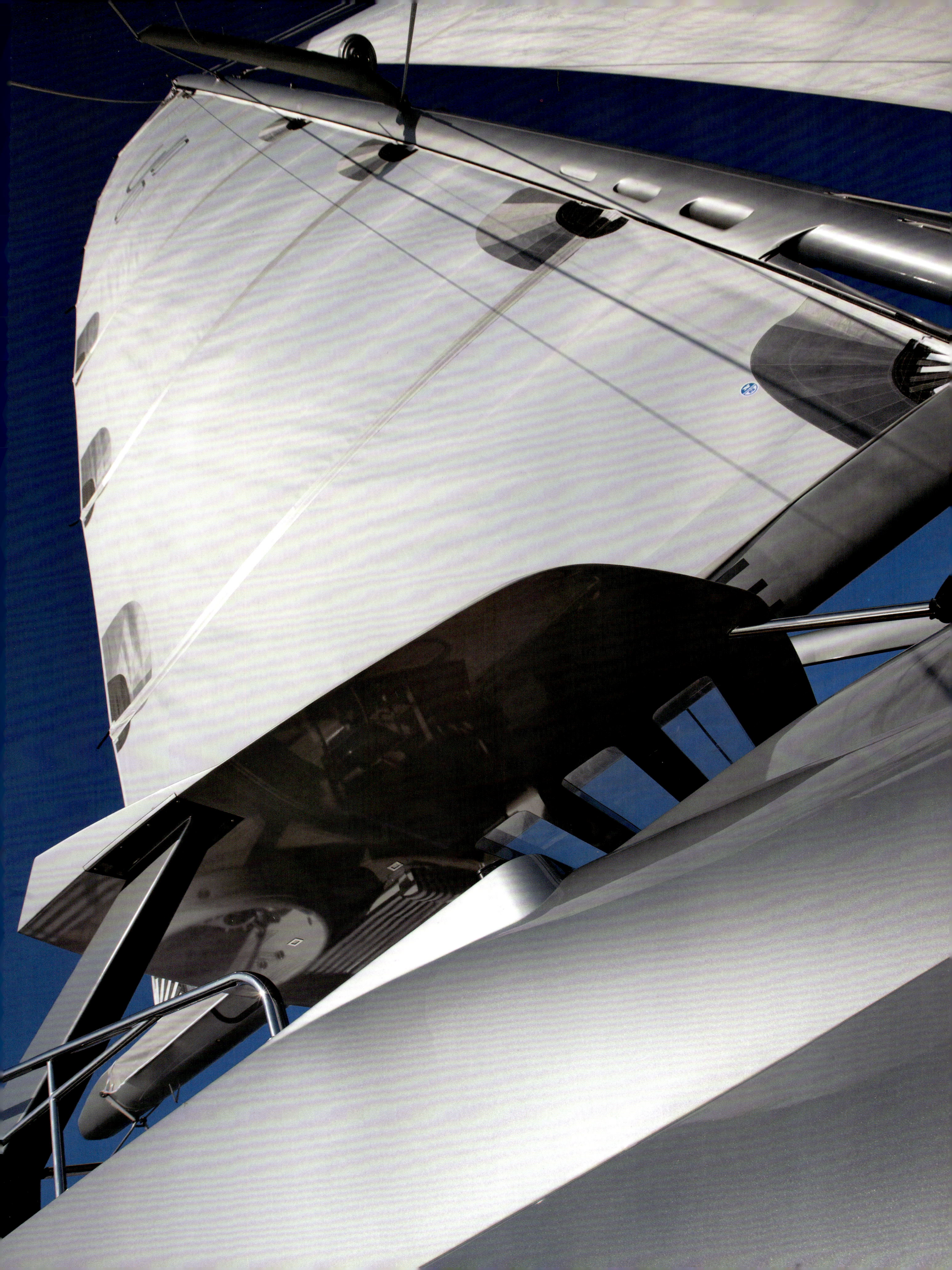

▲
Die Takelung der *Thendara* ist recht ungewöhnlich. Neben den Toppsegeln kann nicht nur vor dem Hauptmast, sondern auch, wie man hier sieht, zwischen den Masten ein Ballonsegel nach Art eines Spinnakers gesetzt werden.

▶
Die Schiffe *Avel*, rechts, und *Marigold*, links, im Wettstreit bei einem Treffen klassischer Segelschiffe auf Menorca im Jahre 2010. Die Spinnaker dieser beiden Boote sind riesig, und die gewaltigen Spinnakerbäume, die das Segel gegen den Wind offenhalten und die heute üblicherweise aus Carbon gefertigt werden, liegen dem Bugmann beim Manöver sicher schwer im Arm.

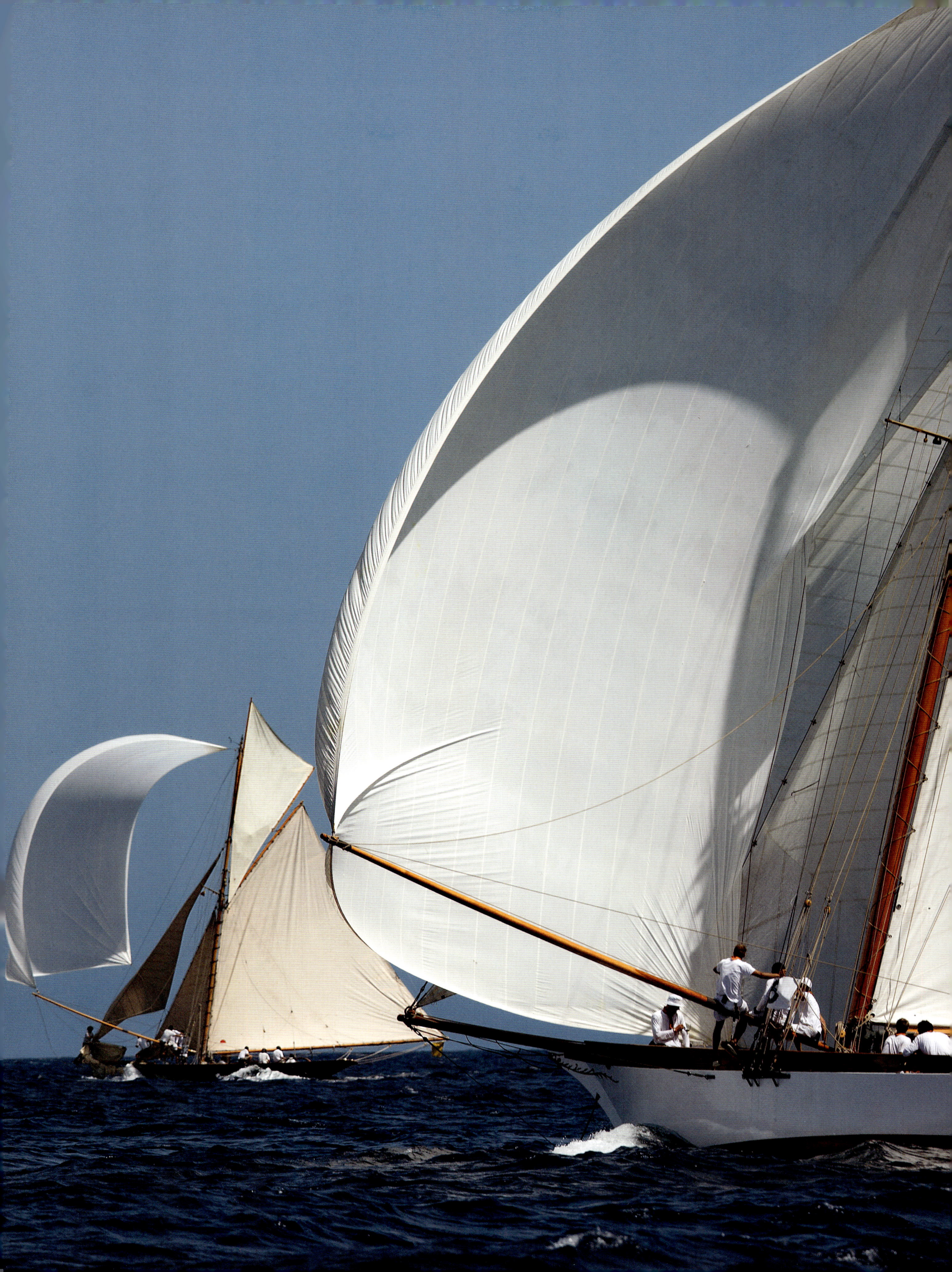

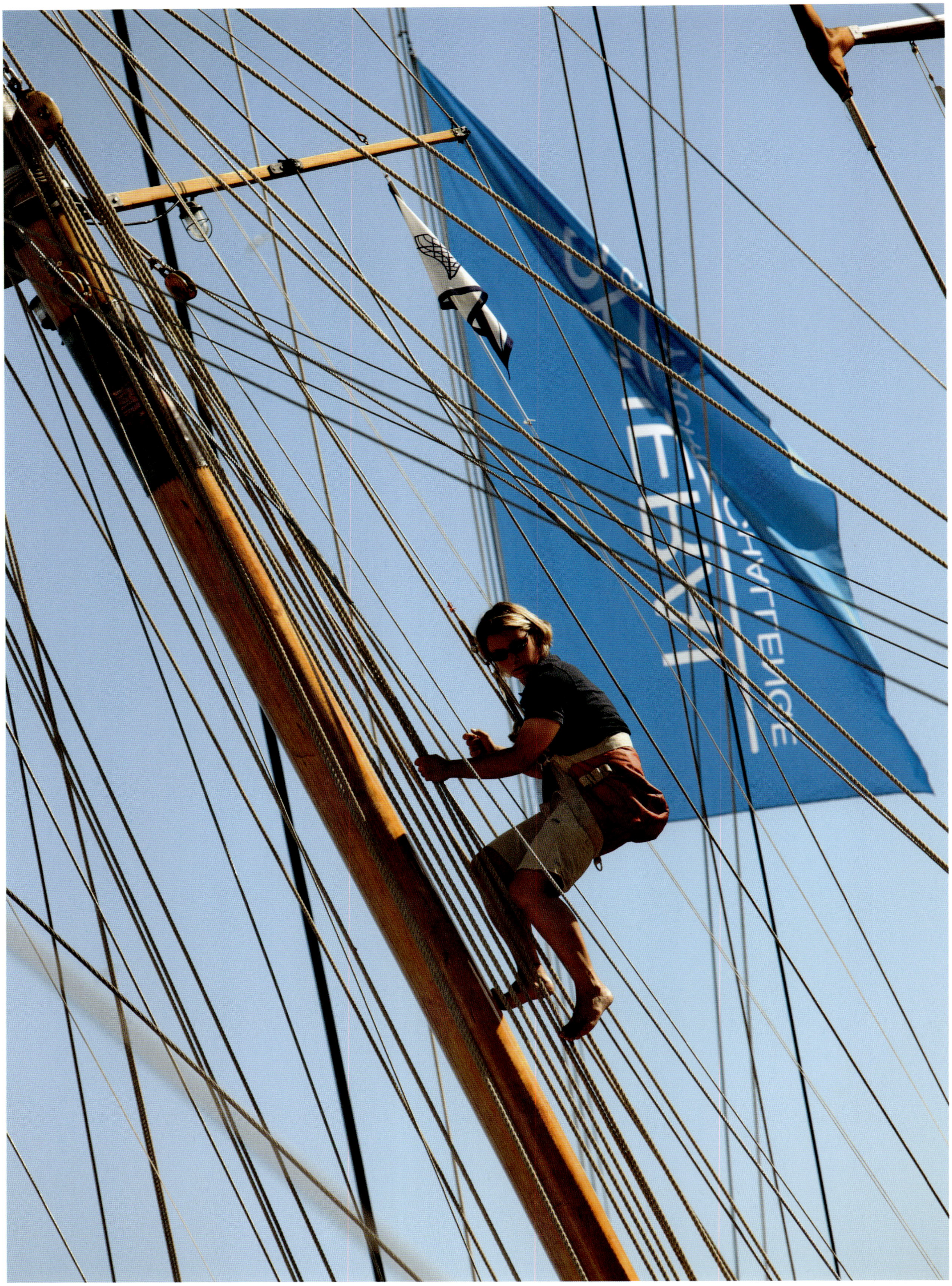

◀

Die Aufgaben eines Bootsmanns an Bord einer klassischen Yacht umfassen viele Bereiche und setzen besondere Fähigkeiten voraus. Die Wartungsarbeiten in der Takelage, manchmal mehrere Dutzend Meter über Deck, sind ebenso wichtig wie die am Rumpf. Das Material sollte tagtäglich auf Schwachstellen überprüft werden, um es dauerhaft zu erhalten. Dieses Crewmitglied hat sich, an zwei Fallen gesichert, von den anderen Besatzungsmitgliedern hochziehen lassen. Das setzt absolutes Vertrauen in die Mannschaft voraus.

▲

Dieses mit Leder verstärkte Schothorn veranschaulicht gut, was für gewaltige Kräfte am Segel unter Wind auftreten können.

◄

Detailaufnahme der Takelage von der *Maltese Falcon*: Die sonderbar gerundeten Formen sind die ultramoderne Fortentwicklung der klassischen Rahen.

►

Ein Besatzungsmitglied der *Adix* hält 2010 bei den »Voiles de Saint-Tropez« in dem eindrucksvollen Rigg nach Böen Ausschau.

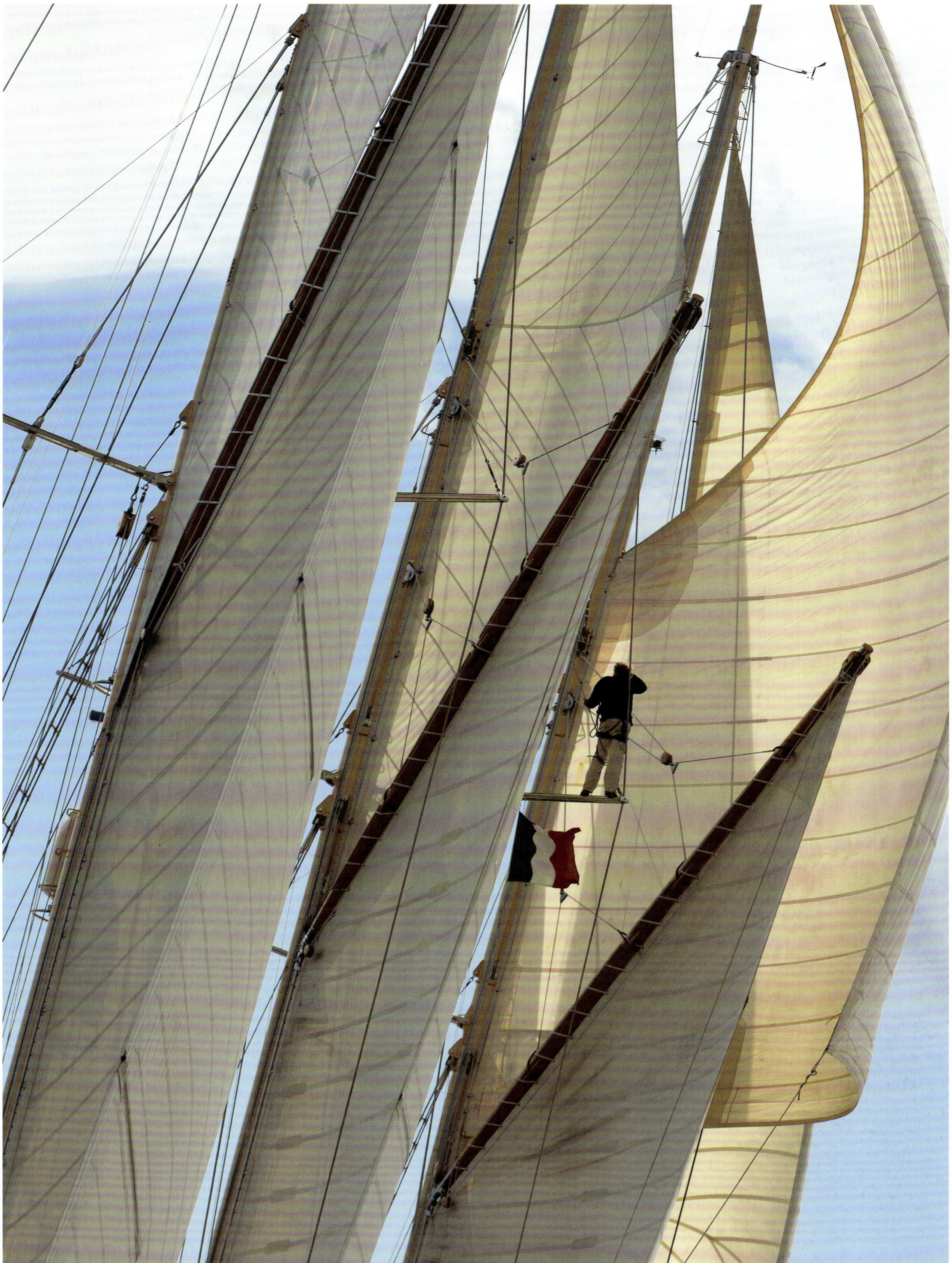

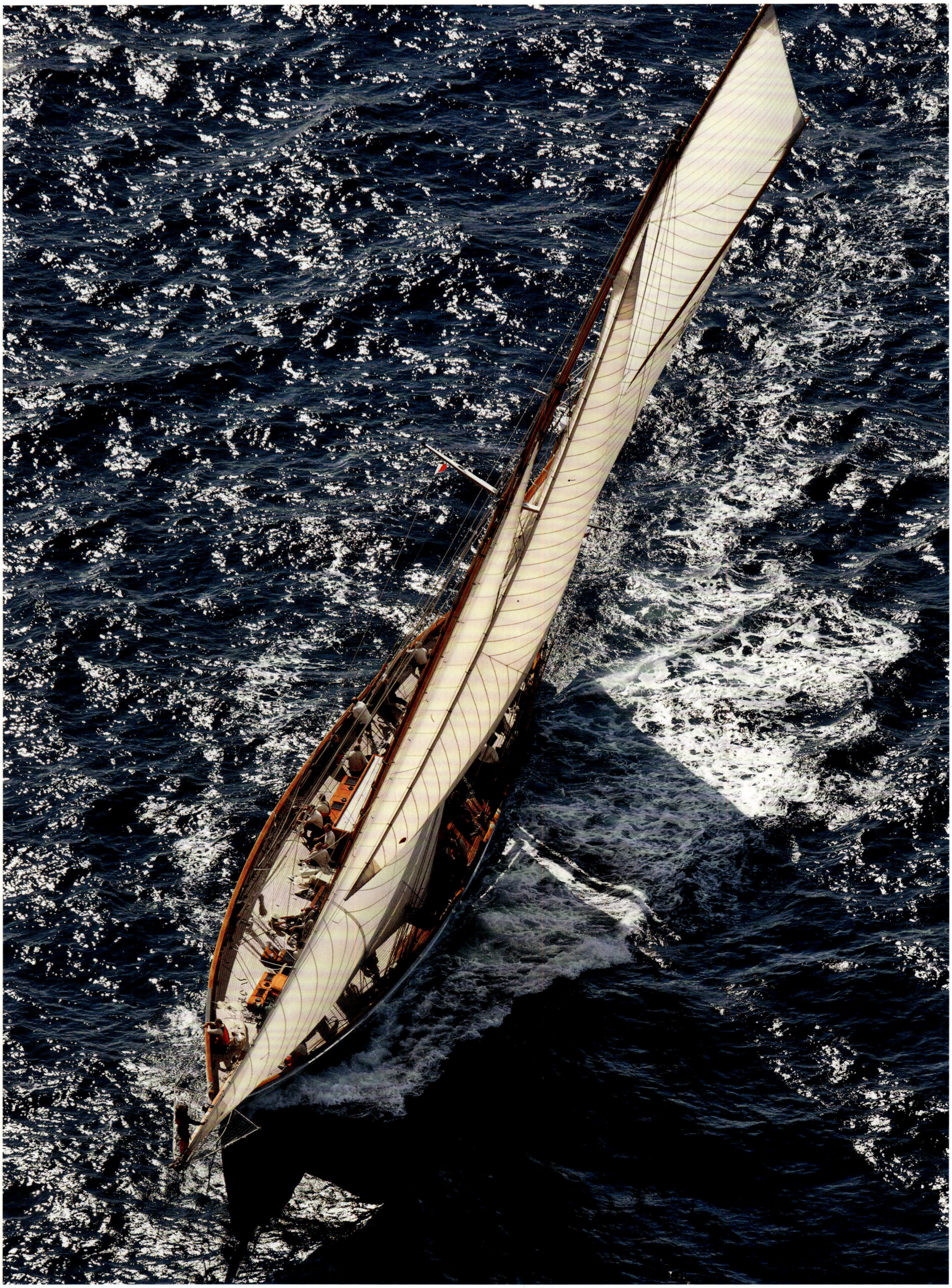

◀

Die *Thendara* hält Kurs hart am Wind. Die gaffelgetakelte 36,50-Meter-Ketsch wurde 1936 nach Plänen von Alfred Mylne gebaut, dessen Kabine auch heute noch existiert. Sie ist gewiss bis heute die einzige Ketsch, die nicht nur am Großmast, sondern auch am Besanmast ein Toppsegel führt. Gebaut wurde das Schiff von der Glasgower Werft Alexander Stephen & Sons im Auftrag des damals bekannten schottischen Reeders Lord Arthur Young. Es diente der britischen Marine im Krieg als Sperrschiff auf der Clyde. Danach wechselte *Thendara* mehrfach den Besitzer, bevor sie von ihrem letzten Eigner im Jahre 1993 und noch einmal 1999 komplett überholt wurde. Erfolgreich, denn im Laufe der letzten Jahre gewann das Schiff mehrere Klassiker-Regatten, etwa in Cannes und in Saint-Tropez.

▲

Die *Marigold* lief 1892 vom Stapel. Sie ist eine der ersten Konstruktionen des Briten Charles Nicholson aus Gosport, der damals knapp 22 Jahre alt war. Dieser Gaffelkutter misst 29,30 Meter Länge über alles, wenn auch seine Wasserlinie nur 14,50 Meter lang ist. Er war ursprünglich mit 250 Quadratmetern Segelfläche ausgestattet, die beim Umbau zum Bermudarigg aber auf die Hälfte reduziert wurde. Da die letzten Eigner des derart amputierten Seglers über die stark geminderte Leistung aber wenig erfreut waren, statteten sie die *Marigold* erneut mit ihrer ursprünglichen Takelage aus. Seitdem kommt das Boot, gemessen an seinem ehrwürdigen Alter, wieder auf sehr vorzeigbare Geschwindigkeiten ...

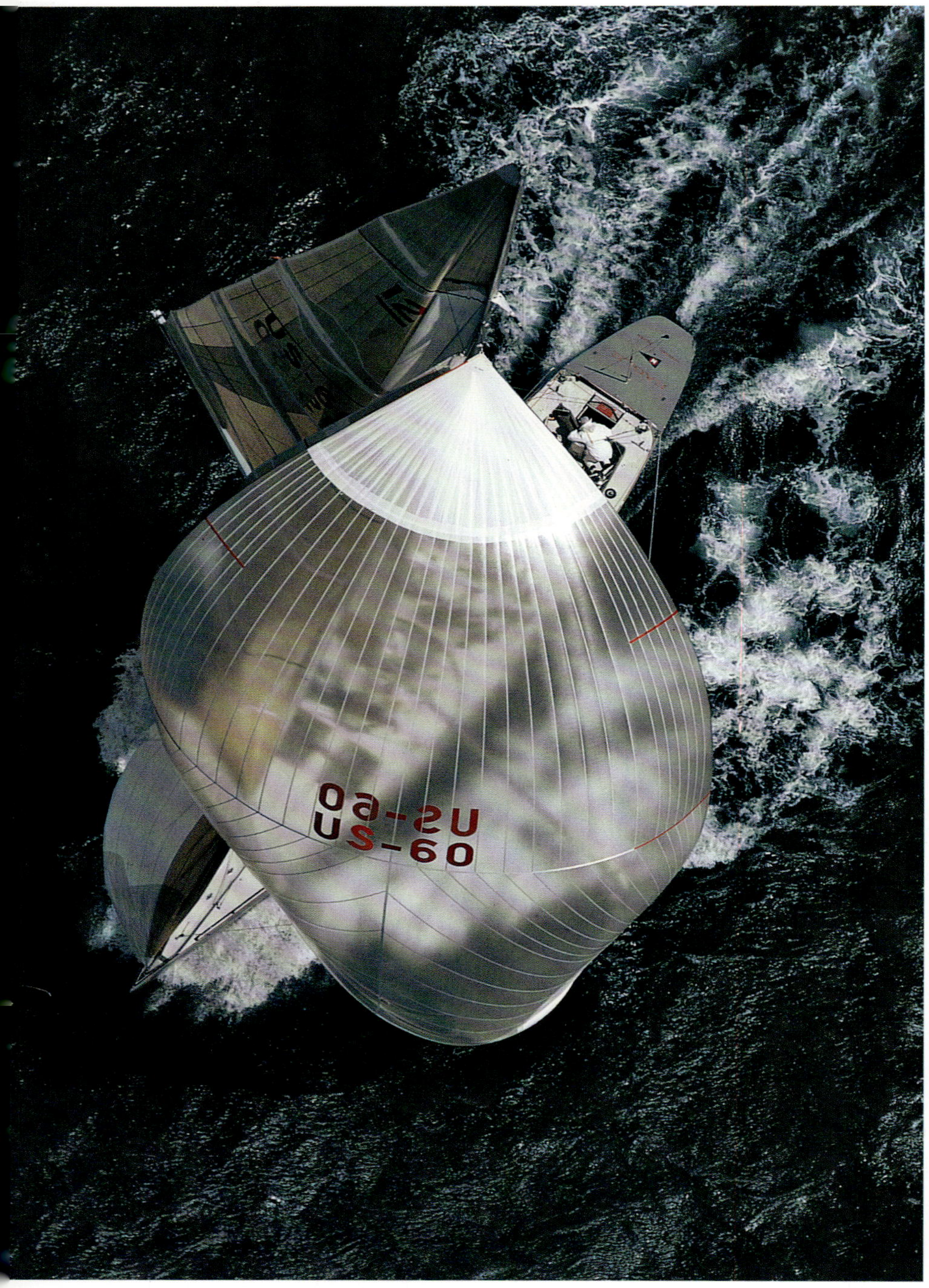
US-60
US-60
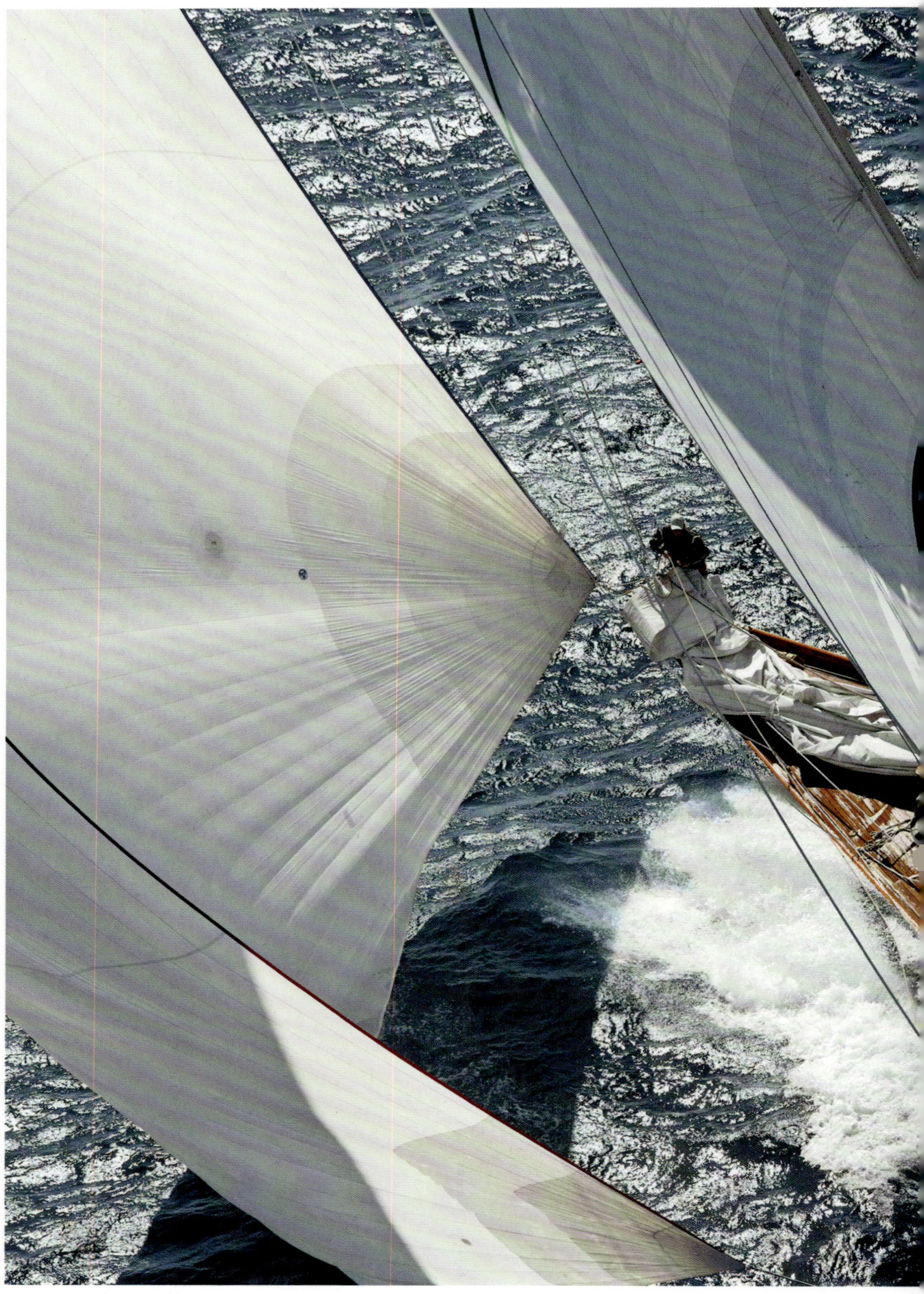

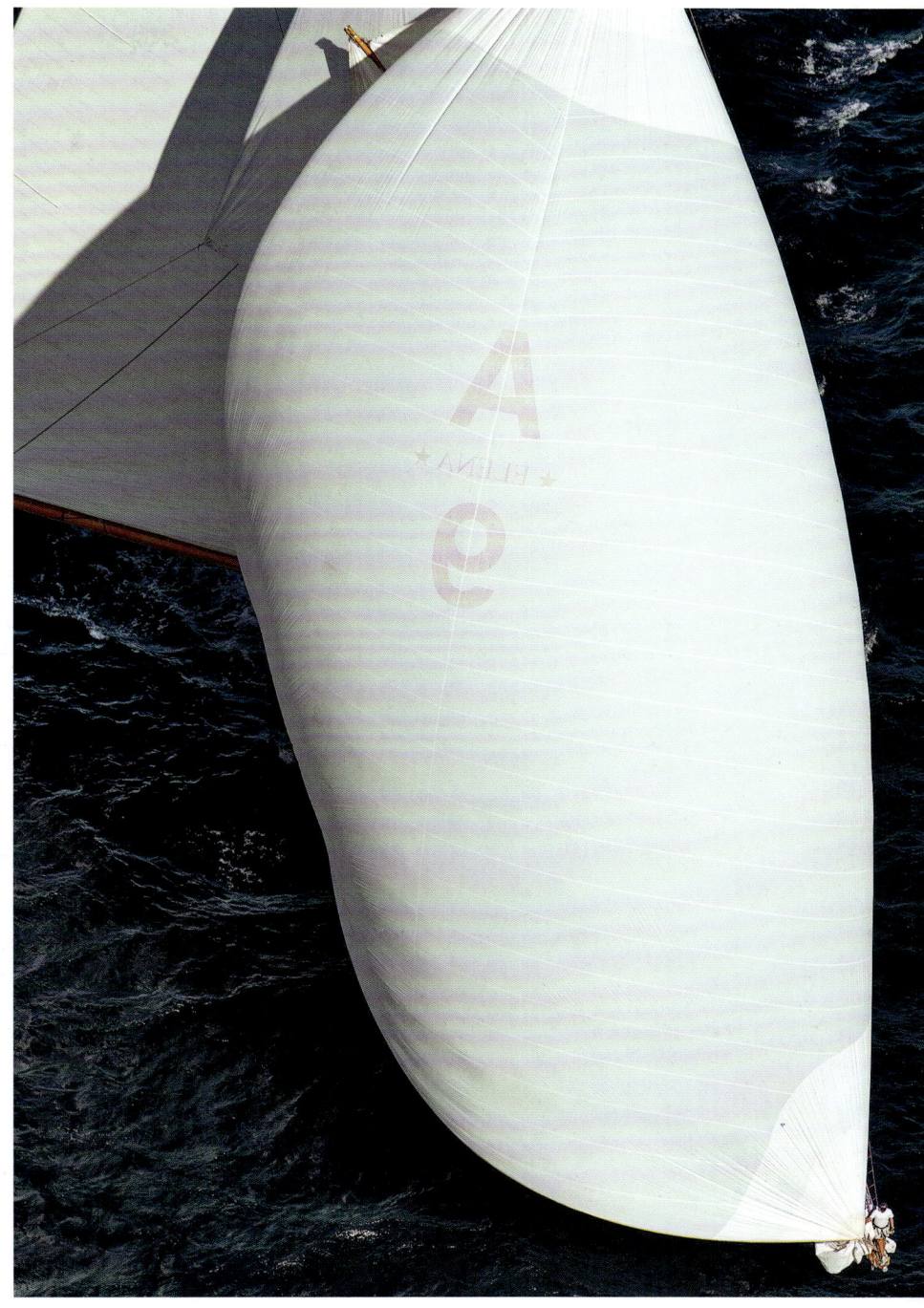

◀ ▲ ▲ ▶

Die *Shamrock V* trägt den Namen des berühmten irischen Kleeblatts. Der riesige Spinnaker bläht sich weit sichtbar im Wind. Die Yacht wurde 1930 für Sir Thomas Lipton gefertigt, der mit ihr seinen fünften und letzten Versuch unternahm, den »America's Cup« zu gewinnen. Der berühmte irische Teehändler scheiterte jedoch ein weiteres Mal und verstarb im darauffolgenden Jahr. Das nach Bauplänen von Charles Nicholson gefertigte Schiff ist mittlerweile der letzte noch fahrtüchtige Holzbau der J-Klasse.

▶▶

Der »Superyacht Cup« in Palma de Mallorca wurde im Jahre 2007 zum Schauplatz für ein Treffen von drei legendären Schiffen: der *Maltese Falcon,* hier im Vordergrund, der *Eleonora* und dahinter der *Rebecca,* einem 42,42 Meter langen Schiff von Frers aus dem Jahre 1999.

70

71

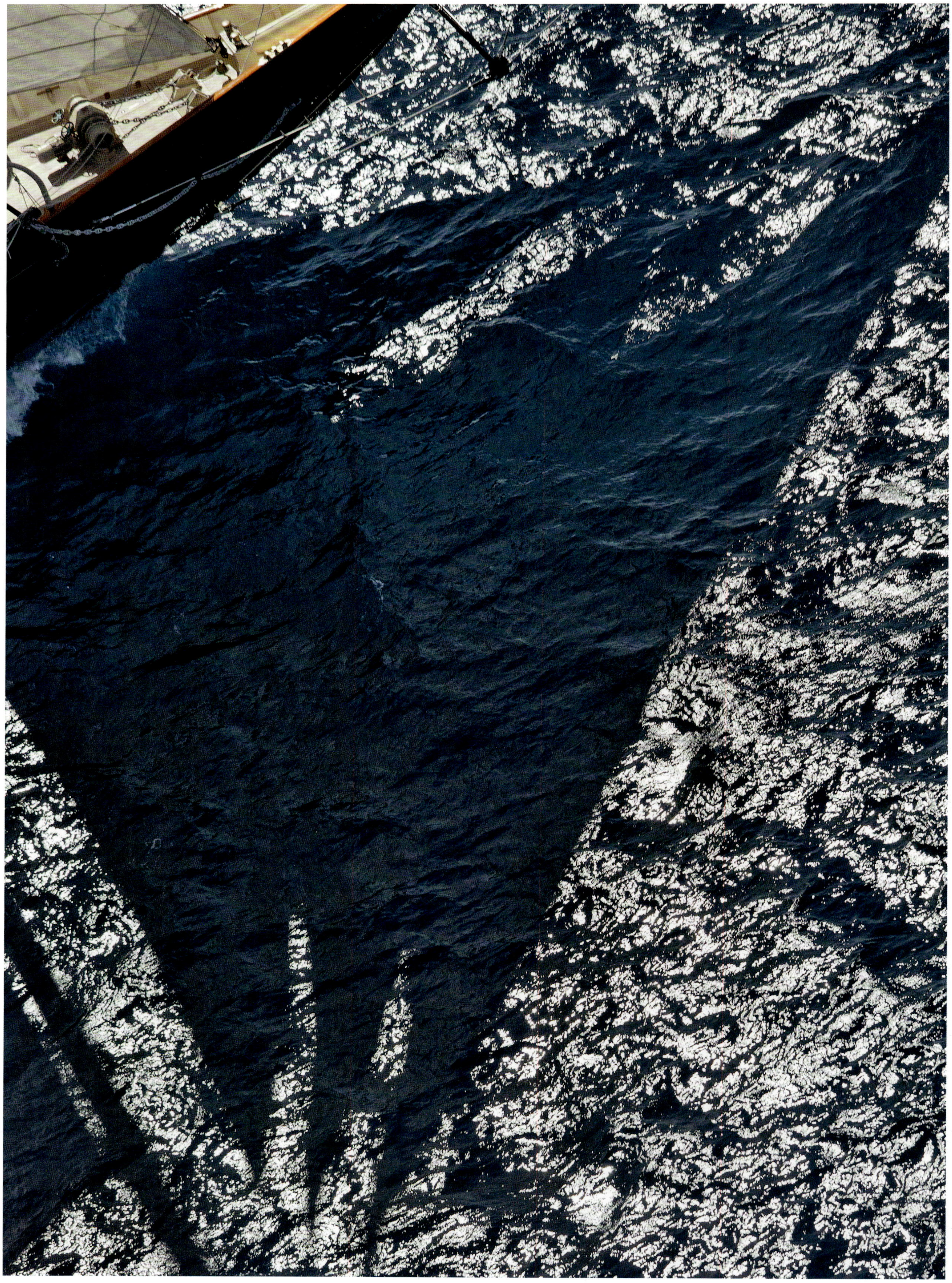

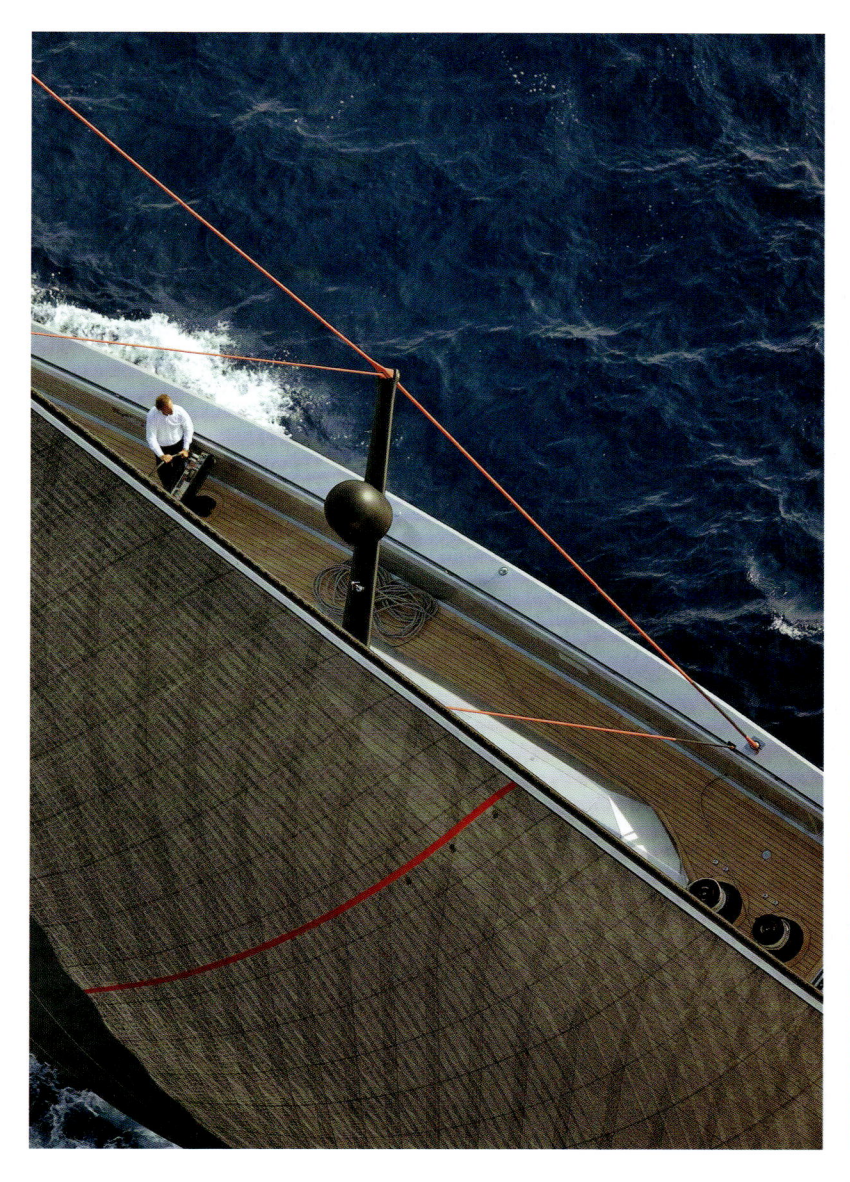

▲

Die Verstagung der *Angel's Share* ist an ihrer knallroten Ummantelung sehr gut zu erkennen.

◀

Ein kleiner Ausschnitt der Takelage der *Atlantic* als Schattenspiel auf dem Meer.

▶

Die Besatzungsmitglieder der Wally-Yacht *Esense* wirken von der Spitze des 57,25 Meter hohen Mastes betrachtet recht klein. Wer unter Schwindel leidet, sollte die Wartungsarbeiten lieber den anderen überlassen …

▶▶

Die *Adix* spiegelt sich im schwarz glänzenden Bug der *Atlantic*. Die beiden Dreimast Gaffelschoner haben mit fast 65 Metern Länge über alles vergleichbare Abmessungen.

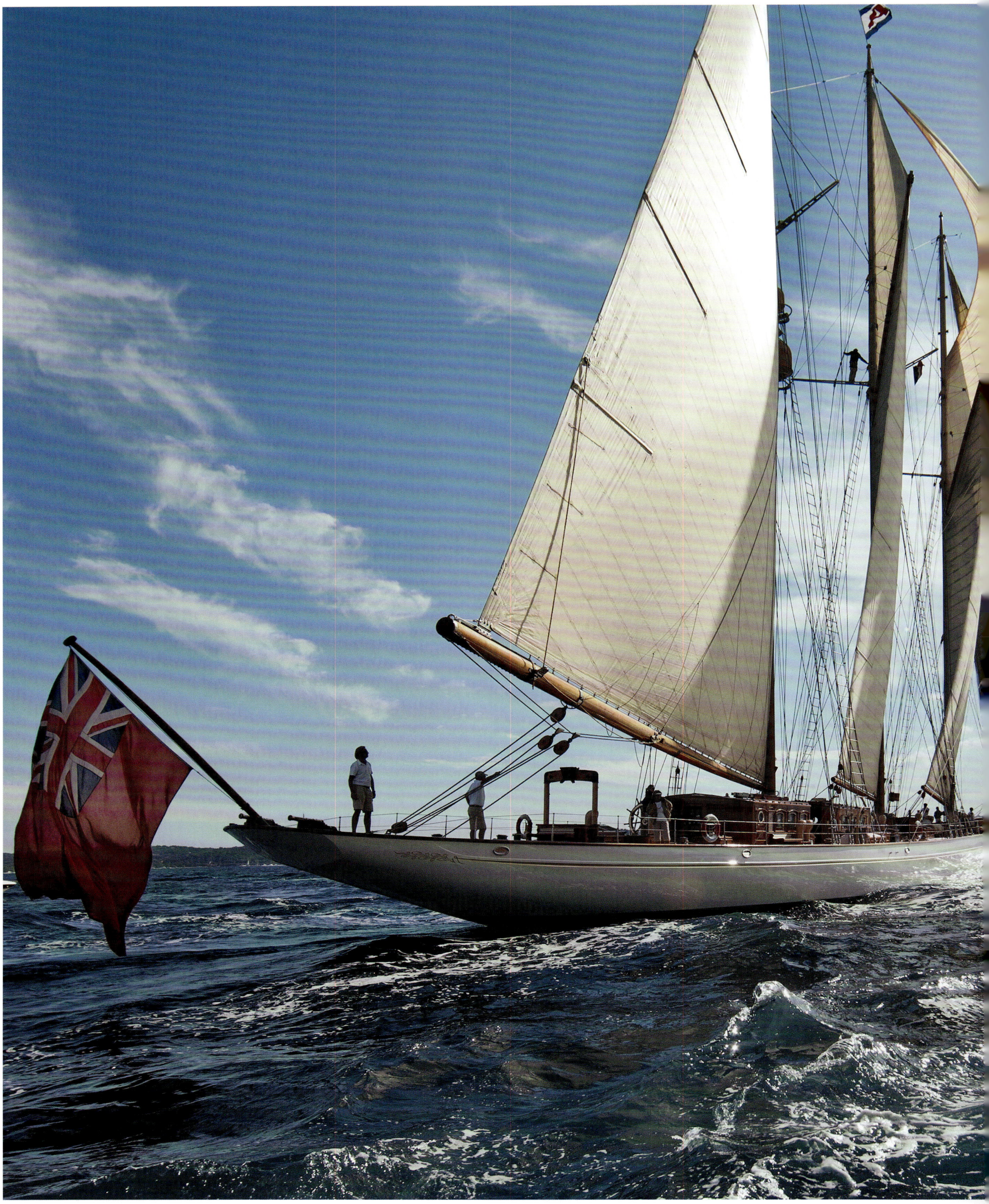

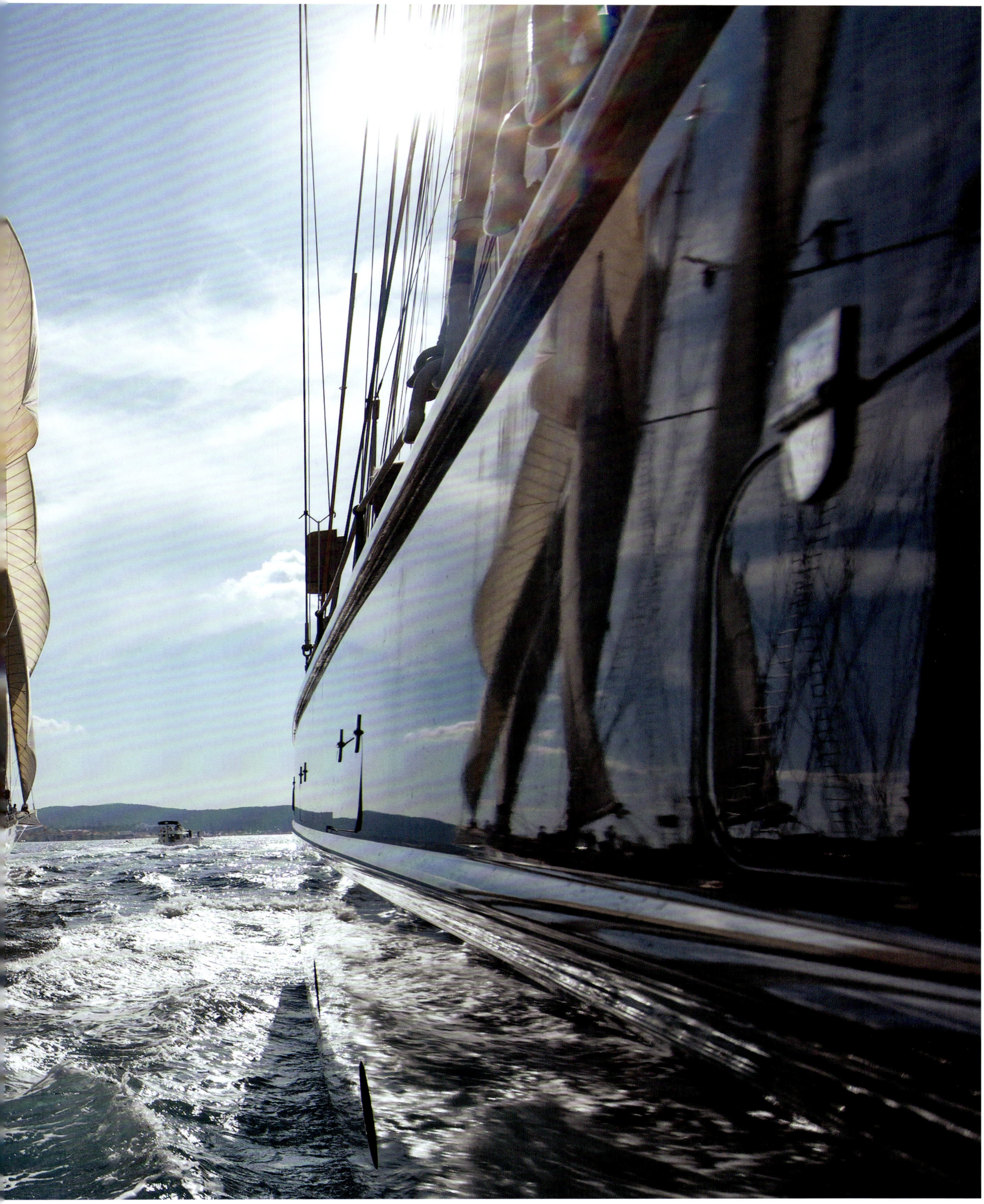

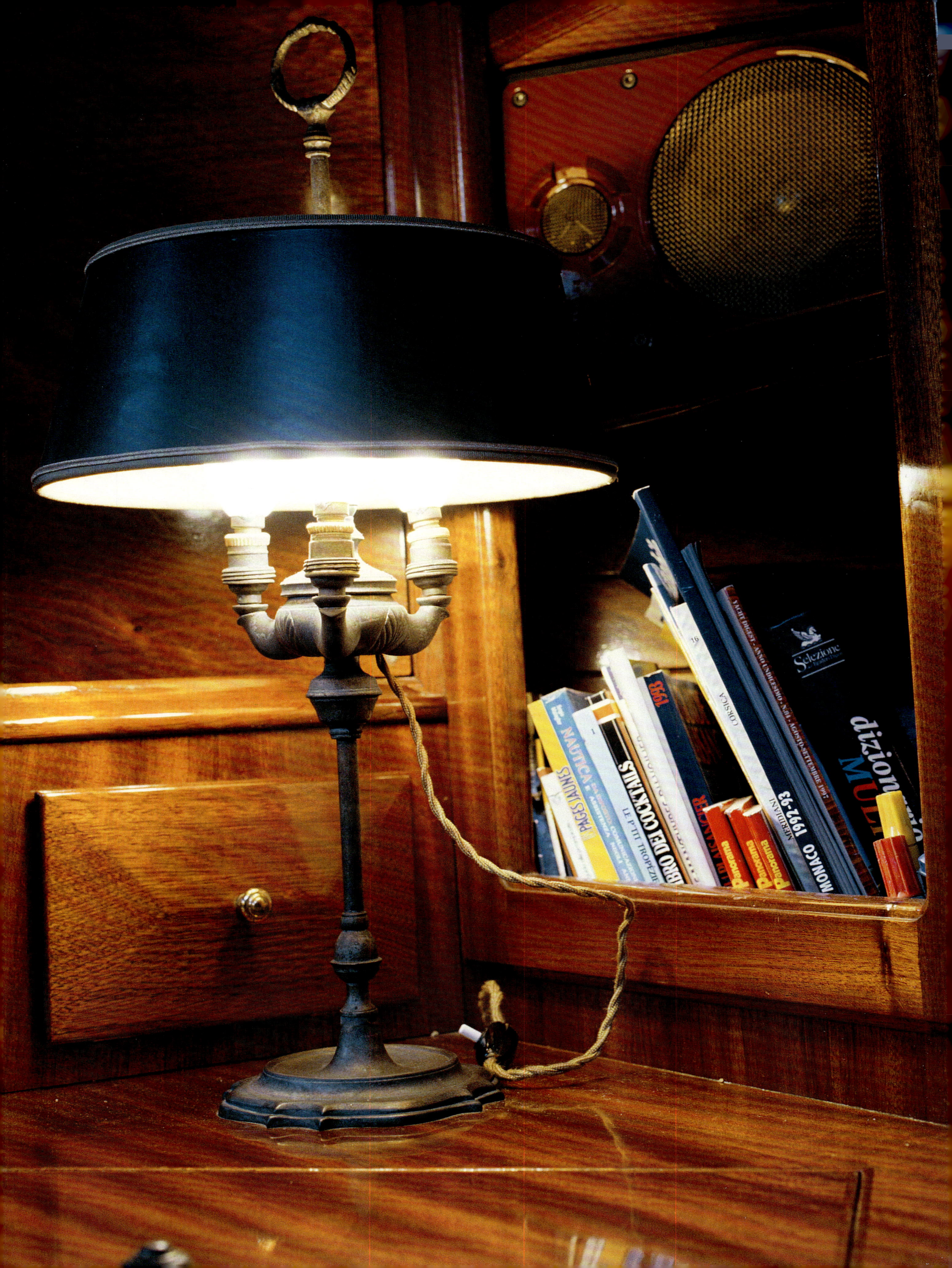

Unter Deck:
Komfort und Stil

Wie hochwertig eine Yacht gefertigt wurde, zeigt sich oft am deutlichsten bei der Inneneinrichtung. Die Werften engagieren zur Innengestaltung der Schiffe nicht selten namhafte Mode- oder Interieurdesigner wie Ken Freivokh und Philippe Starck oder auch Berühmtheiten der Haute Couture wie Elie Saab, die nicht zwangsläufig auf Schiffbau spezialisiert sind. Der Trend der letzten 15 Jahre geht zur Schlichtheit, zu einem nüchternen Minimalismus wie ihn etwa die Architekten Lazzarini und Pickering betreiben, von denen unter anderem die Schiffe *Dangerous But Fun* und *Tango* gestaltet wurden. Beliebt sind große und offene Räume, die von Tageslicht durchflutet werden. Dank neuer Materialien und Fertigungstechniken konnten die üblichen Bullaugen über die letzten 100 Jahre um ein Vielfaches vergrößert werden. Zwar werden klassische Baustoffe wie Teak und andere Hölzer noch immer verwandt, vor allem für Böden oder bestimmte Einrichtungsdetails, doch ist die heutige Ausstattung grundverschieden von der zu Beginn des letzten Jahrhunderts, als die vergleichsweise schmalen und kleinzelligen Rümpfe hauptsächlich von lackierten Holztäfelungen und Leder geprägt waren. Dennoch findet sich in den Innenräumen klassischer Yachten oftmals eine ungeahnte Pracht aus Intarsien, Möbeln, Statuen, Gemälden und Flachreliefs, die die Boote zu kleinen schwimmenden Museen macht, an denen man sich nicht sattsehen kann.

Gedämpftes Licht und ein altertümlicher Lautsprecher verleihen der Inneneinrichtung der *Agneta* einen nostalgischen Charme.

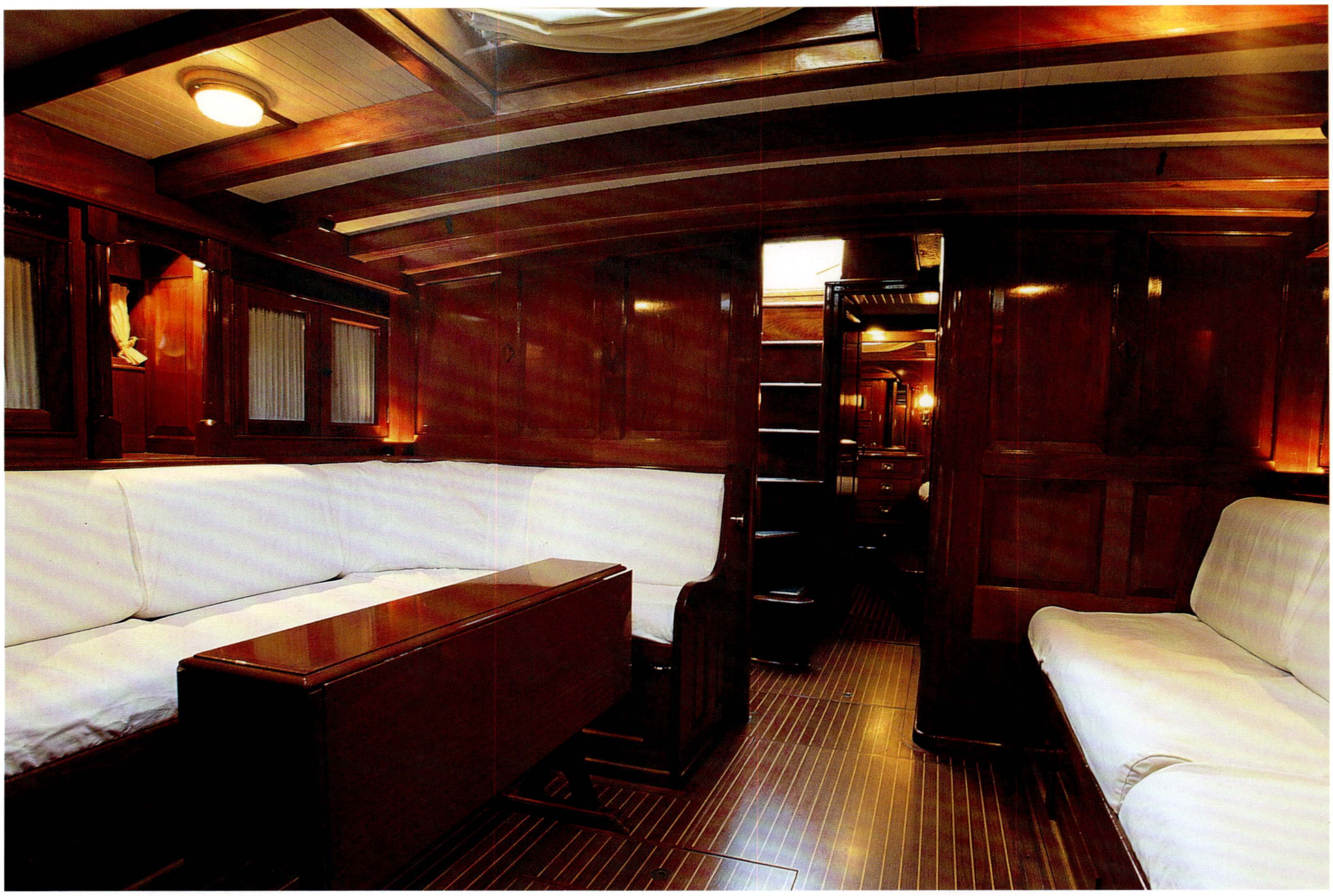

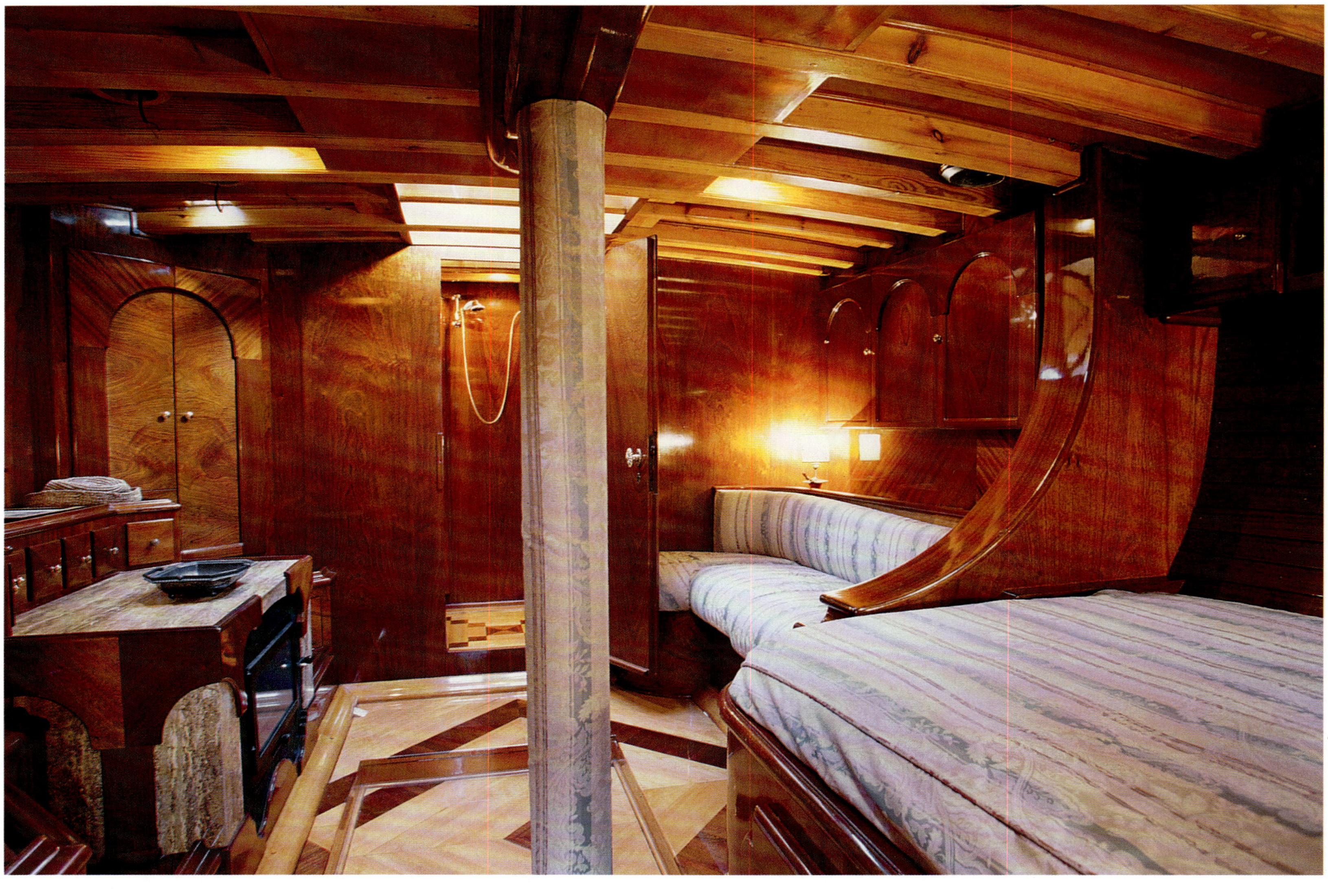

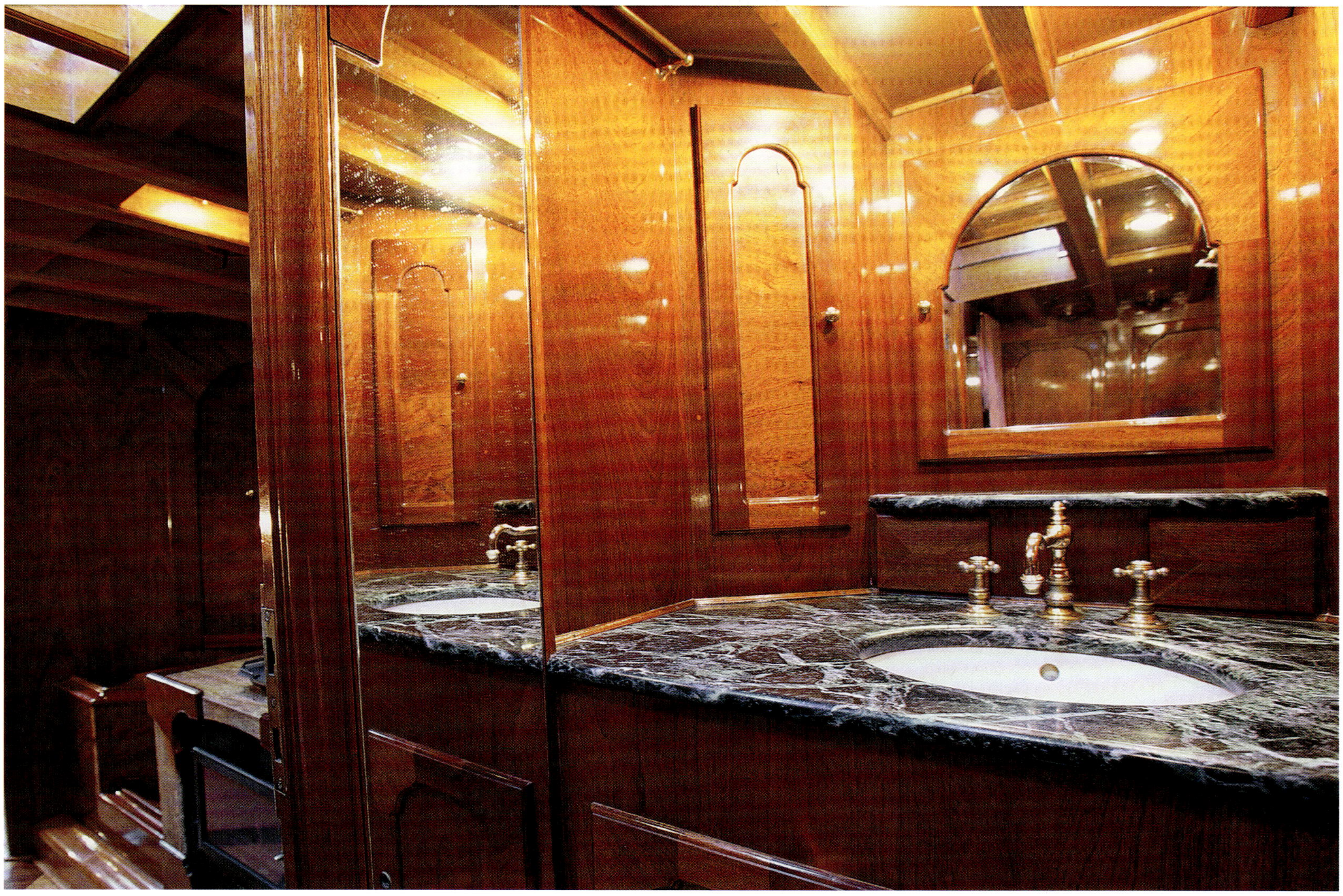

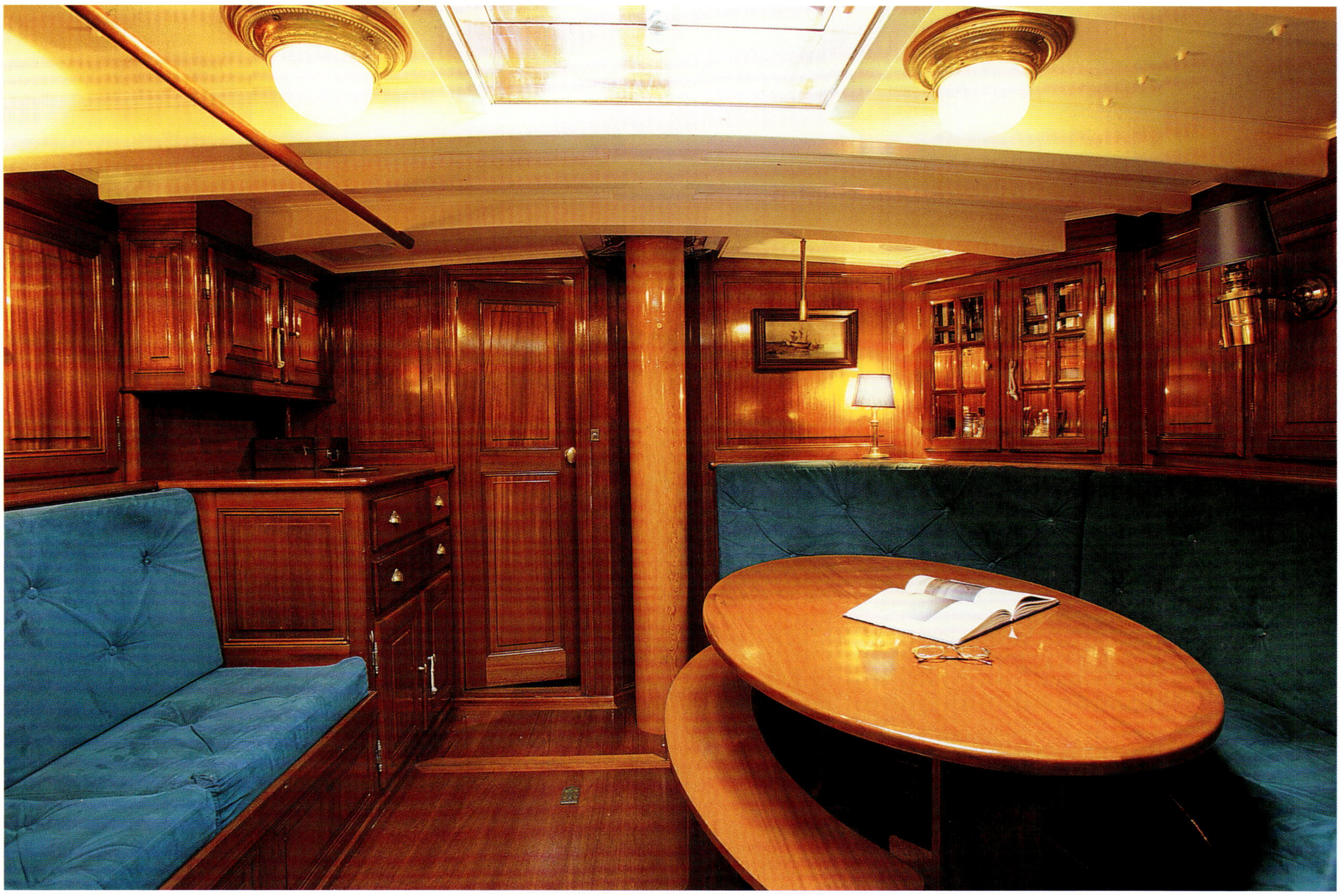

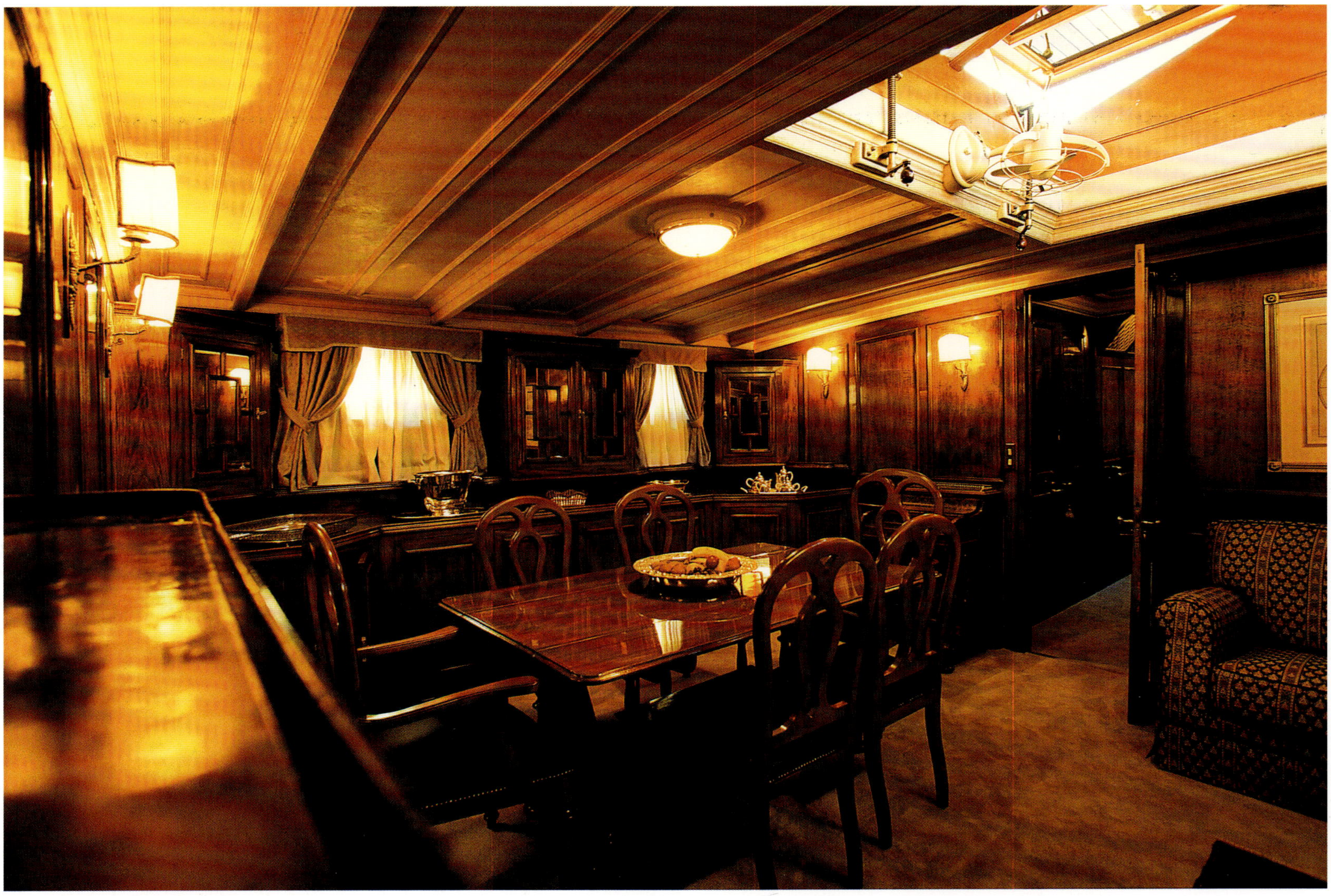

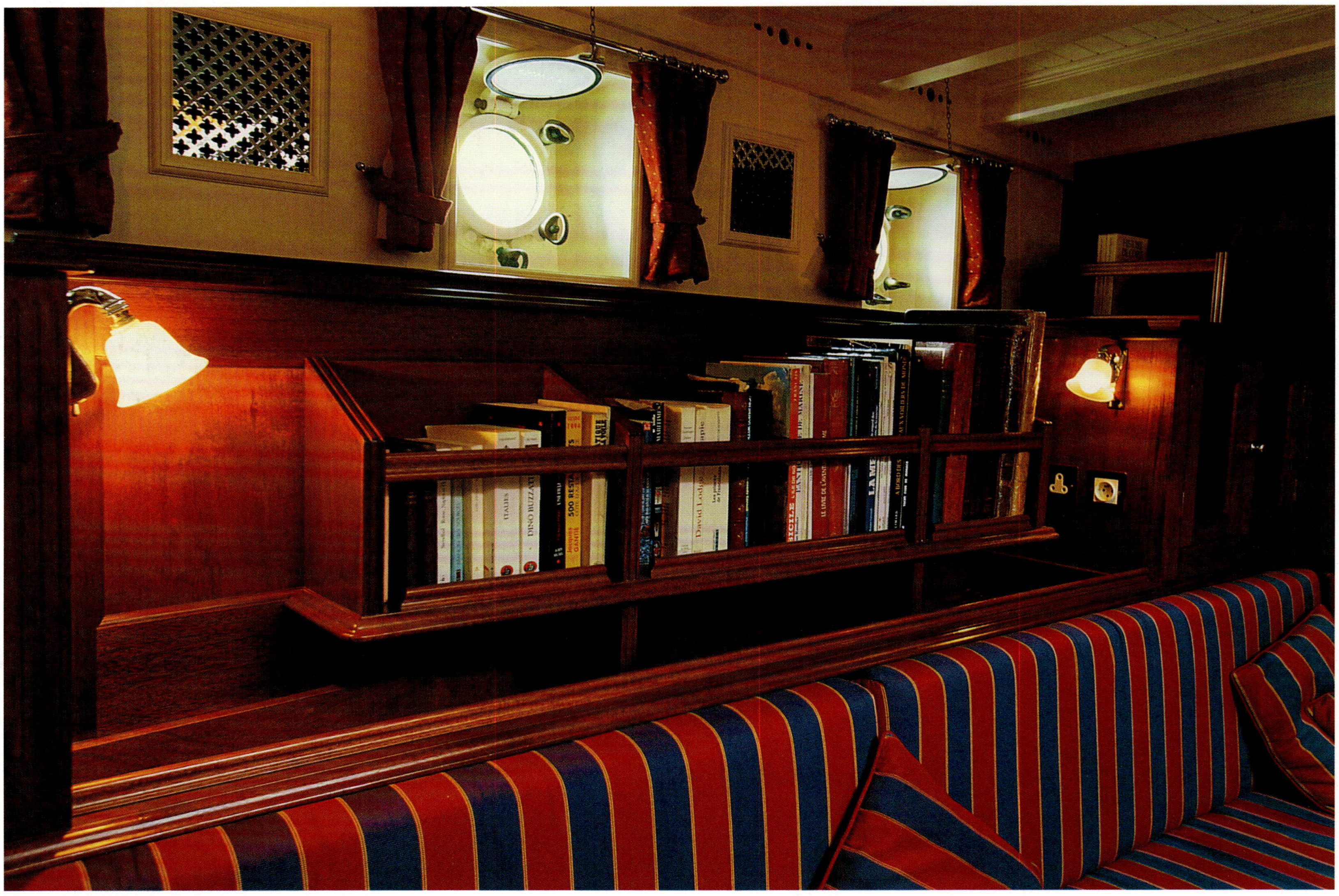

81

Die im Bootsbau am häufigsten verwendeten Holzarten sind Teak, Birne, Red Cedar, Mahagoni, Akazie, Eiche, Esche, Fichte, Okoumé, Kambala, Sipo und Bambus. Die Architekten suchen ihre Hölzer in Abhängigkeit der gewünschten Farbgebung und nach Faktoren wie Biegsamkeit, Härte und Feuchtigkeitsresistenz aus, nicht zu vergessen der jeweiligen Lieferbarkeit und dem davon abhängigen Preis. Das Lackieren dieser Einrichtungsteile stellt aufgrund teuren Materials und langwieriger Arbeitsgänge einen großen Anteil des Wartungsaufwands dar.

83

84

◤ Diese millimetergenau geschliffenen Geländerstreben auf der *Moonbeam IV* sagen viel darüber aus, mit wie viel Sorgfalt die Schiffbauer von Fairlie arbeiten, und das auch heute noch ganz von Hand.

▶
Ein Beispiel für Luxuseinrichtungen an Bord klassischer Yachten: Die *Oiseau de Feu* wurde 1937 nach Plänen von Charles Nicholson auf der Werft Camper & Nicholsons gebaut und verfügte bereits über ein Warm- und Kaltwassersystem, das selbst in vielen Häusern an Land noch nicht Standard war.

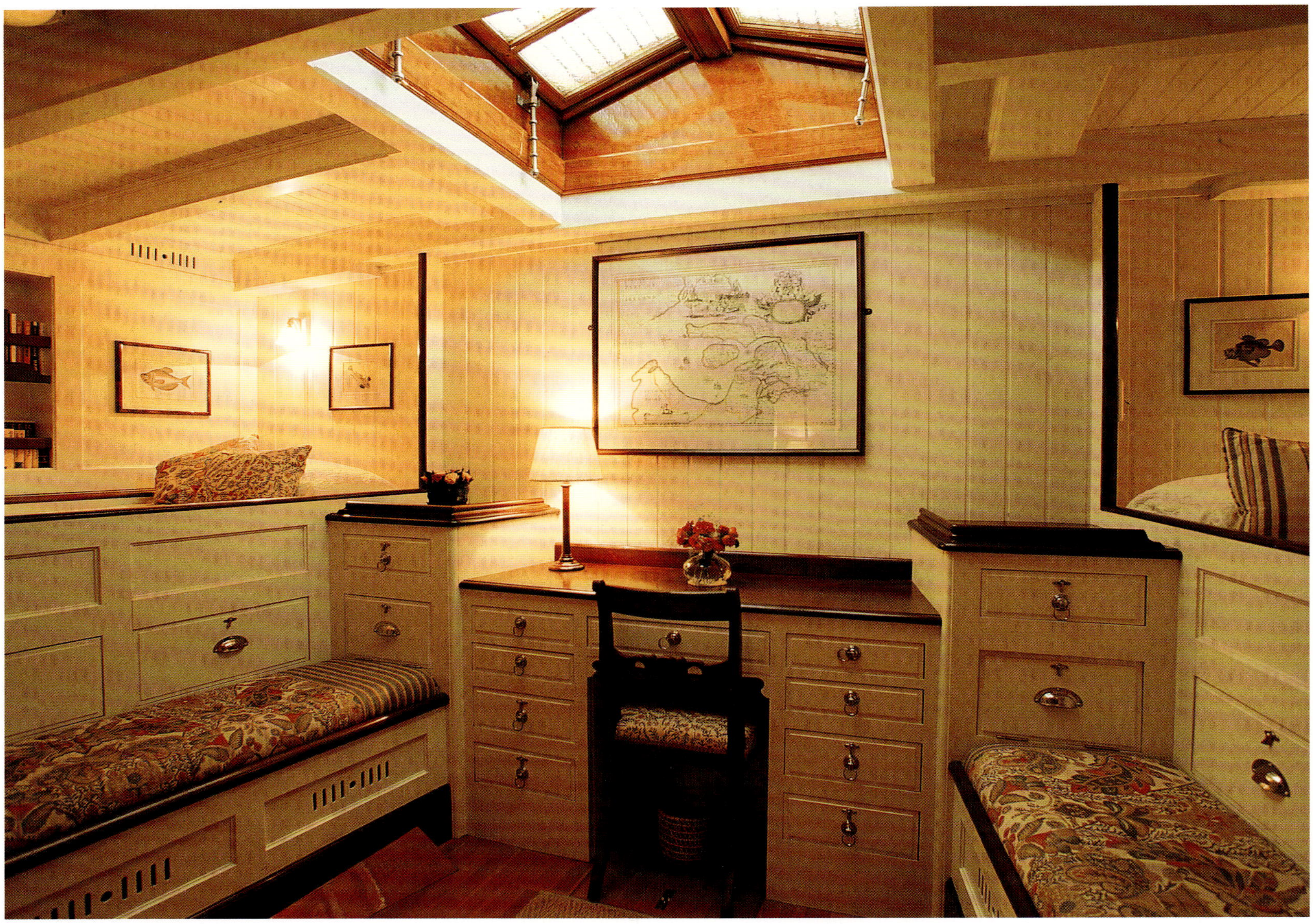

▼▲
Wie man anhand dieser Kabinen der *Kentra*, links, und der *Lulworth*, rechts, erkennt, ist das Mobiliar mit Ausnahme von Stühlen und Hockern fest mit dem Rumpf des Schiffs verbunden, um bei Seegang nicht hin und her zu rutschen. Vor dem Auslaufen überprüft der Kapitän oder eines der Besatzungsmitglieder in jeder Kabine, ob die Einrichtung wie auch das Gepäck und die persönlichen Gegenstände der Passagiere gut verstaut und befestigt sind.

▶▶
Hier sieht man die Inneneinrichtung der *Agneta*, benannt nach der Tochter des dänischen Schiffsarchitekten Knud Reimers, der mit diesem Schiff eines seiner Meisterwerke ablieferte. Die Räume unter Deck mit den in der Seefahrt äußerst seltenen Bleiglasfenstern sind mindestens ebenso beeindruckend wie die äußere Linienführung der Yacht.

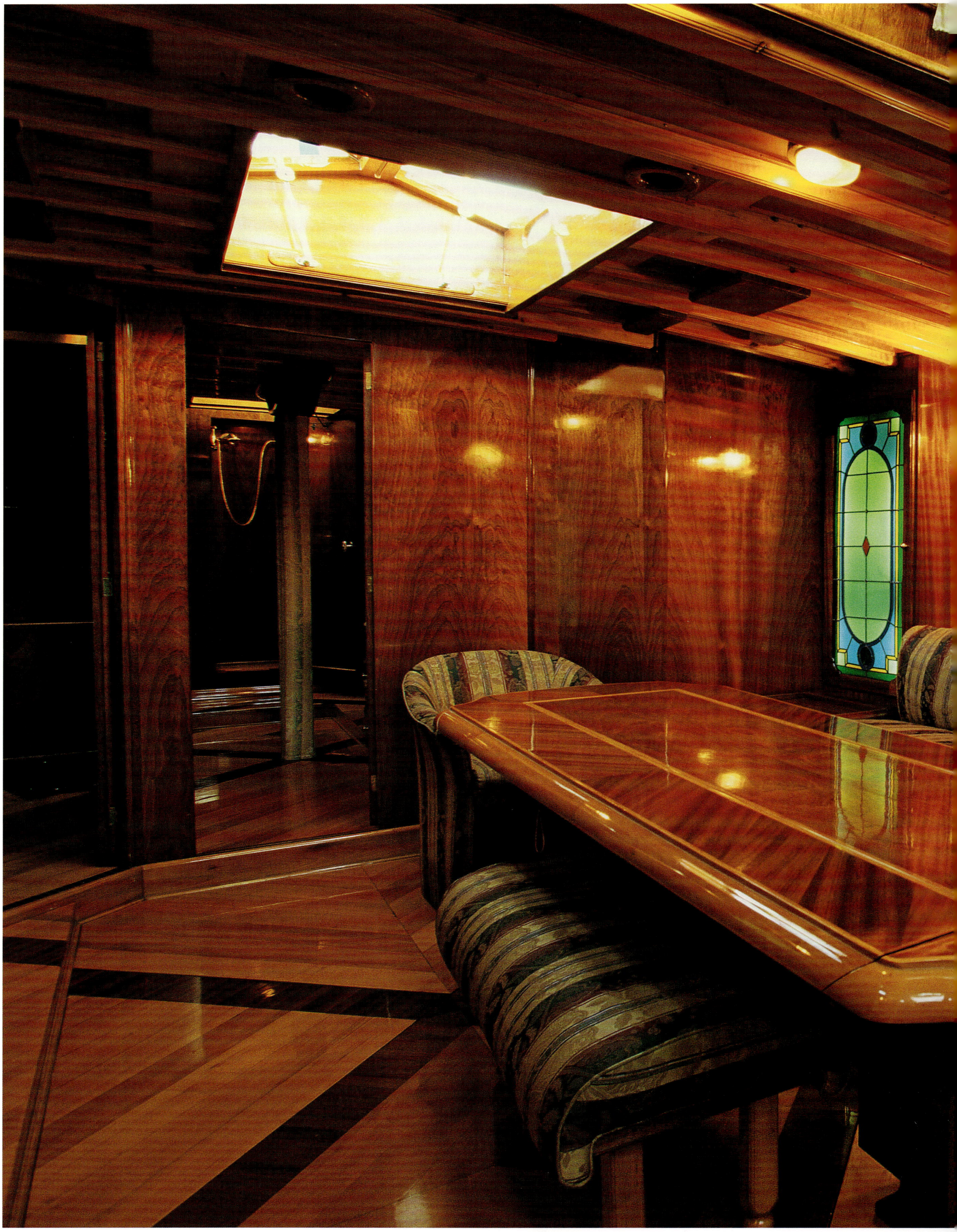

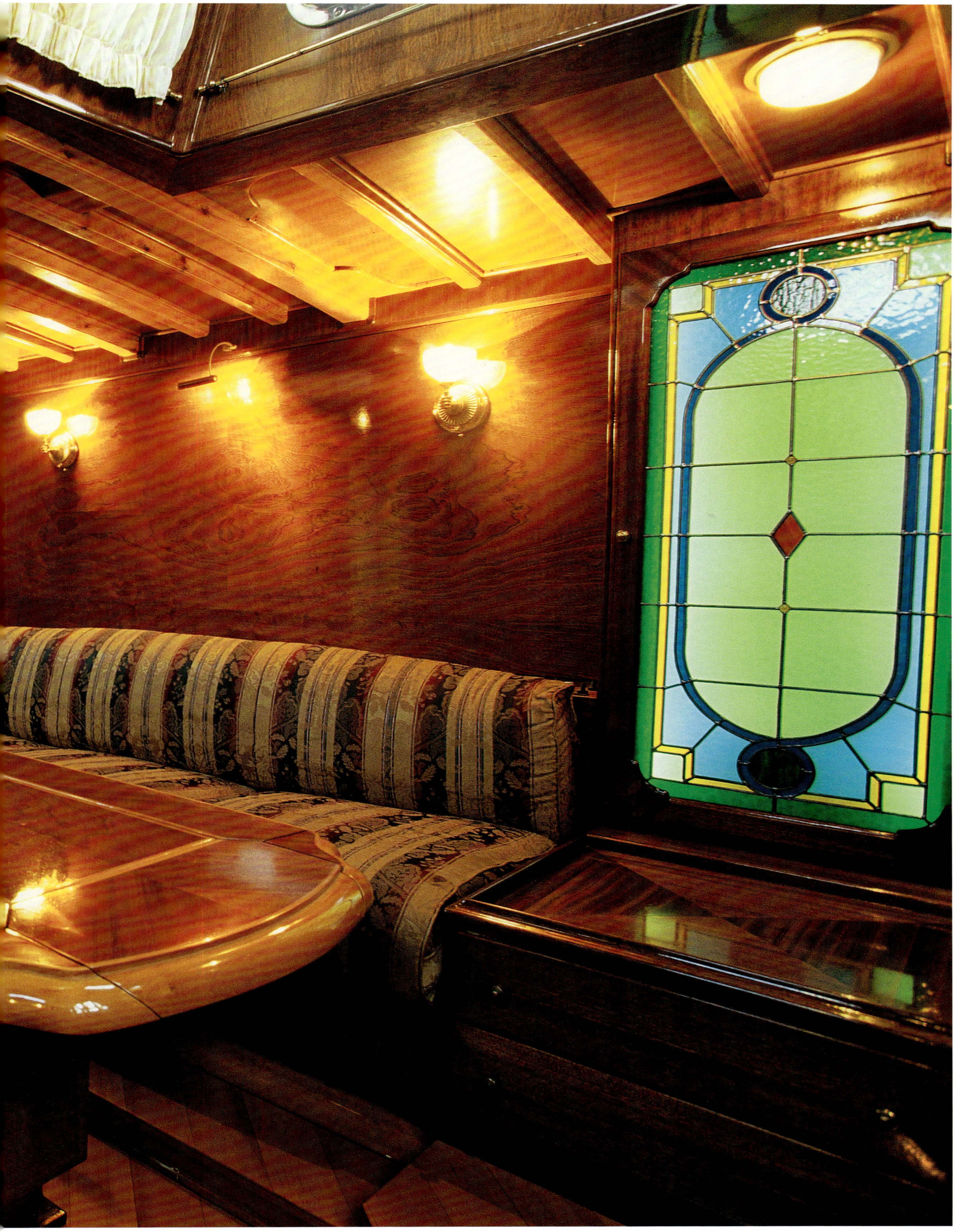

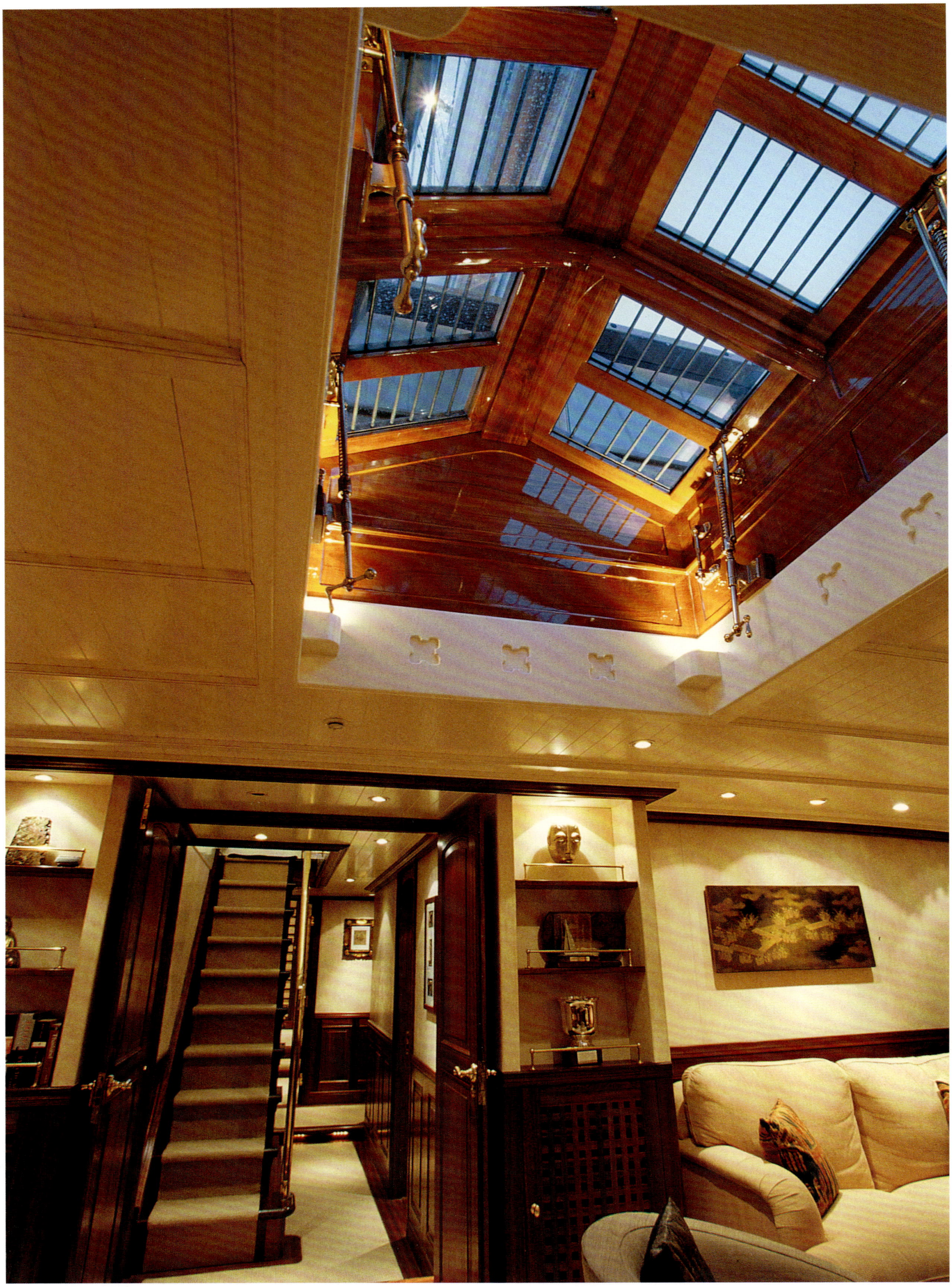

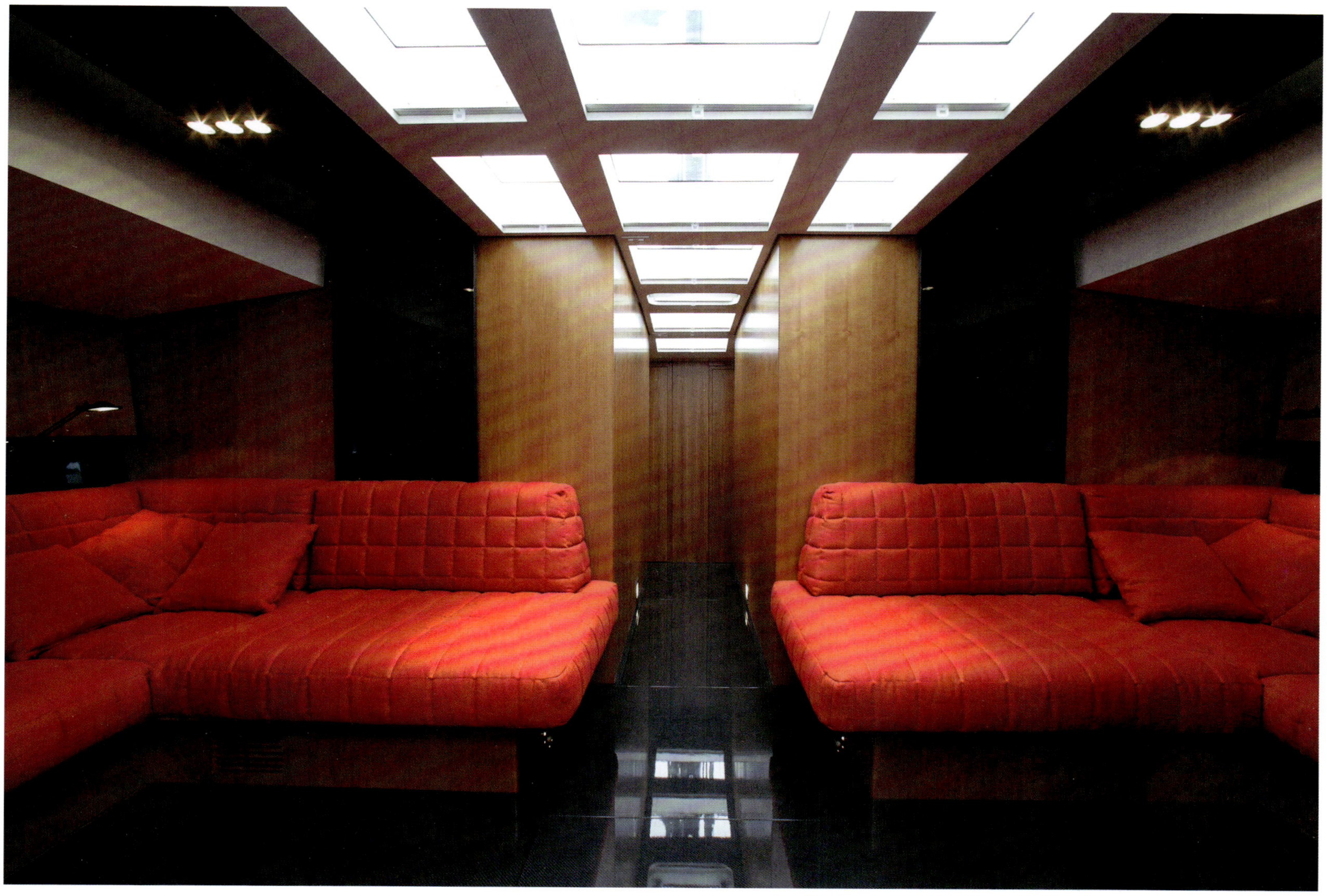

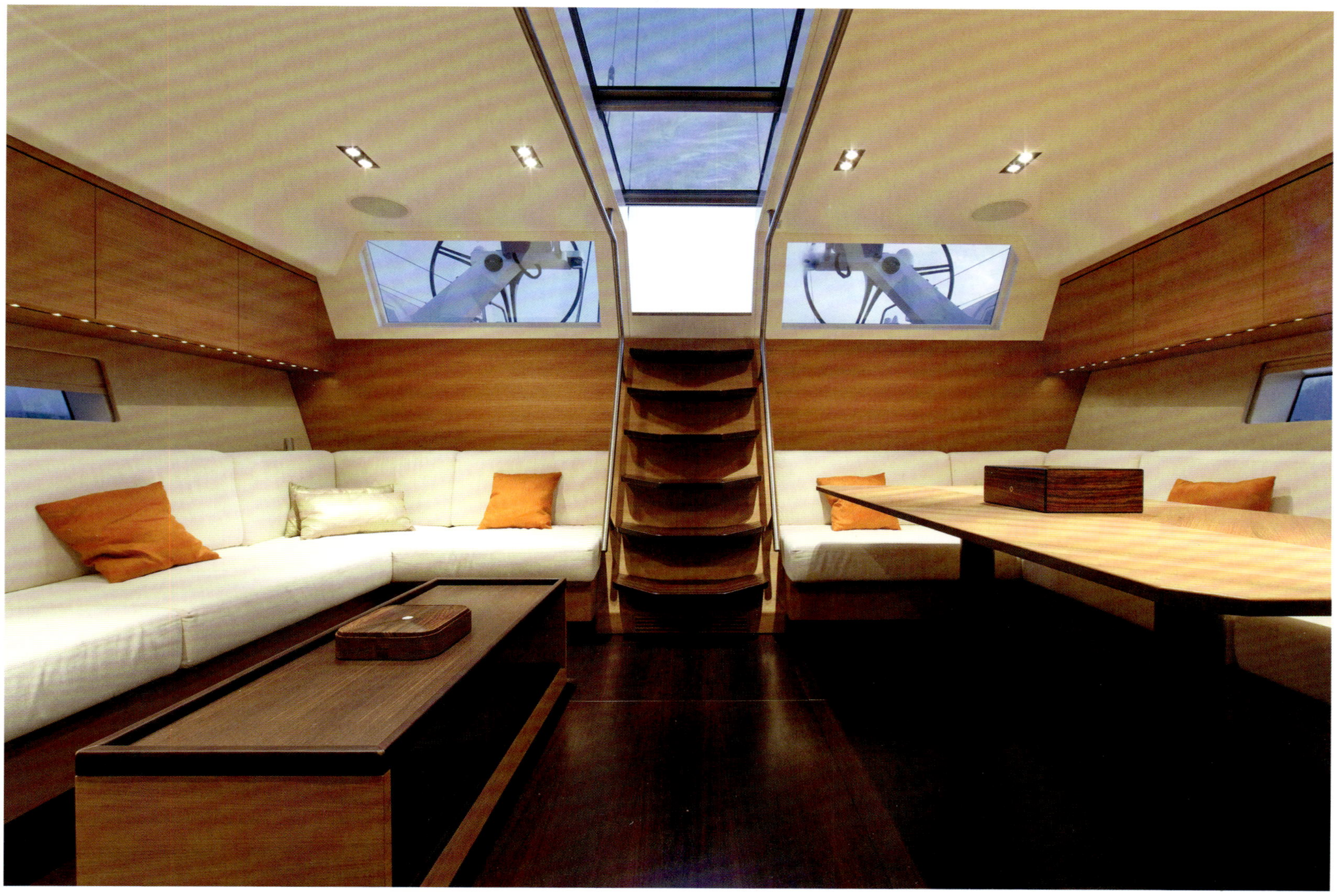

Die Interieurdesigner betreiben bei der Gestaltung der Innenbeleuchtung berechtigterweise einen großen Aufwand, um die edlen Materialien und deren hochwertige Verarbeitung besonders hervorzuheben. Einige gehen sogar so weit, die Beleuchtung an spezialisierte Subunternehmen zu vergeben, die mit modernen Leuchtdioden für jeden Raum die richtigen Nuancen und die gewünschte Atmosphäre maßschneidern können.

Auch wenn bei modernen Yachten die Aufteilung und Gestaltung der Räume eine ganz andere ist als bei klassischen Seglern, so nutzt man heute ähnliche Verfahren wie früher, um Tageslicht in die Kabinen zu leiten. Hier an Bord der *Indio* hat der Hersteller German Frers das Konzept eines schon früher üblichen, längs zum Deck verlaufenden Lichtschachts aufgegriffen, obgleich die *Indio* keine Aufbauten hat.

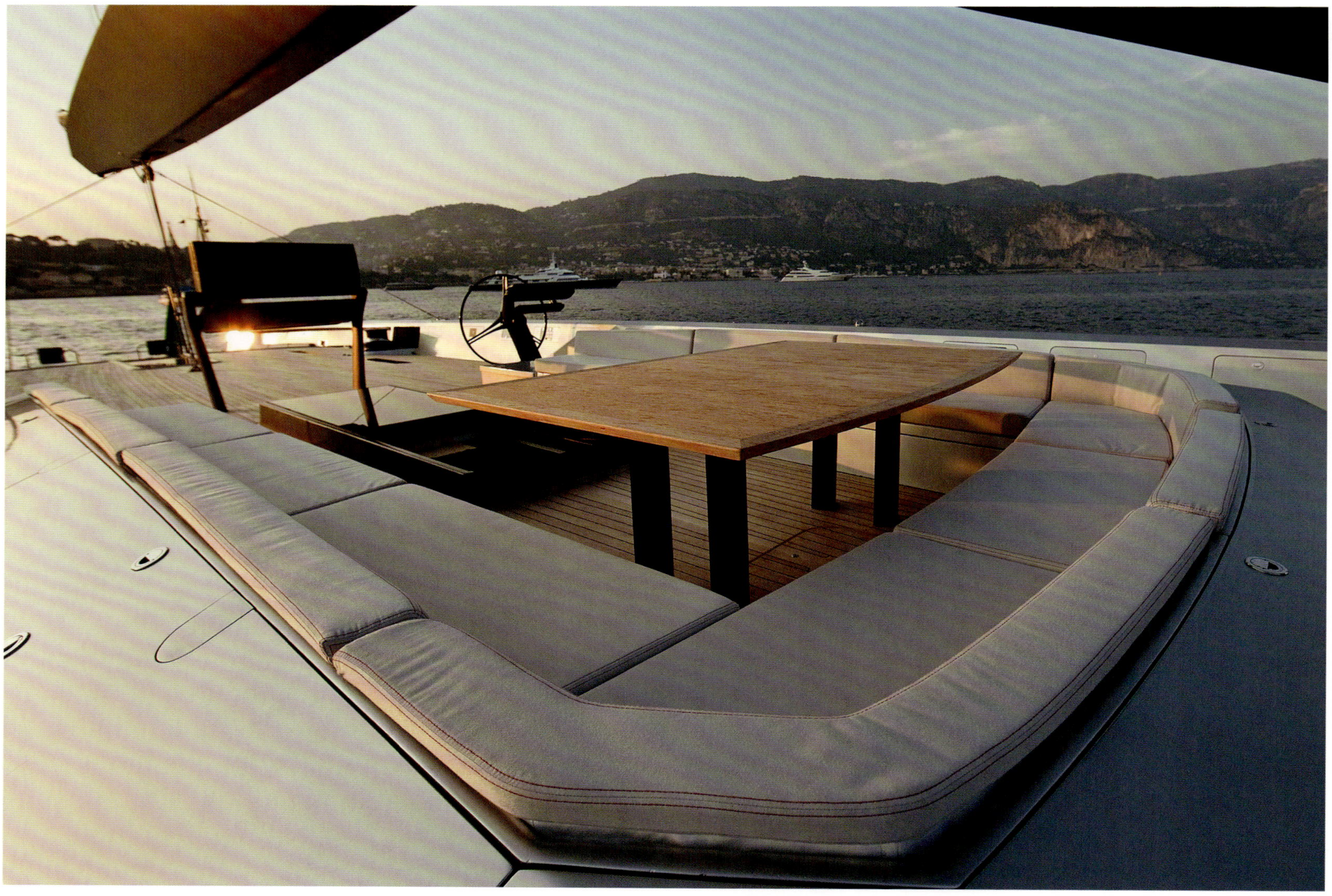

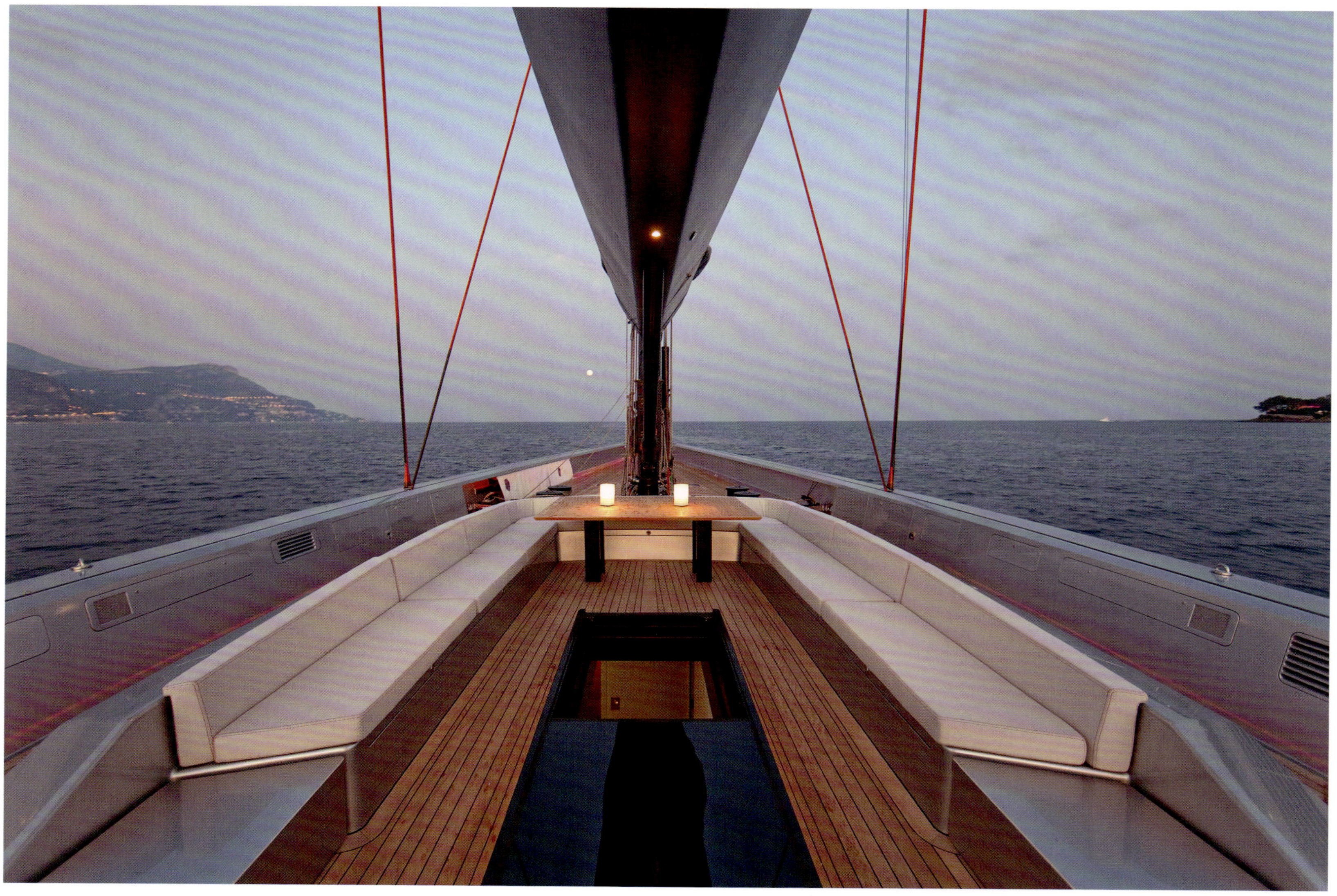

Bei Segelreisen durch milde Breiten wie das Mittelmeer oder die Karibik sind die gemütlichen Sitzgruppen im Cockpit unter Bootseignern und Gästen ein beliebter Aufenthaltsort. Hier kann man entspannt die Sicht genießen oder auch im Freien speisen.
Links das Sitzdeck der *Angel's Share*, das seit diesen Fotoaufnahmen umgestaltet wurde, rechts das der *Indio*.

Cambria

Die Erstgeborene aus dem Hause Fife

Typ: 23mR-Yacht
Stapellauf: 1928
Länge über alles: 41,15 Meter
Breite: 6,21 Meter
Tiefgang: 4,26 Meter
Verdrängung: 132 Tonnen
Segelfläche: 1400 Quadratmeter
Süßwasservorrat: 1000 Liter
Kraftstoffvorrat: 1800 Liter
Motor: Cummins 300 PS
Passagiere: 8
Besatzung: 5
Konstruktion: Stahl/Holz
Werft: Fairlie, Schottland
Architekt: William Fife

Die *Cambria* hatte 1928 als Herausforderin beim »America's Cup« ihren ersten großen Auftritt. Gebaut wurde sie im schottischen Fairlie nach Plänen von William Fife, der sich seinerzeit in die komplexen Vorgaben der neuen Internationalen Bootsklasse 23mR einarbeiten musste. Das »R« stehe für Regularien, hieß es damals scherzhaft. Im Wettbewerb gegen die anderen Schiffe mit mehr Segeln und besserem Handicap enttäuschte *Cambria* die hohen Erwartungen ihres ersten Eigners Sir William Berry. Ihr »modernes« Hochsegel handelte ihr Punktabzüge gegenüber Schiffen mit »traditioneller« Gaffeltakelung ein, etwa der *Britannia* von König George V. oder den Schonern *Lulworth* und *Westward*. Trotz größter Anstrengungen konnte die *Cambria* im Laufe von drei Jahren, in denen sie jeweils an bis zu 50 Regatten teilnahm, keinen einzigen Sieg einfahren, sodass Berry das Schiff 1934 entmutigt verkaufte. In den darauffolgenden 40 Jahren wechselte die *Cambria* mehrfach den Eigner, fuhr in tunesischen Gewässern, später in türkischen – Präsident Atatürk soll sogar einige Zeit an Bord verbracht haben –, bevor der Amerikaner Michael Sears sie nach Marseille mitnahm. Vor den Kanarischen Inseln verlor sie den Mast, woraufhin Sears die Yacht ersatzweise mit einer Ketsch-Takelung ausstatten ließ. 2003 verkaufte Sears sie an John David, der die ursprüngliche Bermudatakelung mit Hochsegel wieder installierte, um mit ihr am »America's Cup Jubilee« in Cowes teilzunehmen. Auf diese Weise knüpfte die *Cambria* wieder an ihre frühere Teilnahme an britischen Regatten in den 1930er-Jahren an. Ihre sportliche Laufbahn zu Beginn des Jahrhunderts war zwar nicht sehr ruhmreich gewesen, doch ab 1995 änderte sich das, als sie nach 27 000 Arbeitsstunden in neuem Glanz erstrahlte, einige Erfolge sammelte und 2003 sogar als Favoritin in der J-Klasse zugelassen wurde. Bei einer Gesamtlänge von 37,65 Metern über alles ist die *Cambria* mit ihren 759 Quadratmetern Segelfläche am Wind und 1400 Quadratmetern vor dem Wind das größte von Fife entworfene Schiff, das heute noch fährt.

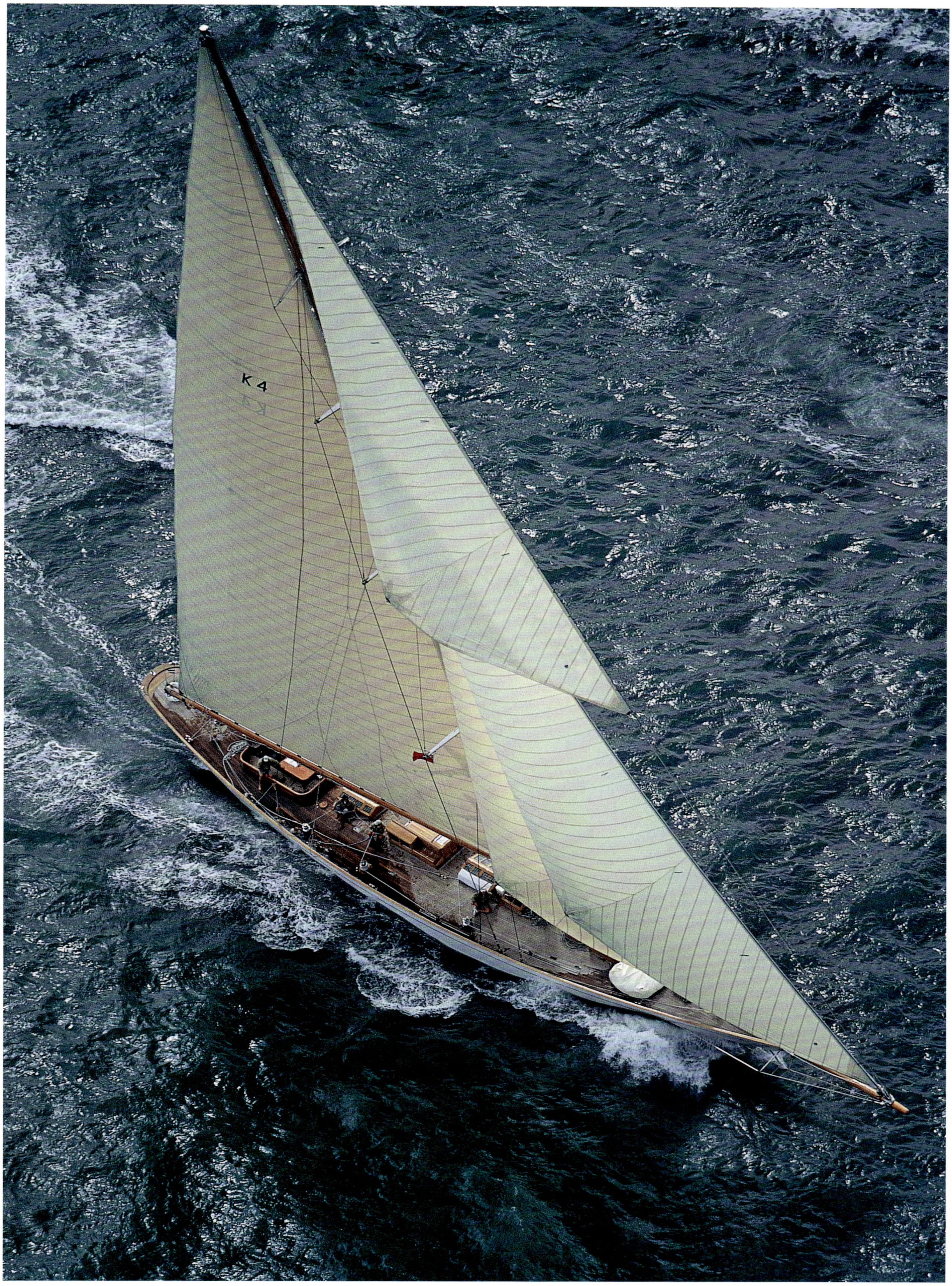
K 4

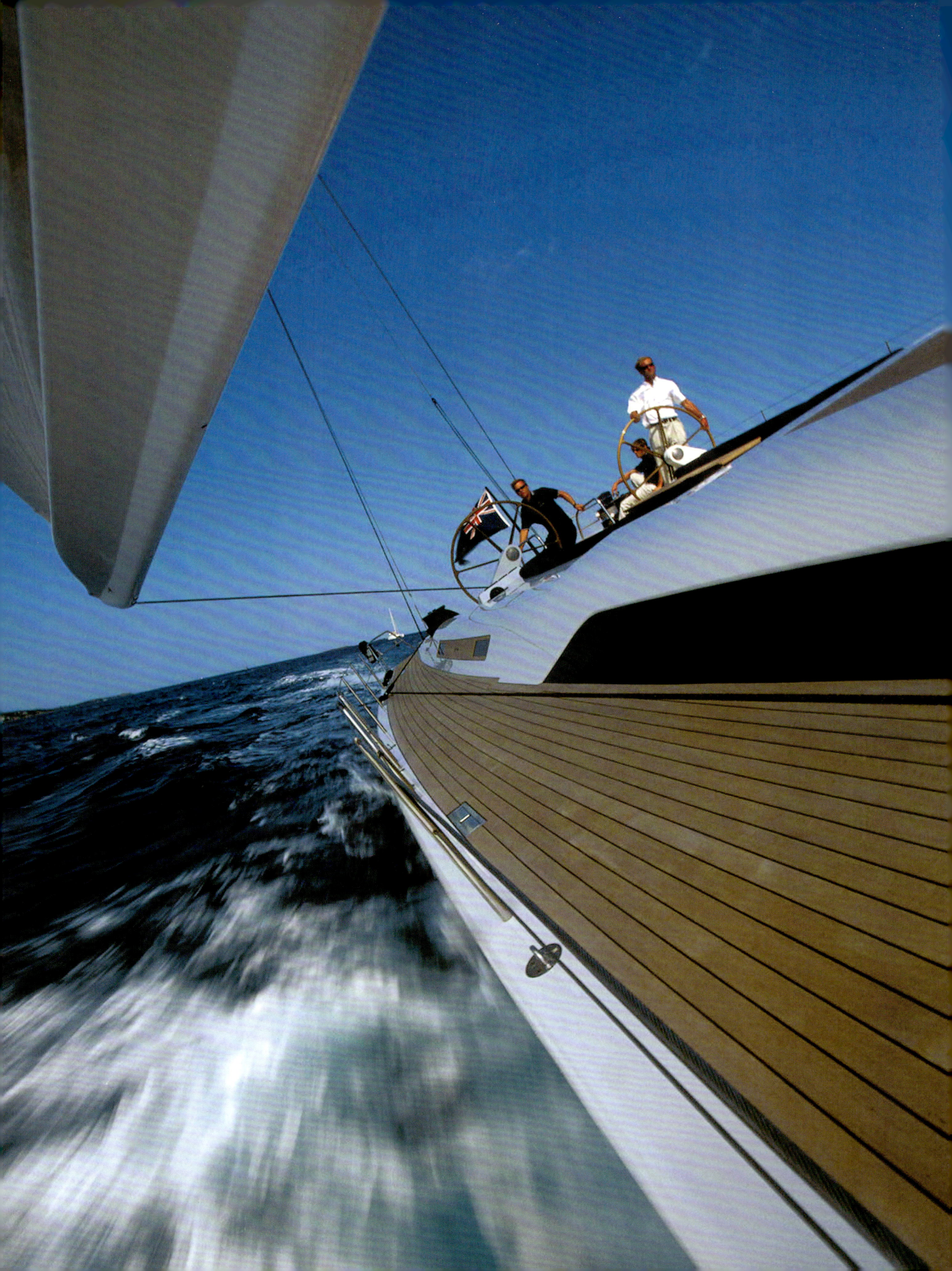

Freude am Segeln

Angesichts der außerordentlichen Schönheit dieser schwimmenden Kleinode dürfen wir nicht vergessen, warum all diese Anstrengungen beim Bootsbau eigentlich unternommen werden: um zu segeln! Um Meere und Ozeane zu entdecken, der eigenen Heckwelle nachzublicken, durch die Gischt zu brausen, Wind und Wetter die Stirn zu bieten, darum geht es Segelfans rund um den Planeten. Jeder hat eigene Gründe, in See zu stechen. Manchen genügt der Sonntagsausflug in die nächste Bucht, für andere muss es die Überquerung eines Ozeans sein. Egal, ob man lieber dem Plätschern der Bugwelle lauscht und sich sanft vom Wasser wiegen lässt, lieber auf hoher See das große Abenteuer sucht und mit seiner schwimmenden Behausung zu neuen Ufern aufbricht, um dort an den lang ersehnten Traumstränden zu landen, egal, oder ob einen die Lust packt, alle Segel zu setzen und den anderen Booten mit Höchstgeschwindigkeit davonzufahren: Schiffe sind dazu bestimmt zu fahren. Die Vorstellung vom gemütlichen Schippern bei idealem Wind unter einem tiefblauen Himmel auf einem fast flachen Meer entspricht jedoch nur selten der Realität. Die Naturgewalt des Meeres zwingt die Seeleute, auch mit Unwettern, mit Angst und Unbequemlichkeiten zurechtzukommen. Aber sind es nicht genau diese Erlebnisse, die später unsere besten Erinnerungen ausmachen?

Auf hoher See

Auf dem Meer bleibt die Zeit stehen. Allein das Auf- und Untergehen der Sonne und das Schlagen der Wellen gibt einen Rhythmus vor, Tage und Nächte wechseln einander ab, ohne dass wir uns um etwas anderes als unsere Grundbedürfnisse, den guten Zustand und den richtigen Kurs des Schiffs kümmern müssen. Doch so groß die Freude auch ist, wenn am Horizont wieder Land auftaucht und ein uralter Stolz darüber aufkommt, dass die Berechnungen der Seeleute richtig waren – das gilt auch noch in Zeiten, in denen fast jede Yacht mit einem GPS-Gerät ausgestattet ist –, so macht sich aufgrund des nahen Endes der Überfahrt auch immer etwas Trauer und Nostalgie breit. »Jetzt schon?«, fragt man sich, obwohl einem zuvor bei Sturm oder bei Flaute die Zeit auf See recht lang geworden ist. Einerseits freut sich der Seemann auf das Wiedersehen mit seiner Familie und seinen Freunden, andererseits weiß er, dass er sich erneut den gesellschaftlichen Regeln und Codes unterordnen und das freie Dasein, das er für die unbestimmte Dauer seiner Reise geführt hat, wieder aufgeben muss. Die zufällige Begegnung mit Delfinen, mit einer Familie von Schweinswalen, das Auftauchen eines kleinen weißen Frachters am blauen, grenzenlosen Horizont, ein Schwarm Vögel in der Luft, das überraschende Vorbeifliegen einer Libelle viele Kilometer vor der Küste oder einfach das harmonische Säuseln des Wassers entlang der Bordwand, all das erfüllt den Seemann mit einem großen Behagen, das man als Landratte wahrscheinlich nicht nachvollziehen kann.

◀◀

Alexia, eine 30 Meter lange Wally-Yacht, Baujahr 2004, aus der Feder von Javier Soto Acebal, schießt durch die Wellen. Mit 4,5 Metern Tiefgang und fast 500 Quadratmetern Segelfläche taugt dieser hochkomfortable Luxuskreuzer auch als schnelles Langstreckenboot.

▶

»Hart am Wind fällt man geschwind«, wie jeder Seebär weiß. Tatsächlich müssen sich die Seeleute manchmal an die Reling klammern, um beim Kurs hart am Wind nicht über Bord geworfen zu werden, da die Krängung des Bootes in dieser Position am größten ist.

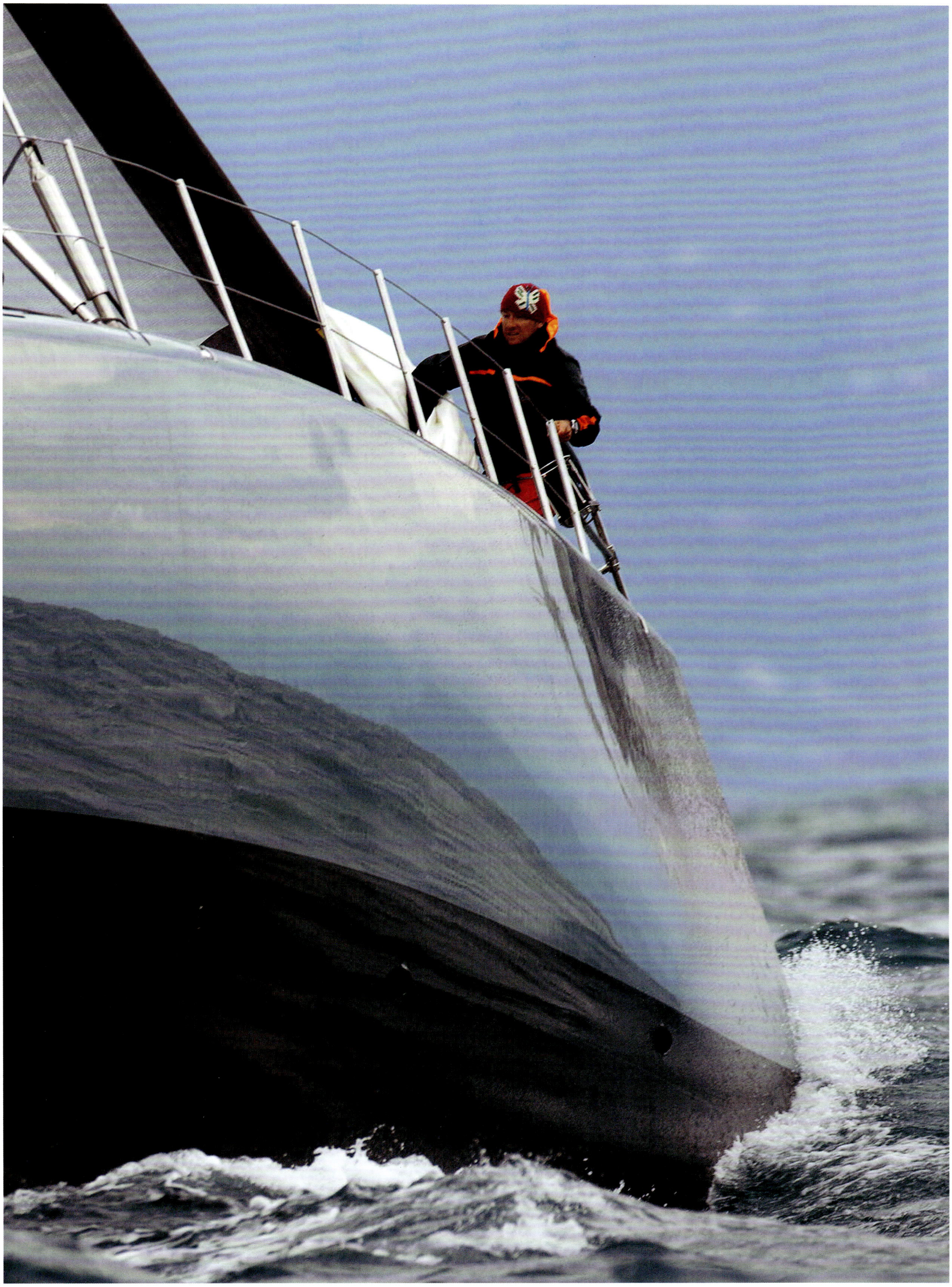

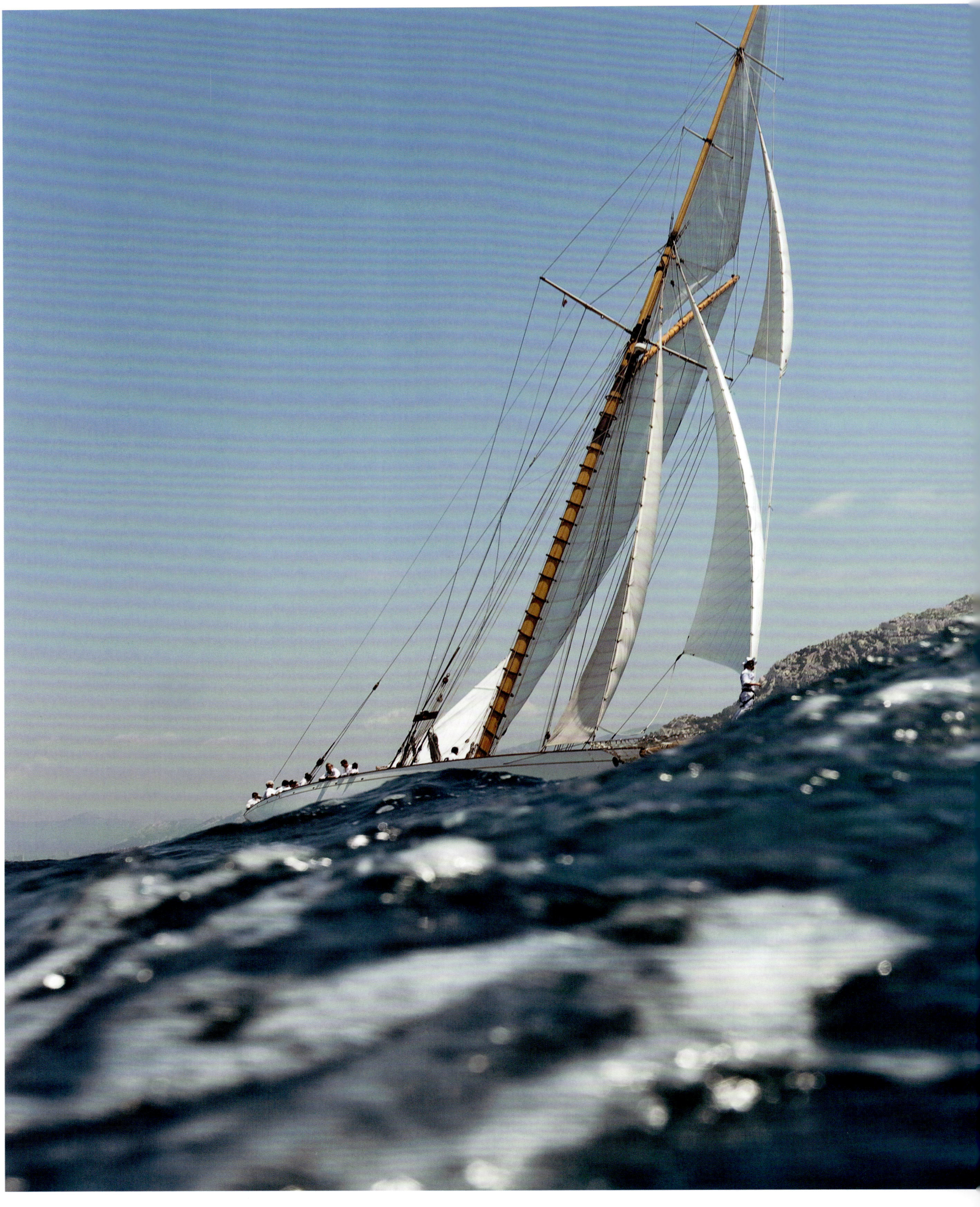

Die *Moonbeam IV* glänzt bei wolkenlosem Himmel unter vollen Segeln bei den »Voiles du Vieux Port« 2010 in Marseille.

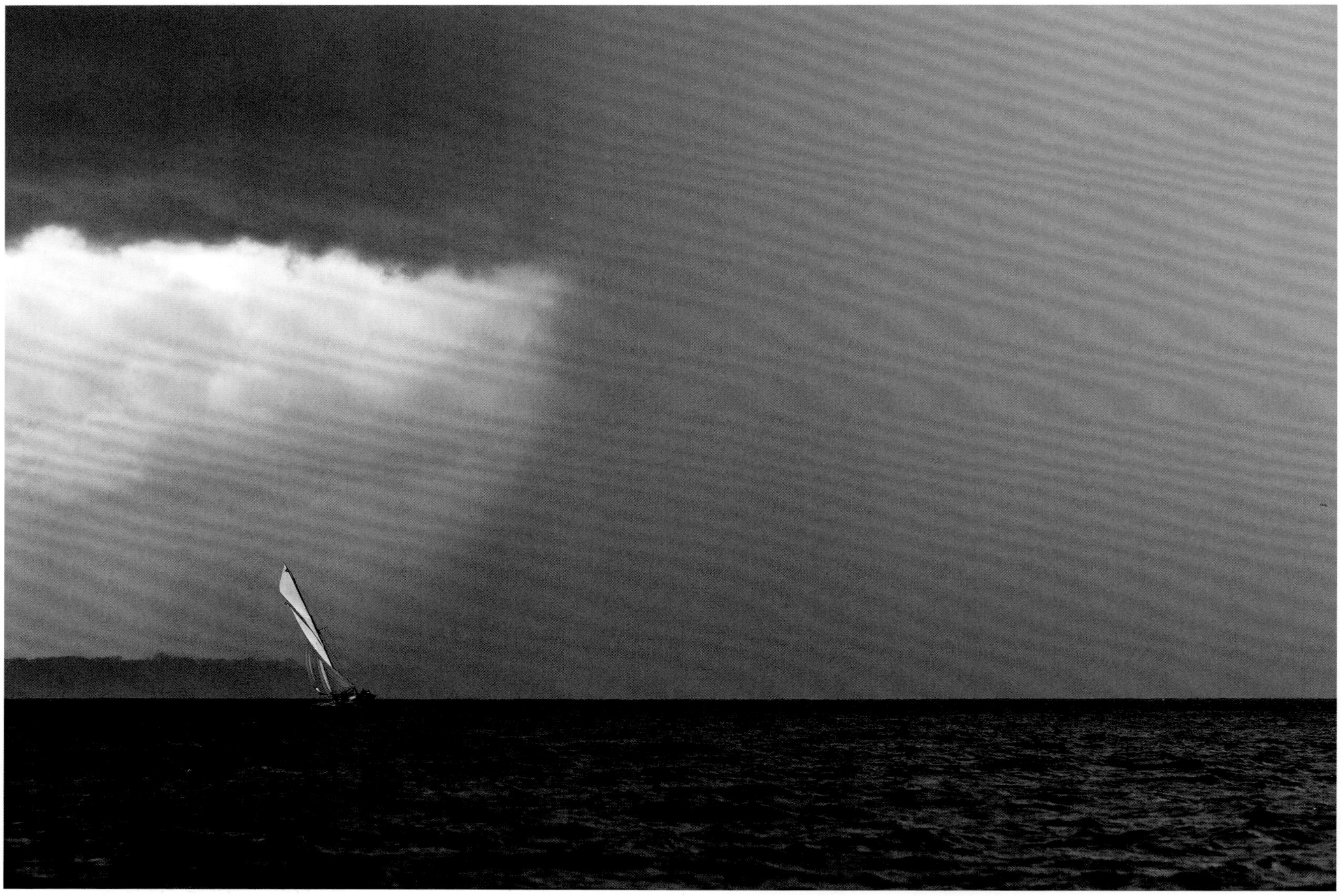

Auch große Segelveranstaltungen sind vor schlechtem Wetter nicht gefeit. Hier bei den »Régates Royales« in Cannes haben die Boote mit wahren Wolkenbrüchen zu kämpfen.
Die Betroffenen werden sich außerdem noch lange an die riesigen Hagelkörner erinnern, die in diesem Jahr fielen. Wie sehr die starken Böen und die äußerst eingeschränkte Sicht zusätzlich das Steuern erschwerten und das Risiko eines Zusammenstoßes erhöhten, kann man sich denken.

Shenandoah

Kap Hoorn für eine Hundertjährige

Typ: Dreimast-Gaffelschoner
Stapellauf: 1902
Länge über alles: 55,08 Meter
Breite: 8,60 Meter
Tiefgang: 4,72 Meter
Motoren: 2x Lugger 470 PS
Verdrängung: 300 Tonnen
Segelfläche: 798 Quadratmeter
Süßwasservorrat: 6000 Liter
Kraftstoffvorrat: 19 000 Liter
Passagiere: 10
Besatzung: 14
Konstruktion: Stahl/Teakholz
Werft: Townsend & Downey Shipbuilding Co, USA
Architekt: Theodore E. Ferris
Innenausbau: Terence Disdale Design

Um den 100. Geburtstag der *Shenandoah* gebührend zu begehen, überlegte sich der Eigentümer des prächtigen gaffelgetakelten Dreimasters, eine Weltumsegelung zu unternehmen. Auf dieser Reise lud er an verschiedenen Stationen Künstler, Schriftsteller und Fotografen ein, mit an Bord zu kommen. Diese Bilder stammen von dem gescheiterten Versuch, das Kap Hoorn zu umsegeln. Ausgangspunkt der Etappe war der Hafen der argentinischen Stadt Ushuaia, und obwohl die meteorologischen Bedingungen bei der Abfahrt noch recht gut waren, schlug das Wetter bald um. Als das Schiff die offene See erreichte, zeigte sich am Horizont eine Weiße Bö, und die Witterung wurde sehr schnell schlechter. Bildaufnahmen wurden immer mehr zu einem Risiko, vor allem, weil es beim Bergen der Segel Probleme gab und das Schlauchboot mit den Fotografen nicht sofort an Bord geholt werden konnte. Erst als sich Wind und Dünung schon zu einem Unwetter ausgewachsen hatten, gelangten alle Mitfahrer wieder sicher an Bord. Und auch wenn der Kapitän Serge Guilhaumou stets die Kontrolle über die Situation behielt, hatten sie zugegebenermaßen einen gehörigen Schrecken bekommen. Die *Shenandoah* musste bei Windböen mit bis zu 80 Knoten, also etwa 150 km/h, 24 Stunden lang vor Anker bleiben und ausharren, bevor sie die Reise über eine Route durch die patagonischen Kanäle wiederaufnehmen konnte. Die Besatzung hat jedenfalls bleibende Erinnerungen an diesen Tag auf dem an sich schon legendären Schiff: Die Yacht wurde 1902 von Gibson Fahnestock, einem US-amerikanischen Finanzier, in Auftrag gegeben und ging 1912 in den Besitz eines Deutschen über, der sie in *Lasca II* umtaufte und im Ersten Weltkrieg an die Engländer verlor. 1919 benannte Lord Espen sie wieder um in *Shenandoah*, doch bereits 1920 änderte der italienische Adelige Spado Veralli ihren Namen in *Atlantide*. 1960 gelangte sie in die Hände des französischen Zolls. Der darauffolgende Eigner war kein Geringerer als der bekannte Baron Bich, der das Schiff 1972 in *Shenandoah of Sark* umtauft. Bich ließ sie von 1993 bis 1996 im neuseeländischen Auckland restaurieren, sodass sie seit ihrer Teilnahme am Aucklander »Millennium Cup« im Jahre 2000 weltweit wieder Staunen und Bewunderung hervorruft.

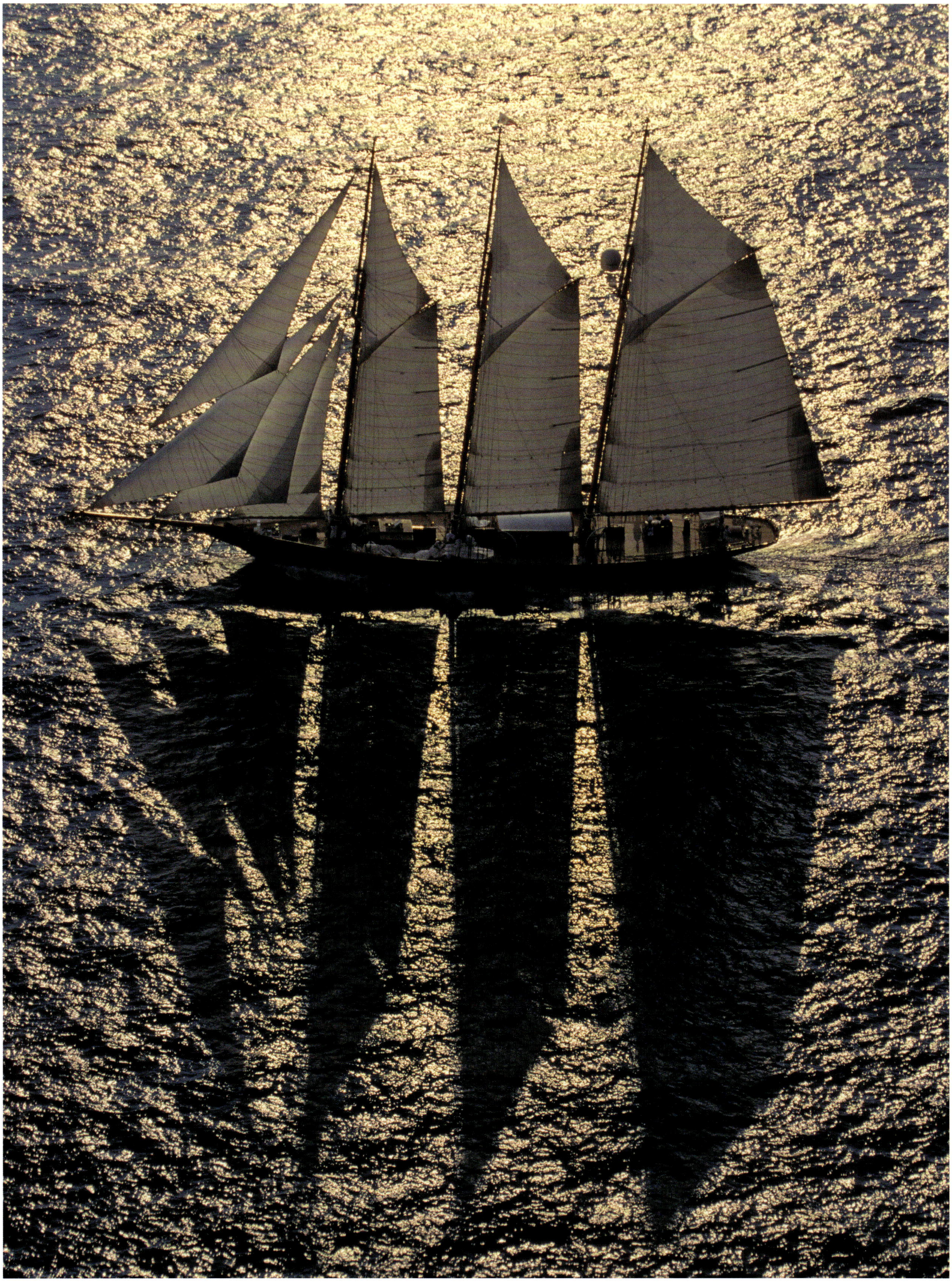

Shenandoah

▼

Als die *Shenandoah* ausläuft, um Kap Hoorn zu umsegeln, zeigt sich am Horizont eine Weiße Bö. Schnell müssen die Segel gereeft und festgezurrt werden, kein ungefährliches Unterfangen für den Vorschiffsmann, der zum Bergen der Segel auf den Bugspriet klettert.

◄

Auch die erfahrenen Seemänner können an diesem Tag nicht verhindern, dass die *Shenandoah* auf Grund läuft. Die Kartenangaben über das Seegebiet stellen sich teilweise als ungenau heraus, einige Angaben sind sogar mehrere Jahrzehnte alt.

►►

Der Vorschiffsmann scheint seine Arbeit auf dem spitzen Bug der *Shamrock V* mit größter Gelassenheit zu verrichten, obwohl ihn kein Bugkorb sichert.

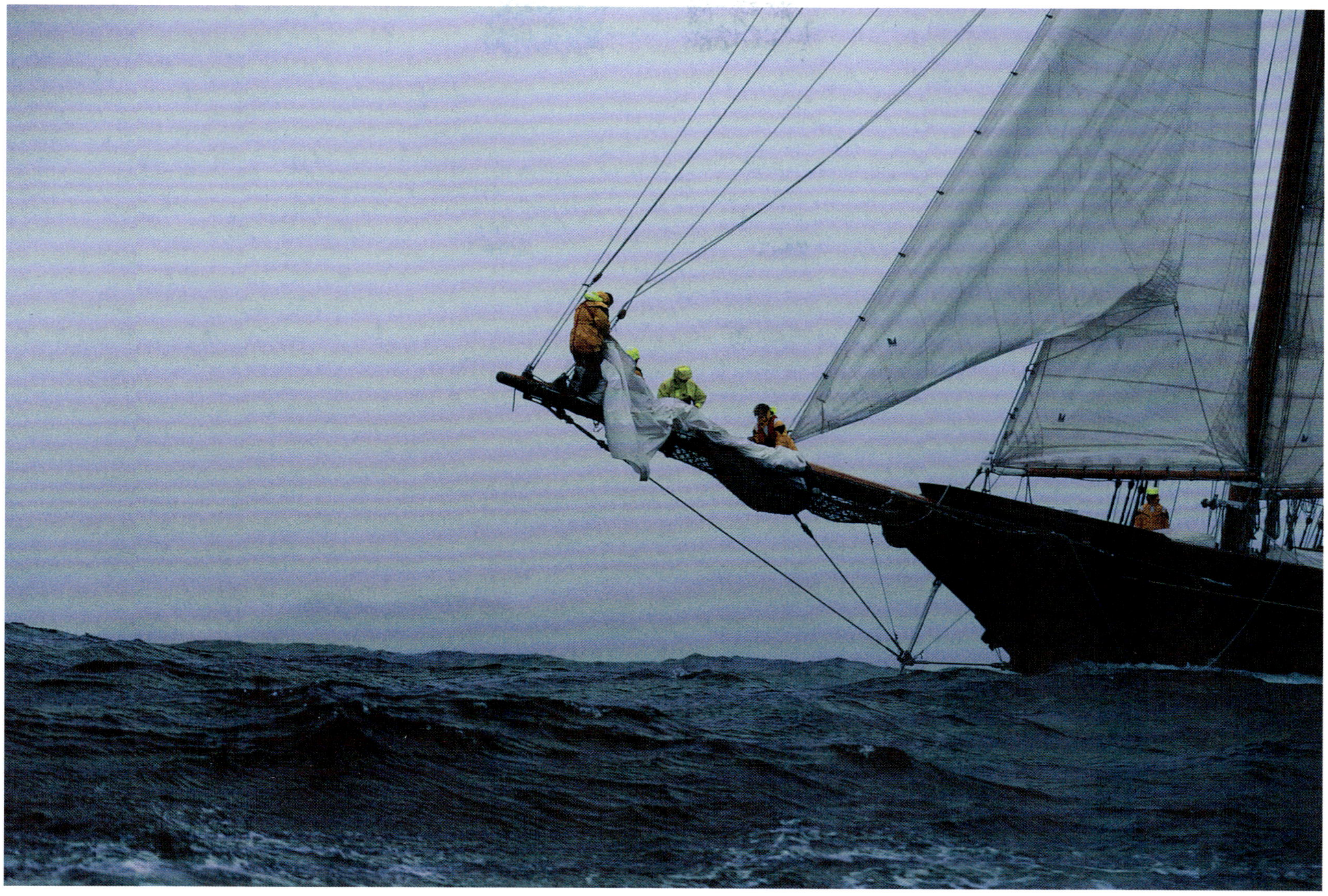

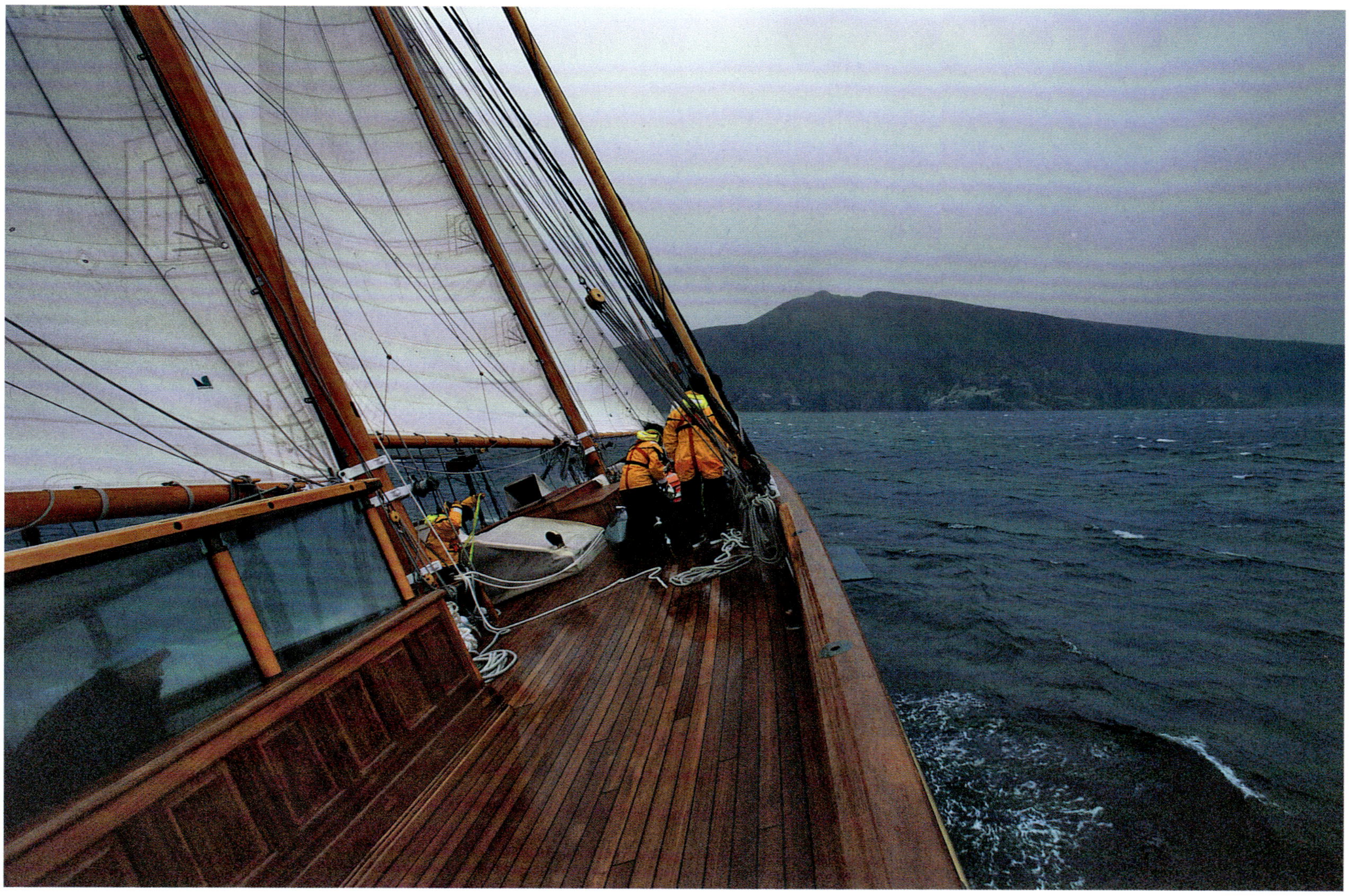

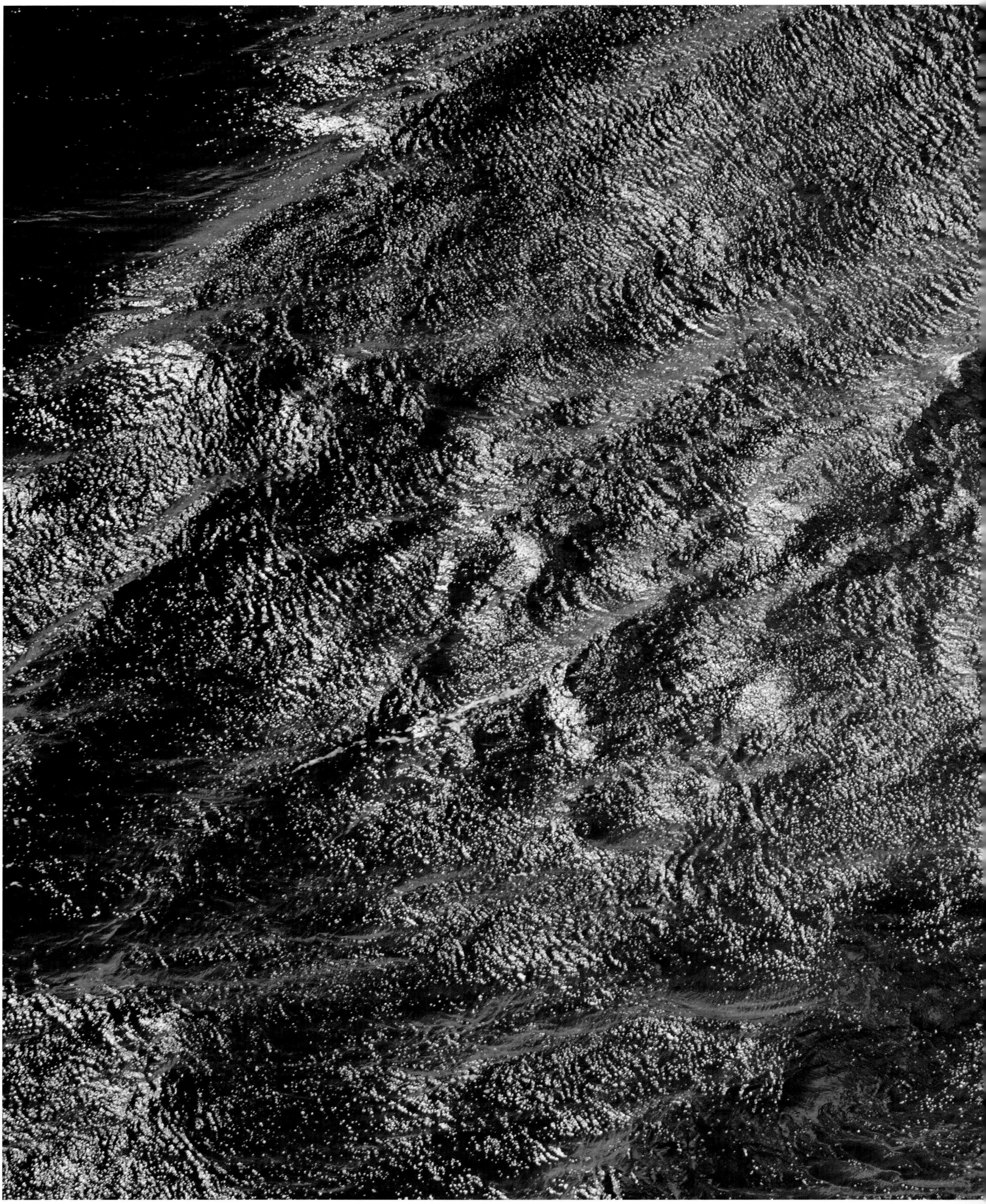

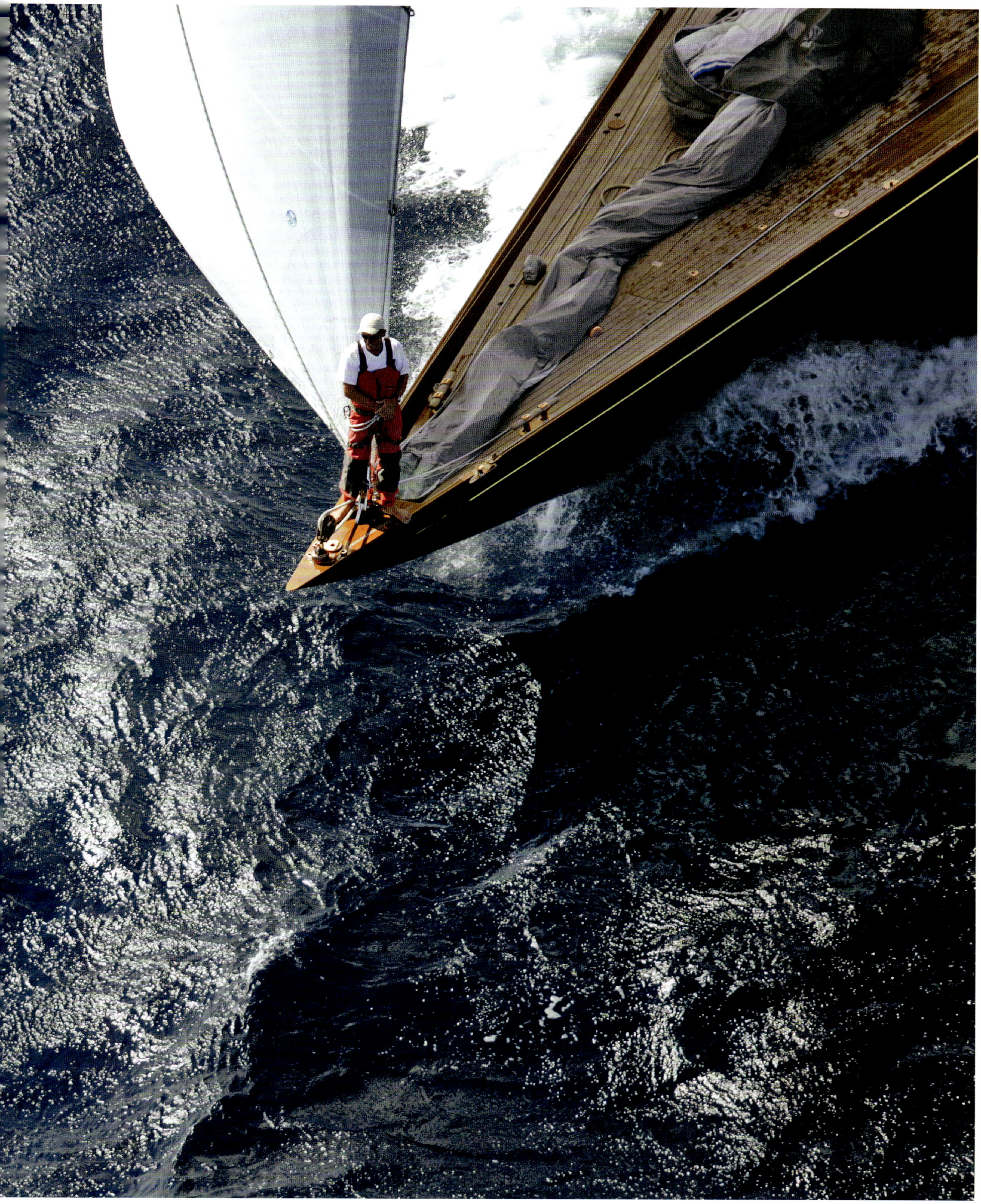

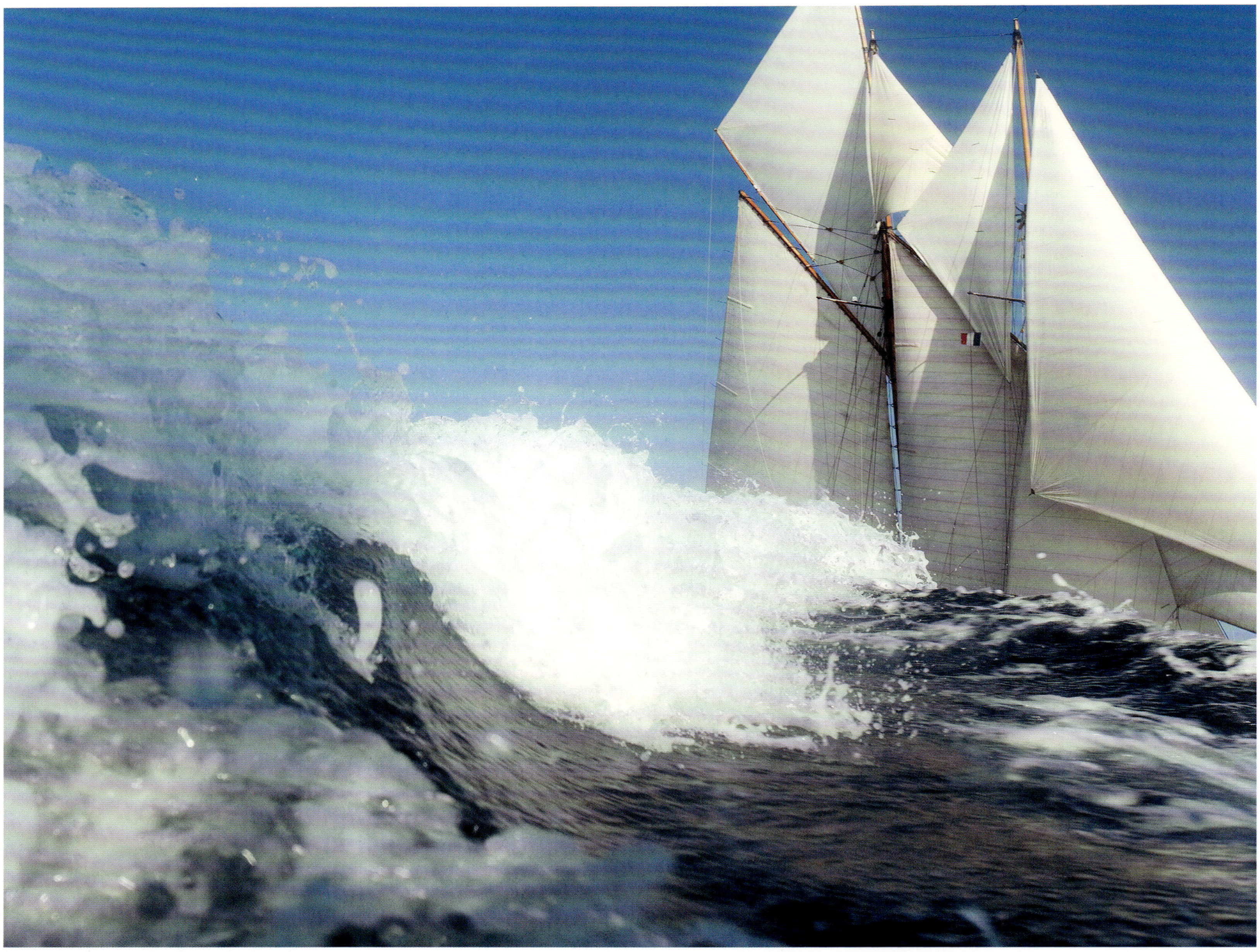

▼▲
Die gischtgeladenen Wellen am Rumpf der Schiffe sprechen für sich: Hier kommen Fans bewegter Hochseetörns auf ihre Kosten.

▶▶
Selbst dieses Wellengebirge kann *Agneta* nicht schrecken: Trotz ihrer bereits seit 64 Jahren andauernden Reise über die Weltmeere hat sie nichts an Seetauglichkeit eingebüßt.

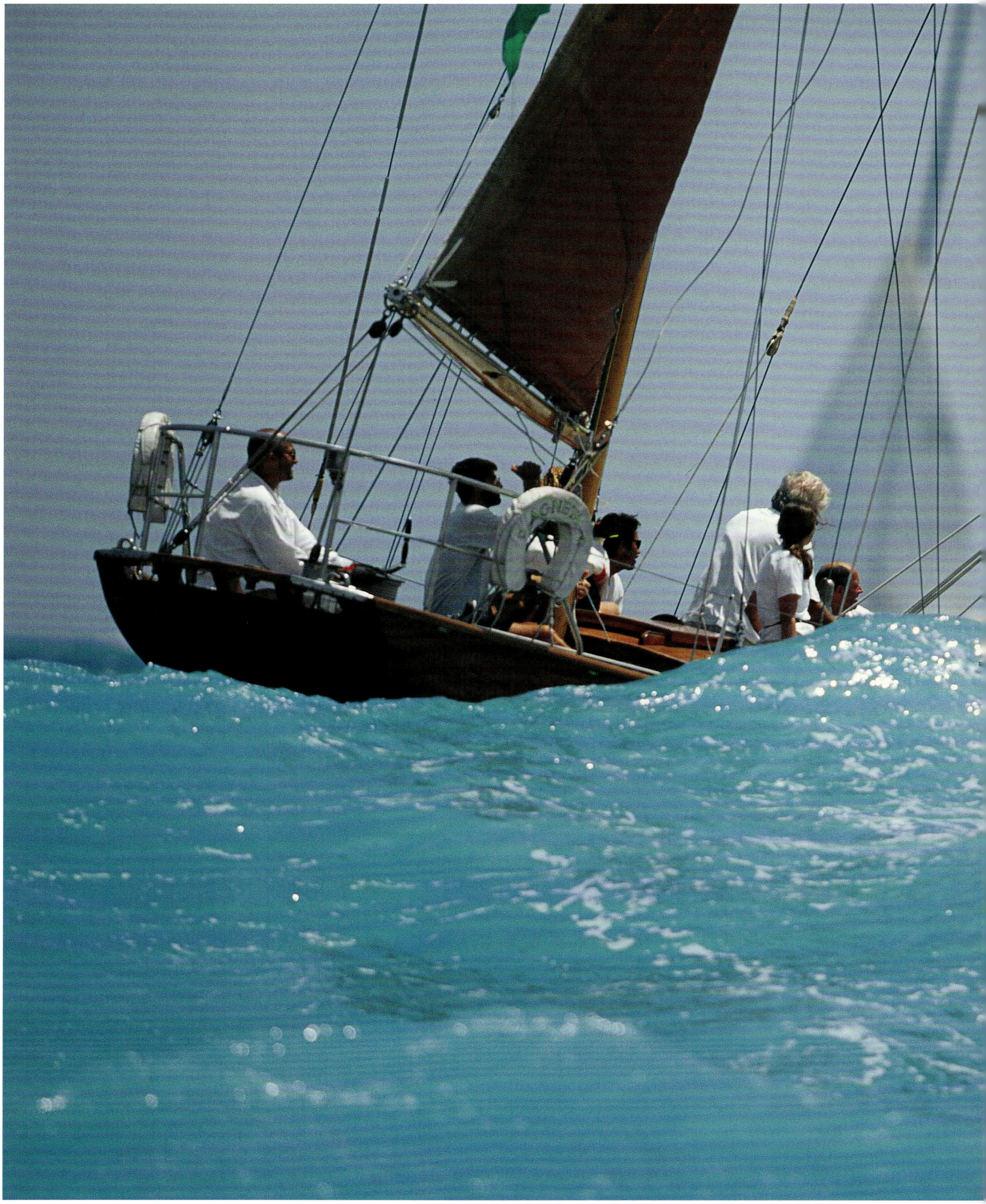

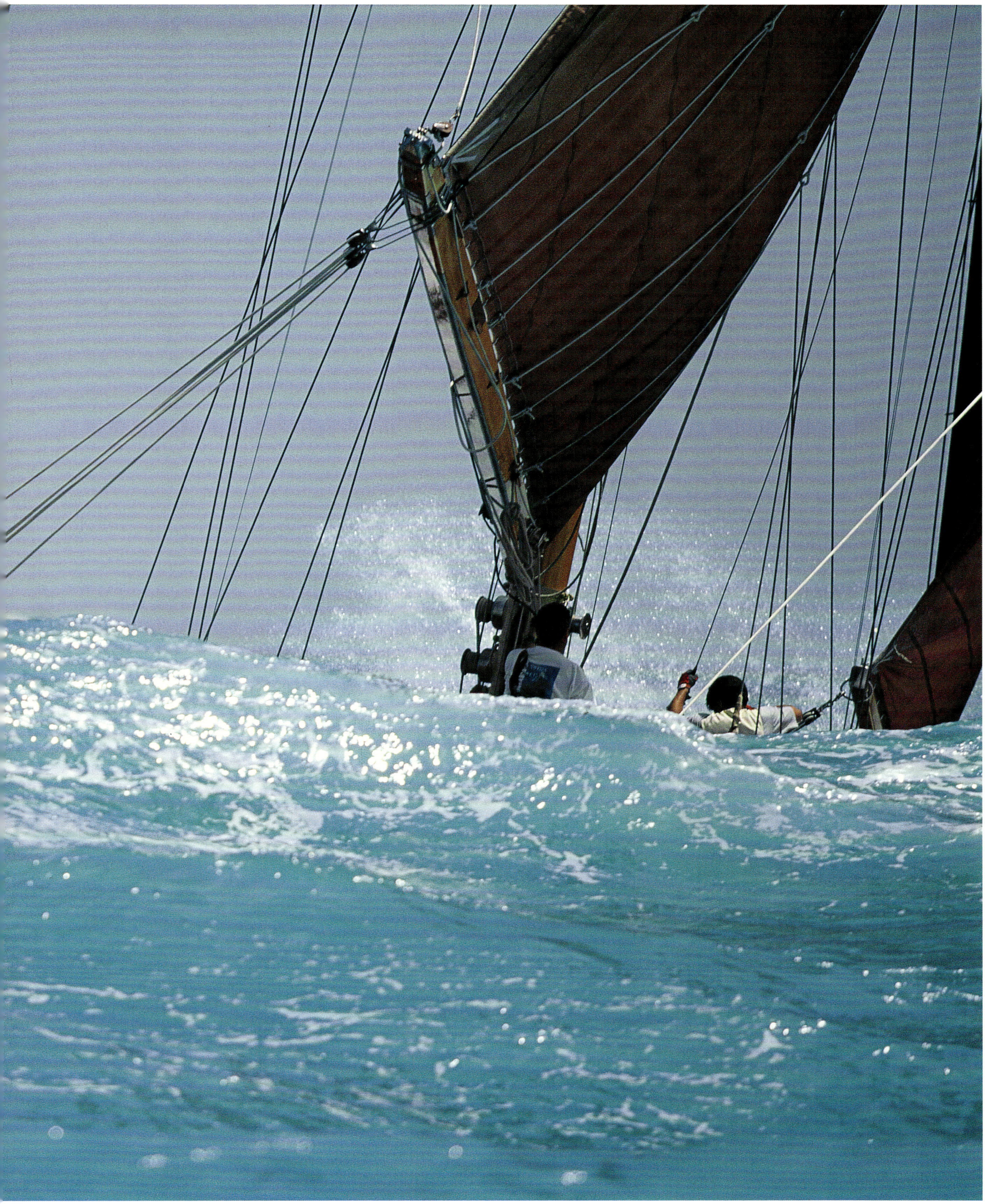

Manöver, die das Herz erfreuen

»Zrrr… zrrr… zrrr…« Das Surren der gut geölten Winschen holt mich aus dem Schlaf. Auf Deck höre ich Schritte und Stimmen. Es gibt also wieder Wind, und das nächste Manöver steht an. Zwar ging meine Wache vor einer Viertelstunde zu Ende, doch ist klar, jetzt muss ich aus der Koje steigen, den noch feuchten Südwester wieder überziehen und die obligatorische Sicherheitsausrüstung für die Nacht anlegen: die selbstaufblasbare Rettungsweste sowie Signalleuchte, Sicherheits-Knicklichter und Wichard-Messer. Außerdem muss ich die Stirnlampe aufsetzen und mir noch ein extra Blinklicht um den linken Arm schnüren, das nach einem Sturz ins Wasser die Suche nach mir erleichtern würde. Die Vorsicht hat ihren Grund, denn auf der *Émotion*, einem 21-Meter-Orma-Trimaran von Grand Large Émotion, der ehemaligen *Sopra* von Philippe Monnet, kann schon ein kleiner Fehler fatale Folgen haben. Die Kräfte an den Schoten sind immens, und wir alle wissen, dass es bei Geschwindigkeiten von über 25 Knoten so gut wie unmöglich ist, eine Person aus dem Meer zu bergen. Unser Motto lautet daher »nicht fallen«. Doch Spaß beiseite. Die Mannschaft kennt sich gut, und jeder weiß genau, was er zu tun hat. Jedes Besatzungsmitglied behält den Nachbarn im Auge, um Fehler und Unfälle zu vermeiden – zu schnell kann beispielsweise ein Finger verloren gehen. So ist auch sichergestellt, dass wir beim Manöver die richtige Reihenfolge einhalten. Gerade setzen wir zur Halse an. Bei gegenwärtig Nordwest 5 ein heikles Manöver: Schlägt das Segel unkontrolliert um, können die Segellatten brechen oder Schäden am stehenden Gut auftreten. Den Großschot-Traveller mittig fixieren, das luvseitige Backstag fieren und sicherstellen, dass das noch leeseitige durchgeholt wird. Den Cunninghamstrecker weitgehend fieren, den Mast hydraulisch neigen und auf dem Kugelkopf drehen. Dann die Halse im eigentlichen Sinne. Wenn noch nicht geschehen, die aktuelle Vorschot vorbereiten, fieren und, nachdem das Schiff durch den Wind gegangen ist, die neue leeseitige Vorschot dichtholen. Währenddessen hat der Steuermann bereits das Heck durch den Wind gebracht, und das Großsegel befindet sich auf der anderen Seite. Den Cunninghamstrecker wieder durchsetzen, das luvseitige Backstag dichtholen und abfallen. Jeder an Bord verinnerlicht diese festgelegte Reihenfolge, kontrolliert dabei die eigene Arbeit wie auch die der anderen. Das Schiff nimmt schnell wieder Fahrt auf. Der leeseitige Rumpf schneidet die Wellen, der luvseitige hat seine Pflicht erst einmal getan. Puh, geschafft, ich kann mich wieder schlafen legen. Das Unternehmen verlief ohne Zwischenfälle, nur wenige Worte waren beim Manöver nötig. Ich krieche zurück unter die noch warme Decke. Wenn die Mannschaft gut zusammenarbeitet und alles glatt läuft, ist Segeln wirklich ein Genuss.

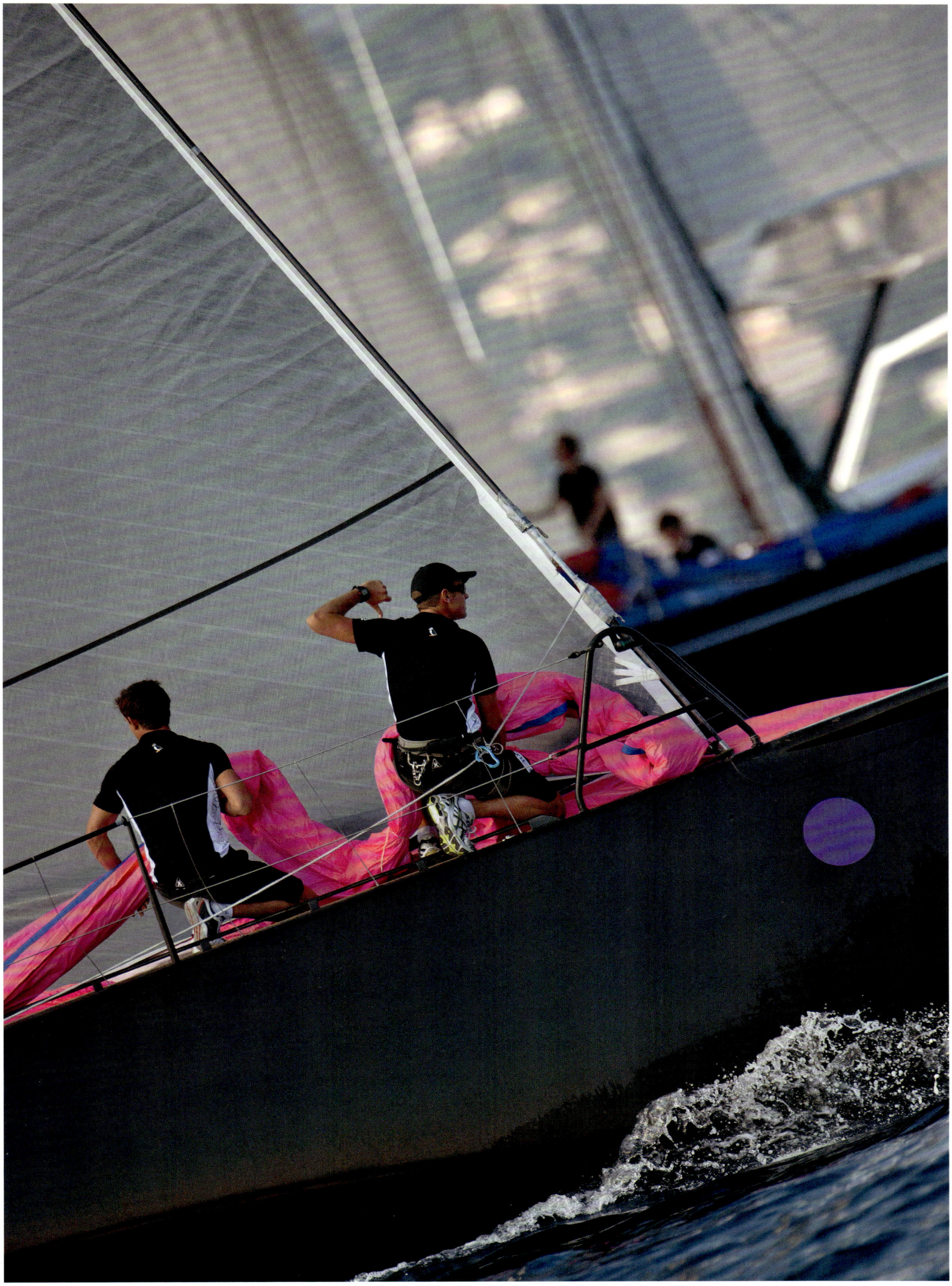

◀

Die Mannschaft der *Jethou*, einer deutschen 18-Meter-Mini-Maxi, bereitet das Setzen des Spinnakers vor. Nicht selten kommuniziert der Bugmann mit dem Cockpit achtern über Handzeichen, da das Rauschen der Wellen, das Heulen des Windes und die Rufe der anderen Besatzungsmitglieder bei Manövern schnell zu fatalen Missverständnissen führen können.

▲ ▶

Gewagte Luftakrobatik wird vom Bugmann gefordert, wenn er sich hoch über dem Wasser zum Schothorn heißen lässt, um Schoten anzubringen oder zu entwirren. Gewandtheit und eine gute Portion Mut gehören zu diesen waghalsigen Aufgaben dazu, da die Bewegungen des Schiffs während eines Manövers heftig und unvorhergesehen sein können.

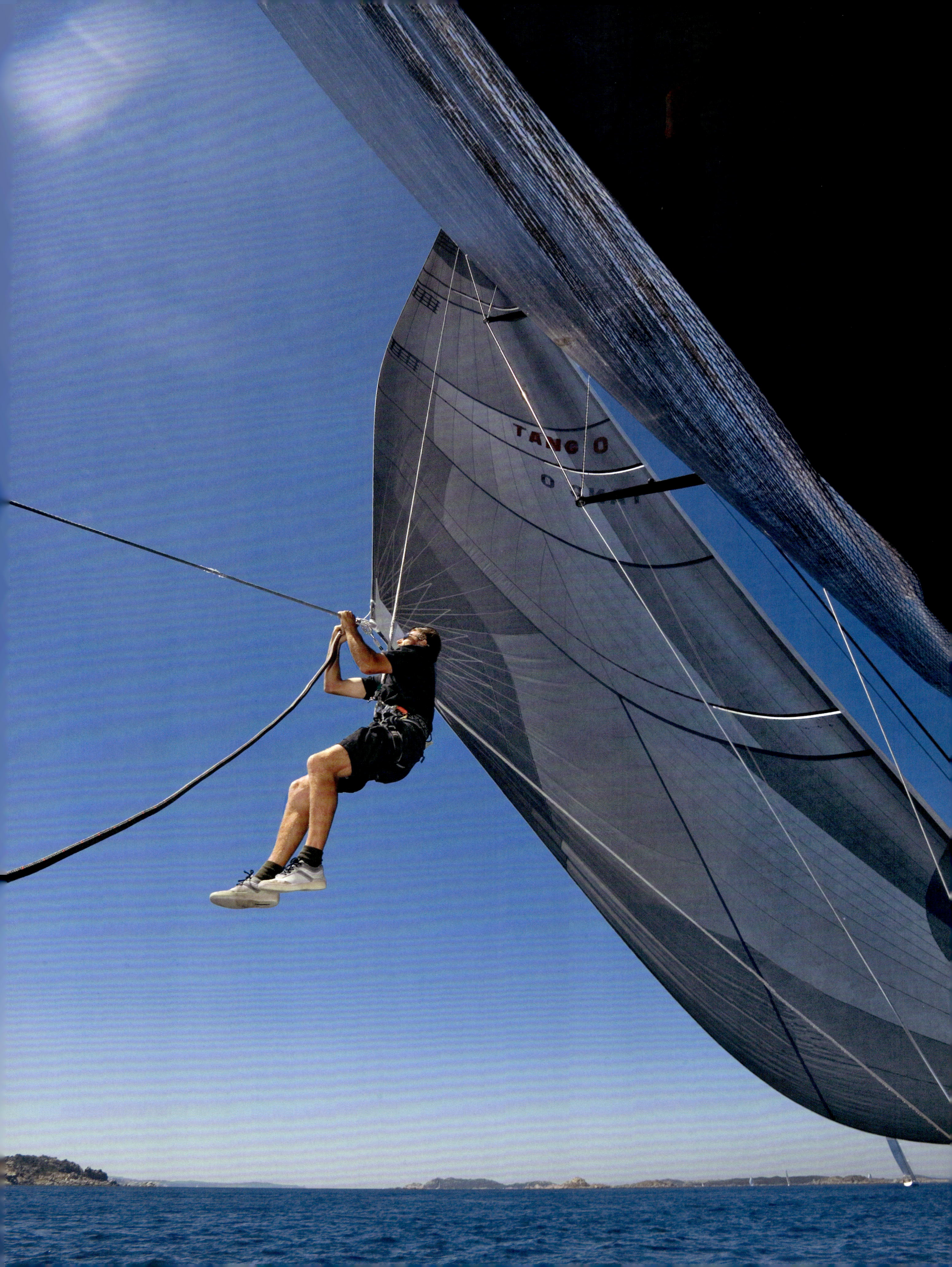

Indio

Die Siegerin aus dem Hause Wally

Die *Indio* ist eine 100 Fuß (30,50 Meter) lange Rennyacht aus der Feder von German Frers. Gefertigt wurde sie 2009 in der von Lucas Bassini gegründeten italienischen Werft Wally. Konstrukteur German Frers, der mittlerweile einen Katalog von 1200 Schiffen vorzuweisen hat, zeichnete seinen ersten Bauplan im Alter von 16 Jahren im Büro seines Vaters in Buenos Aires. Nach diesem Plan entstand das erste Segelboot aus Verbundmaterialien, das in Argentinien gebaut wurde. Sein heutiger Erfahrungsschatz umfasst den Bau von Hightech-Booten für den »America's Cup« wie auch hochwertiger Yachten für die erstklassige finnische Werft Nautor Swan oder für Wally, deren Reputation für Schnelligkeit, Sicherheit und Komfort steht. Über die *Indio* sagte Frers: »Eine Yacht ist ein einzigartiger Ort, um gemeinsam Dinge zu erleben und daraus mehr über die Natur und sich selbst zu erfahren. [...] Bei der Gestaltung der *Indio* ging es viel um Effizienz. Schon bei schwachem Wind sollte das Fahrerlebnis berauschend sein, außerdem musste die Yacht auch für lange Strecken bei Unwetter auf hoher See taugen.« Entsprechend diesen Vorgaben wählte Frers die geeigneten Materialien, etwa Carbon, und die passenden ultramodernen Fertigungstechniken, wie das Vakuuminfusionsverfahren, nicht ohne dabei der Slup auch Gemütlichkeit und einen gewissen Komfort zu verleihen: »Die modernen Technologien sind alle sinnlos, wenn sie nicht mit eleganten zeitlosen Formen einhergehen, einem praktischen Deck etwa oder einer wohnlichen Innenausstattung mit viel natürlichem Licht.« Bei der *Indio* ging das Konzept auf: Für sie erhielt Wally im Mai 2010 von der Jury des World Super-Yacht Awards in der Kategorie 30 bis 44 Meter die Auszeichnung »Bestes Segelschiff des Jahres«. Und auch bei der »Loro Piana Superyacht-Regatta« im sardinischen Porto Cervo einen Monat später konnte sich die *Indio* in den Wettbewerbsklassen »Leistung« und »Wally« mit Bravur durchsetzen: Sie brachte es zu Spitzengeschwindigkeiten von 22 Knoten, einem Tempo, das für kombinierte Renn- und Langfahrtschiffe mit nur einem Rumpf äußerst selten ist.

Typ: Bermuda-Slup
Stapellauf: 2009
Länge über alles: 30,50 Meter
Breite: 6,80 Meter
Tiefgang: 4,90 Meter
Motor: Cummins 330 PS
Verdrängung: 59 Tonnen
Segelfläche: 1259 Quadratmeter
Süßwasservorrat: 2000 Liter
Kraftstoffvorrat: 2500 Liter
Passagiere: 10
Besatzung: 4
Konstruktion: Carbonfaser-Prepreg
Werft: Wally
Architekt: German Frers
Innenausbau: Wally

121

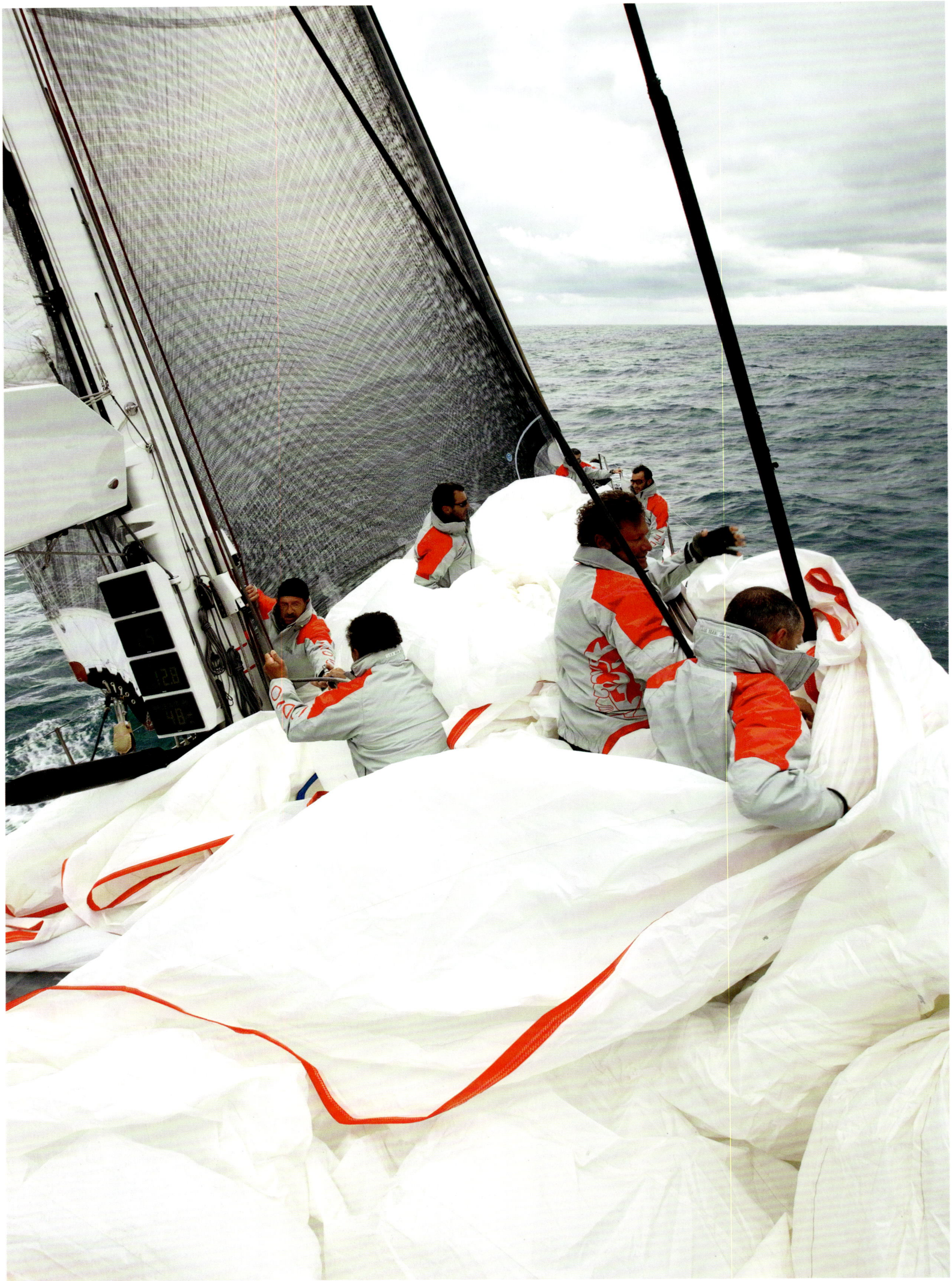

Indio

Fast 20 Mann Besatzung sind auf der *Indio* beim »Nespresso Cup« 2010 im italienischen Portofino im Einsatz. Gerade genug, um die Wally-Yacht zu ihren Spitzenleistungen zu treiben. Zwar ist es schwer vorstellbar, bei solch einem Ameisenhaufen geregelte Manöver zu fahren, doch kennt jeder an Bord seine Aufgaben genau und trägt seinen Anteil dazu bei, dass alles reibungslos funktioniert. Hat die Mannschaft gut zusammengearbeitet, winkt am Ende ein Platz auf dem Podest.

▲ ◀ ▶
Das Bergen des riesigen Spinnakers der *J One* ist kein Zuckerschlecken. Es muss auf jeden Fall vermieden werden, dass das Segel ins Wasser fällt, da es das Boot sonst wie ein Schleppanker abrupt bremst, was zu schweren Komplikationen bis hin zum Mastbruch führen kann. Diese Wally 77 aus dem Jahre 1997 mit einer Länge von 24 Metern, gebaut nach Plänen von German Frers, ist eine wahre Siegernatur. Die Liste ihrer Erfolge ist beeindruckend. Der Geschäftsmann Jean-Charles Decaux kaufte sie Lindsay Owen-Jones ab, dem Konzernchef von L'Oréal, als sie noch den in Seglerkreisen bekannten Namen *Magic Carpet* trug. Beim »Nespresso Cup« 2010 in Portofino trat *J One* übrigens auch gegen *Magic Carpet 2*, die 2002 neu erstellte Frers-Yacht von Lindsay Owen-Jones, an.

▶ ▶
Den Spinnaker zu bergen birgt einige Gefahren. Das große und sehr leichte Segeltuch muss sicher an Deck gebracht werden, ohne dass es ins Wasser fällt. Während das Spifall gefiert wird, rafft die Mannschaft die flatternden Quadratmeter mit vereinten Kräften zusammen. Schnelligkeit, gute Koordination und die richtige Stellung zum Wind sind Voraussetzung, damit das Manöver gelingt: Das Schiff sollte Kurs vor dem Wind halten, damit das Großsegel den Spi abdeckt.

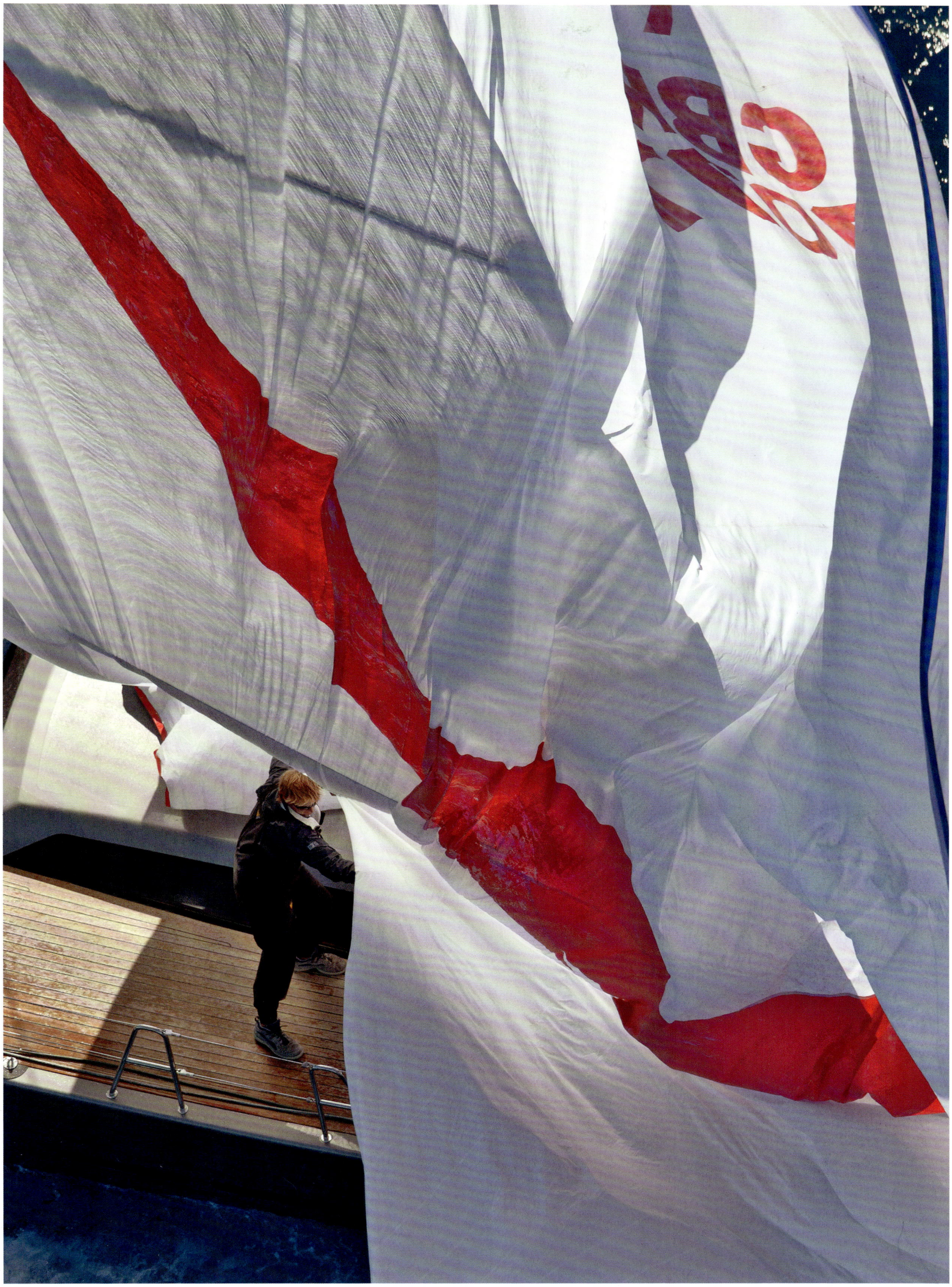

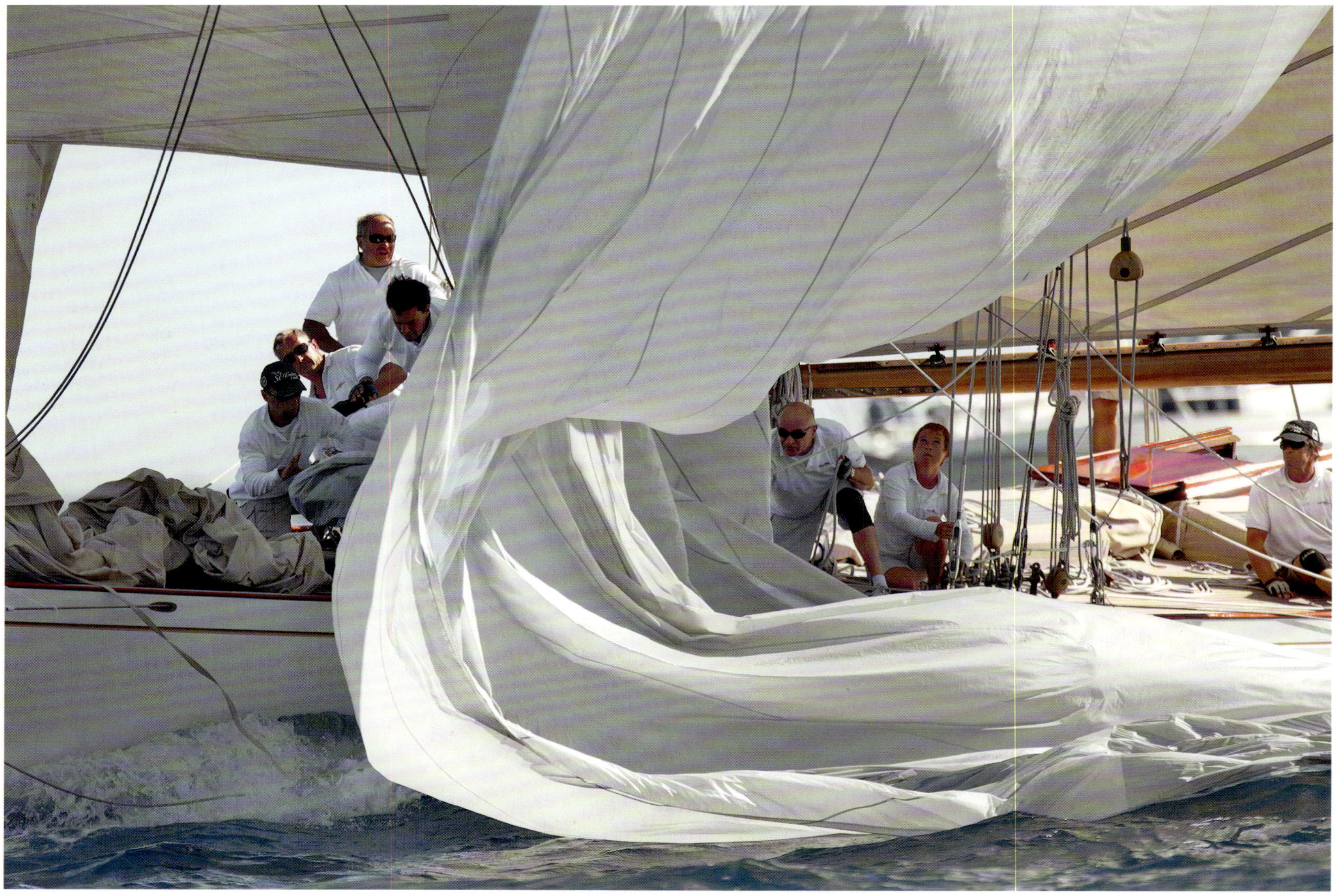

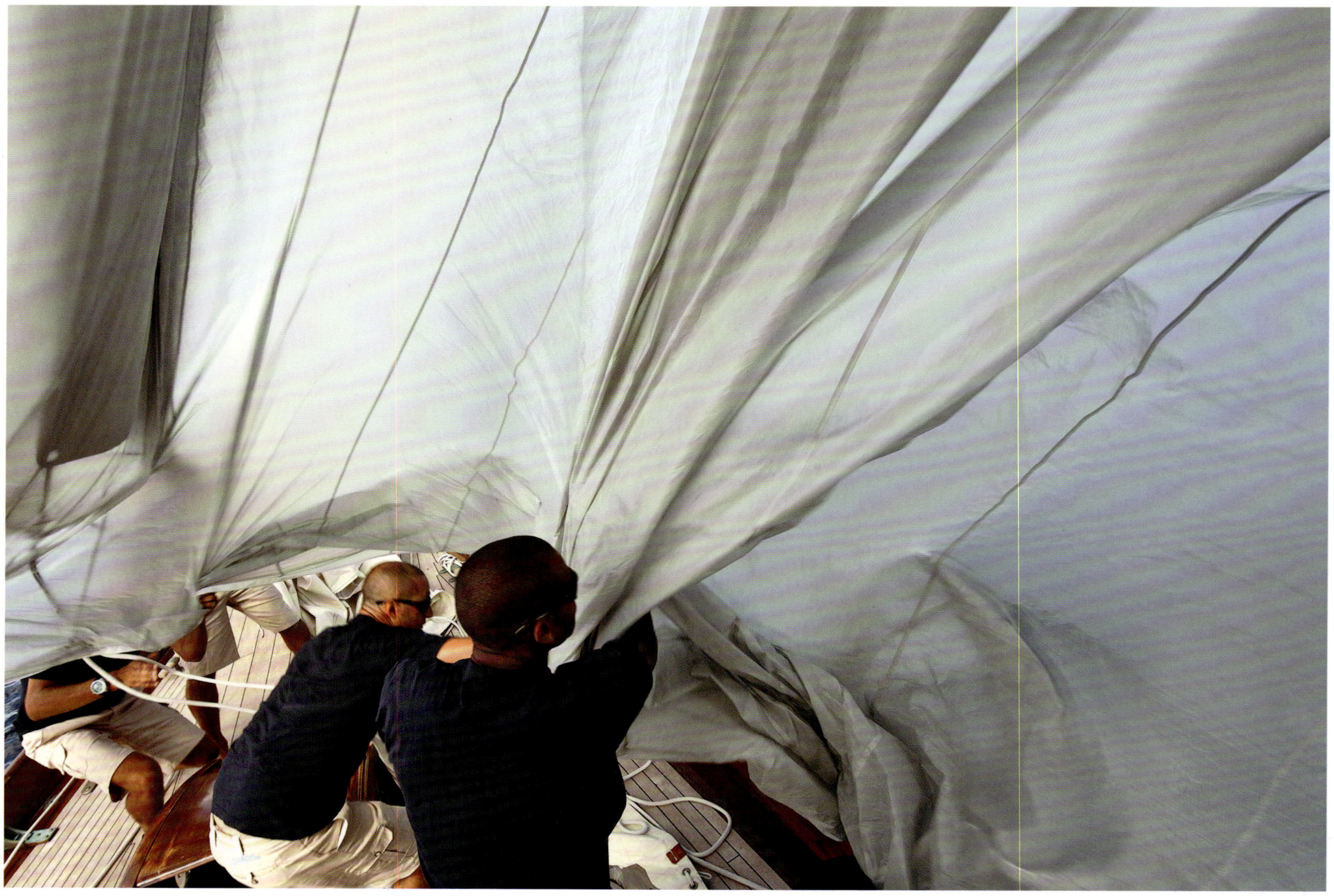

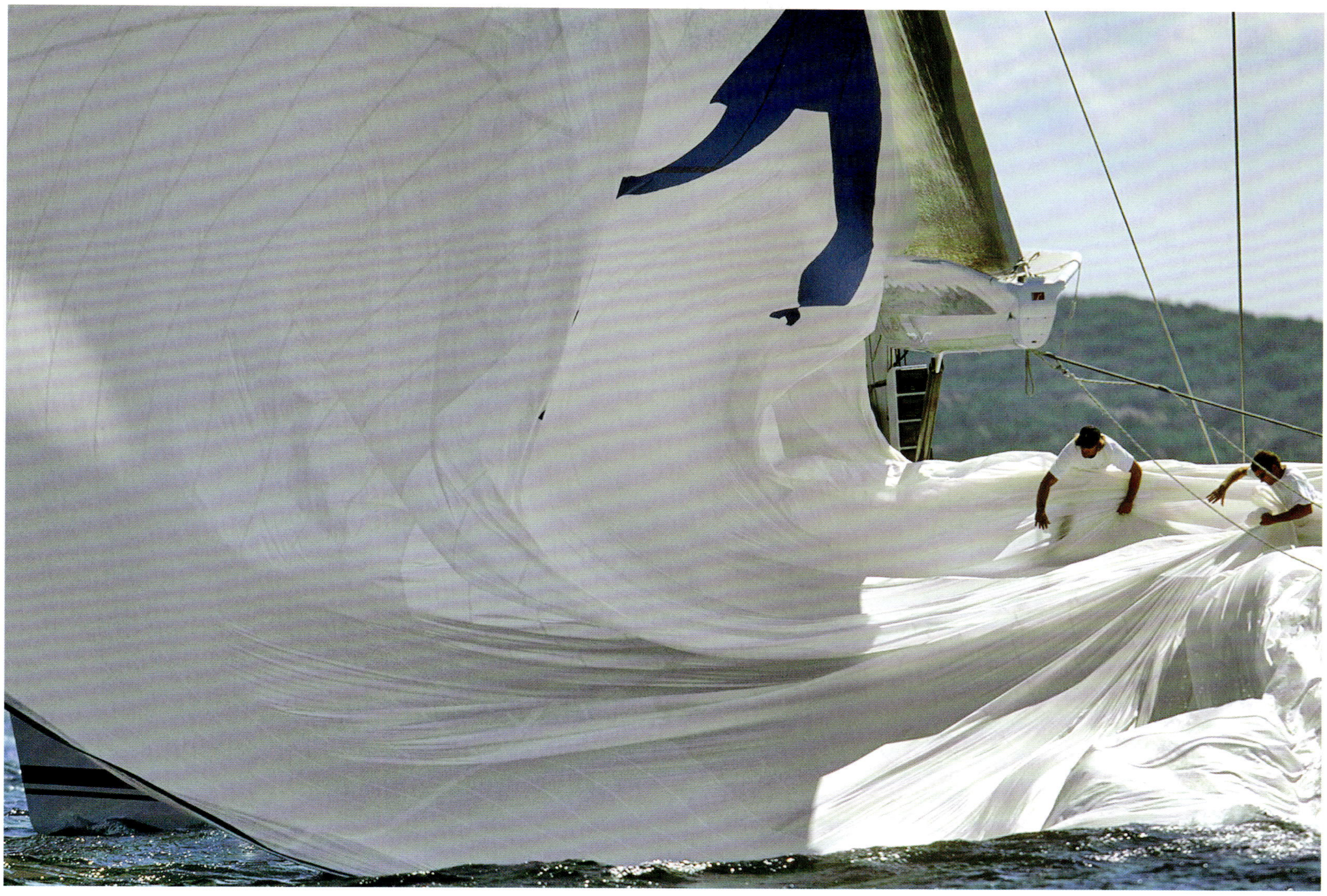

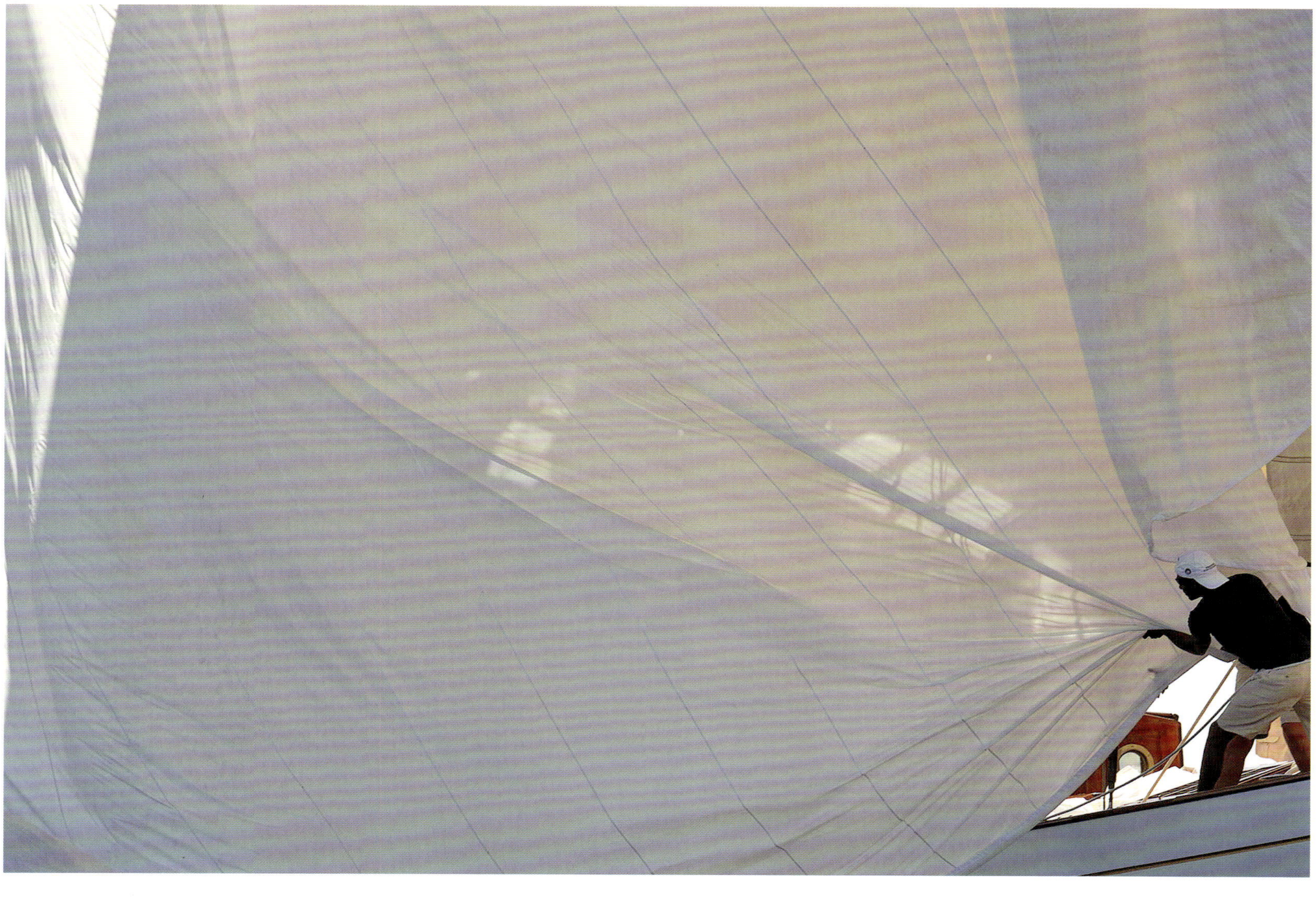

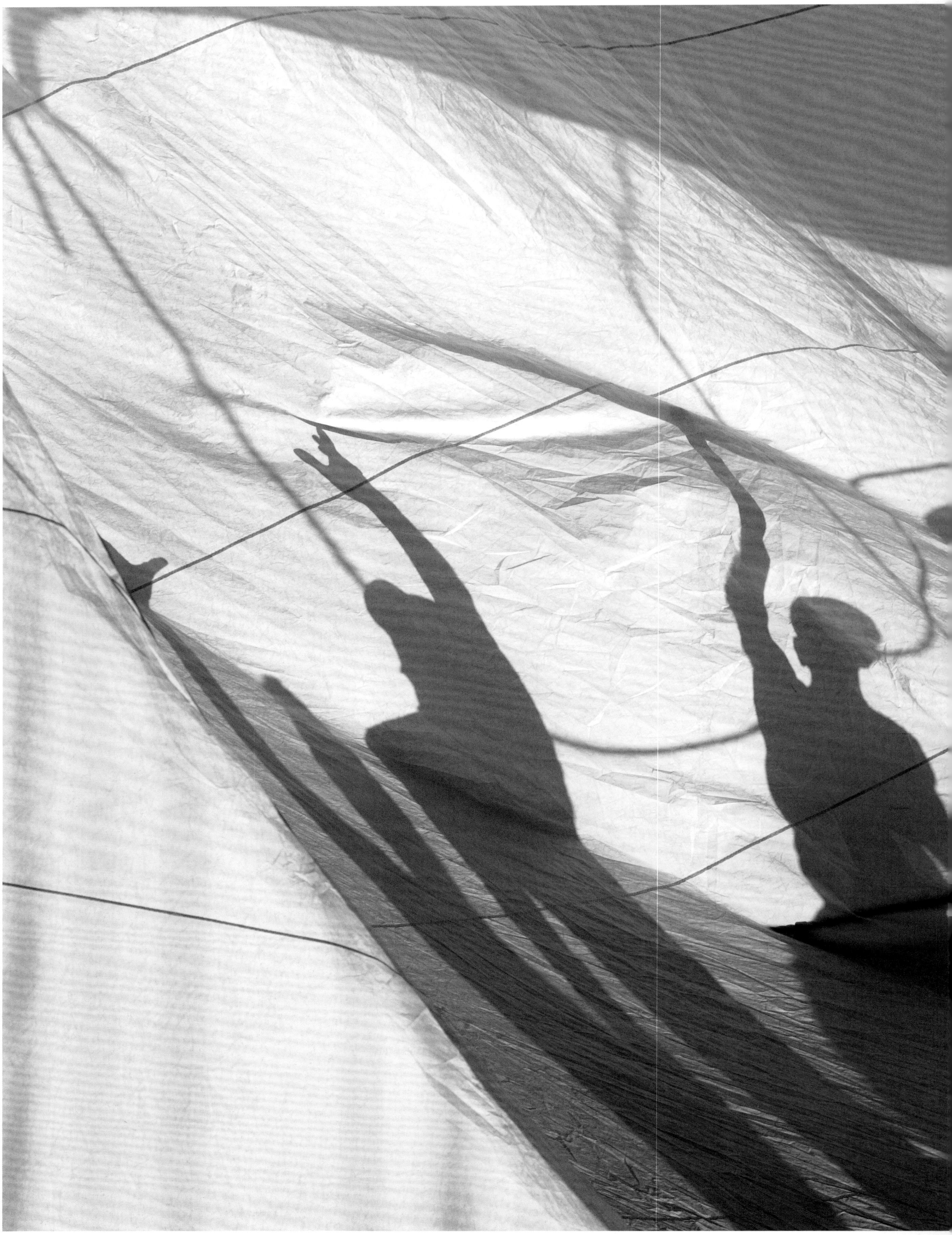

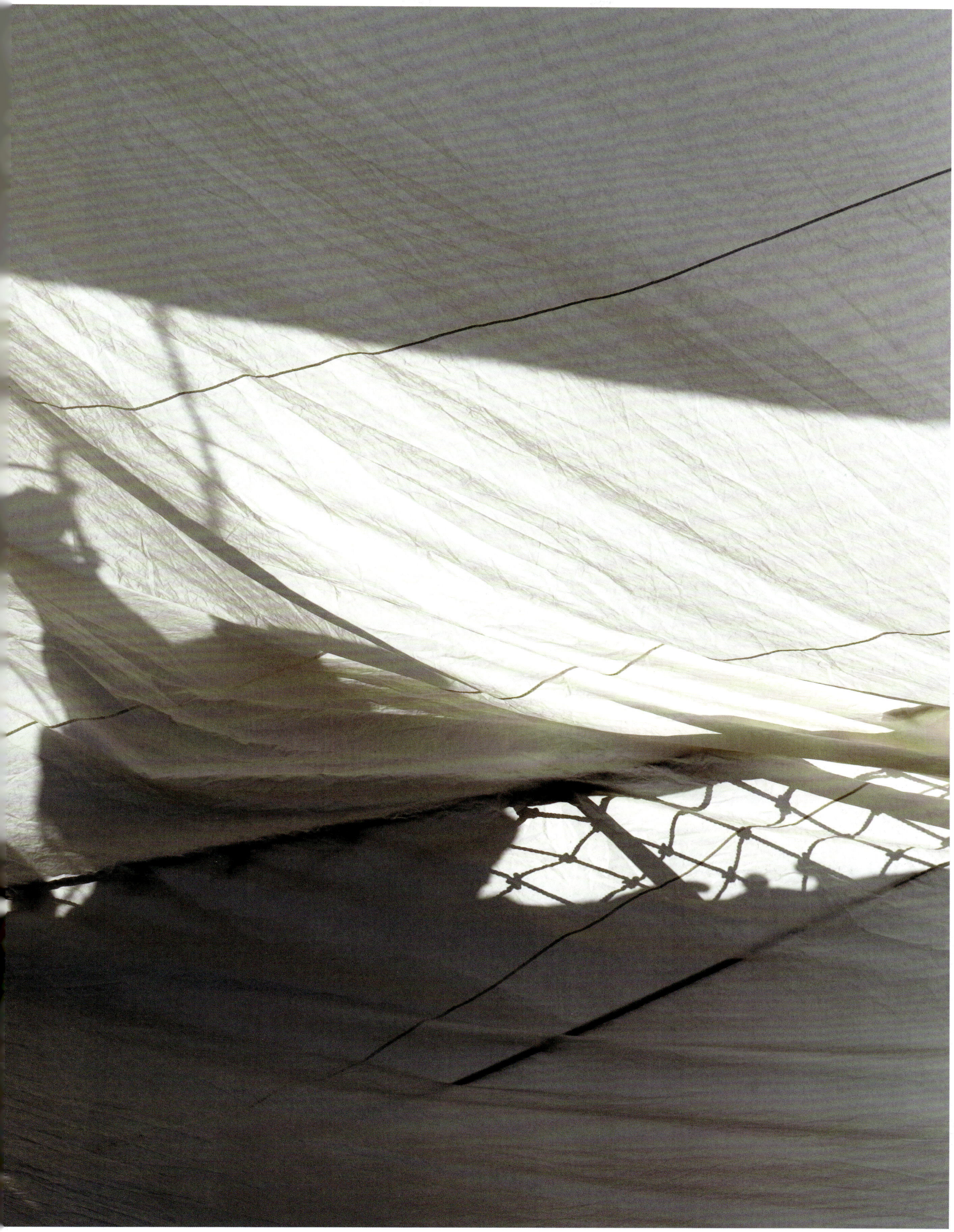

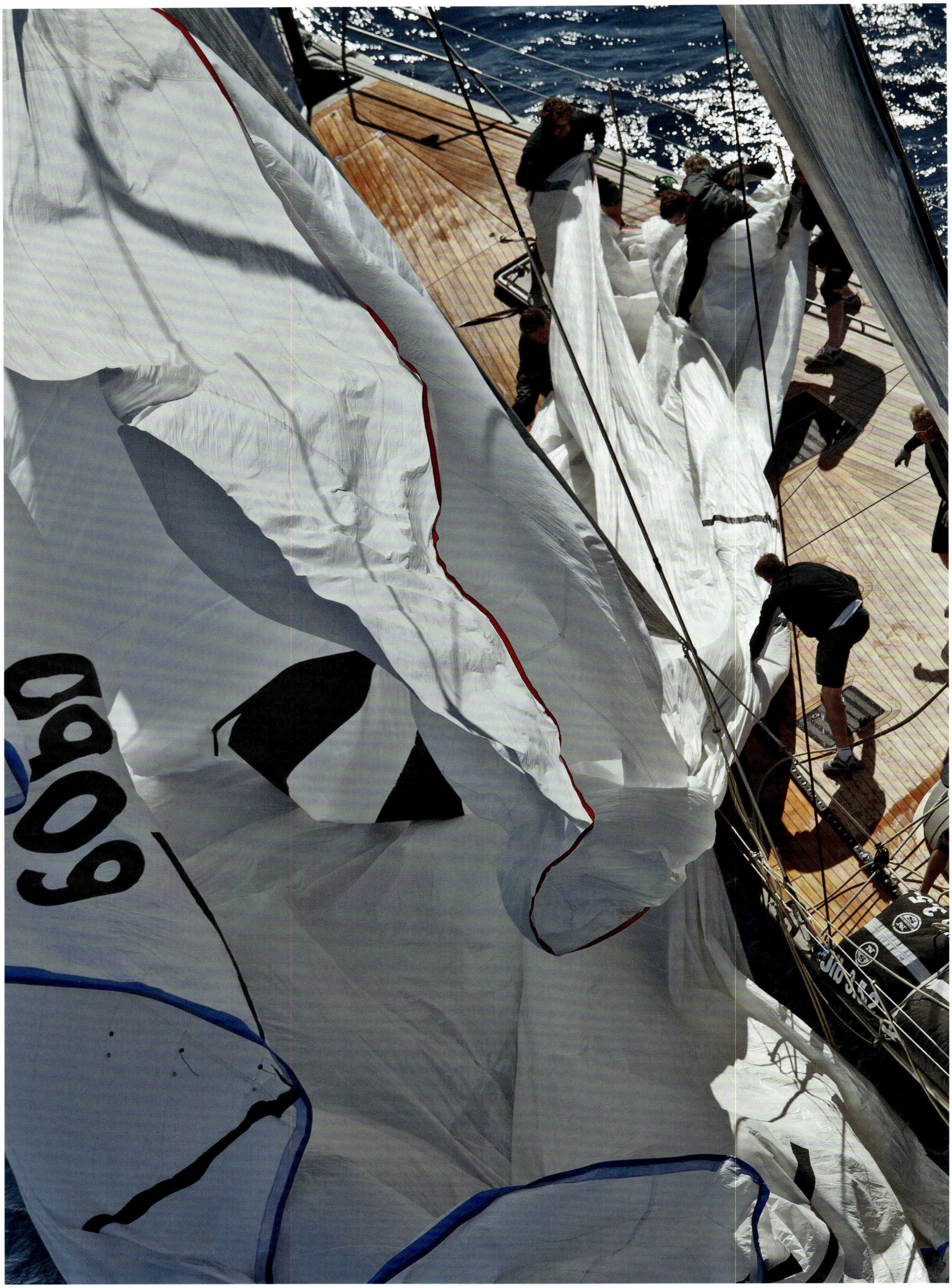

◀◀
Vielleicht haben ja einst die Schatten auf den Segeln die Seeleute dazu bewogen, ihr legendäres Seemannsgarn zu spinnen und an Geister und den Klabautermann zu glauben?

◀
Hier an Bord der *Y3K* geht es bei den »Voiles de Saint-Tropez« kräftig zur Sache. Seitdem diese von German Frers entworfene 28,55 Meter lange Wally-Yacht mit Baujahr 2003 im Jahre 2010 renoviert wurde, hat sie bereits einige große Regatten gewonnen.

▲
Ein Besatzungsmitglied der *Atlantic* überwacht das Setzen eines Vorsegels. Das Manöver muss möglichst schnell geschehen, um ein Killen des Segels und hieraus entstehende Schäden zu vermeiden.

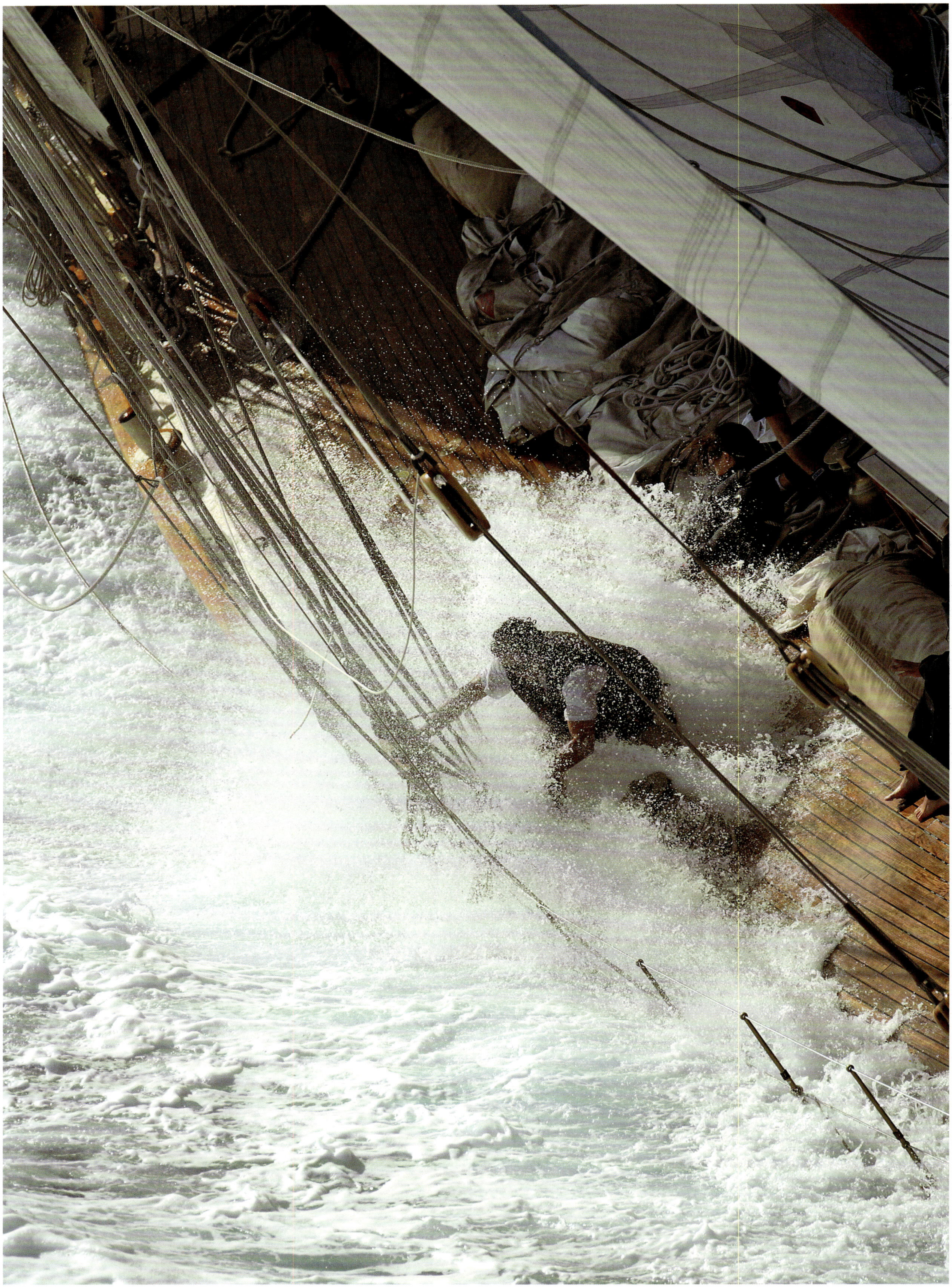

»Eine Hand fürs Schiff, eine Hand für sich selbst.« Die alte Seefahrerregel hat auch heute noch ihre volle Berechtigung, etwa wenn die Mannschaft bei maximaler Krängung leeseitig eine Schot zu trimmen hat. Vor lauter Siegeswillen übertakeln manche Regattateilnehmer ihre Boote im Rennen, sodass es zu teils burlesken, teils akrobatischen Szenen kommt. Auf jeden Fall wird es nass.

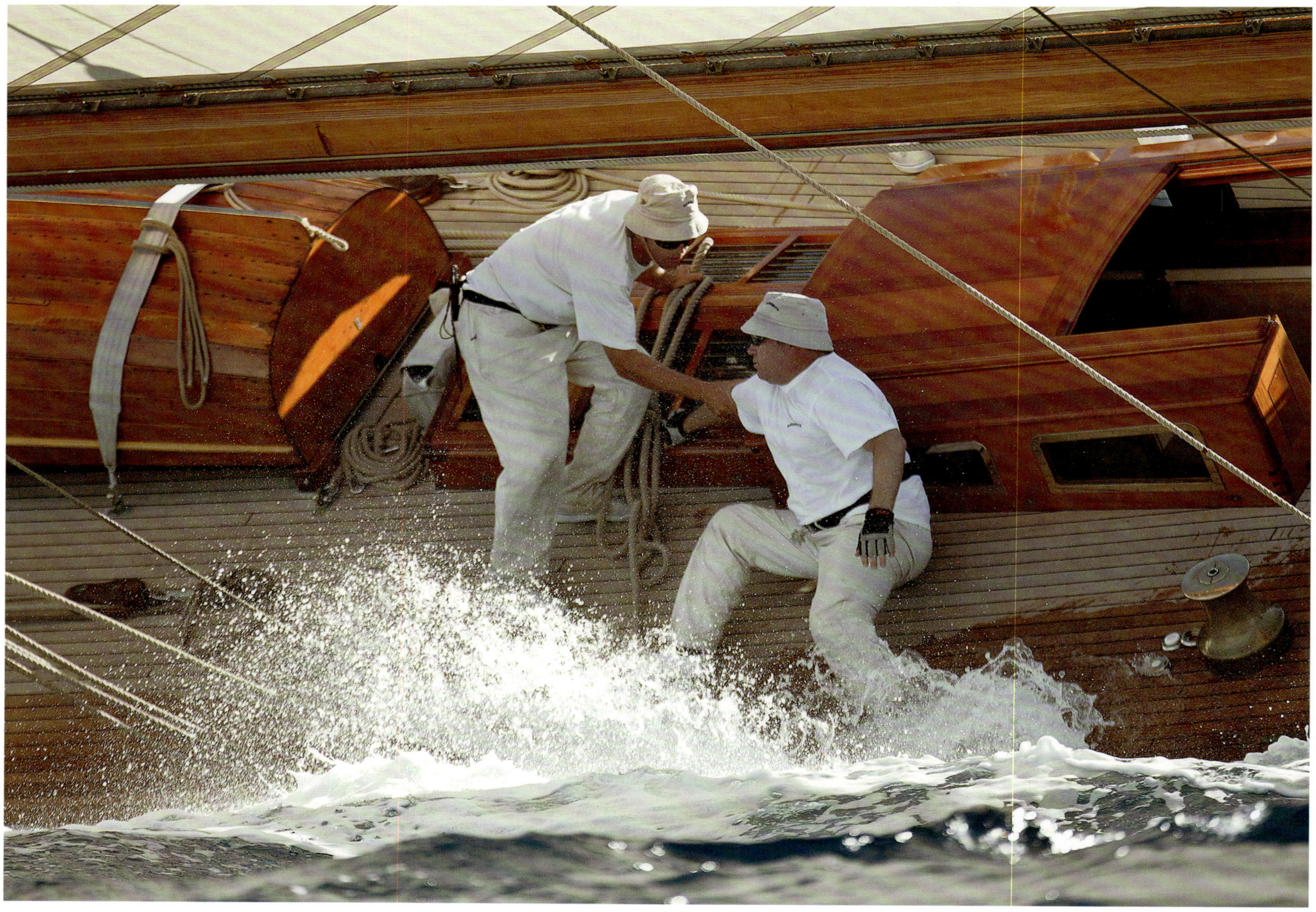

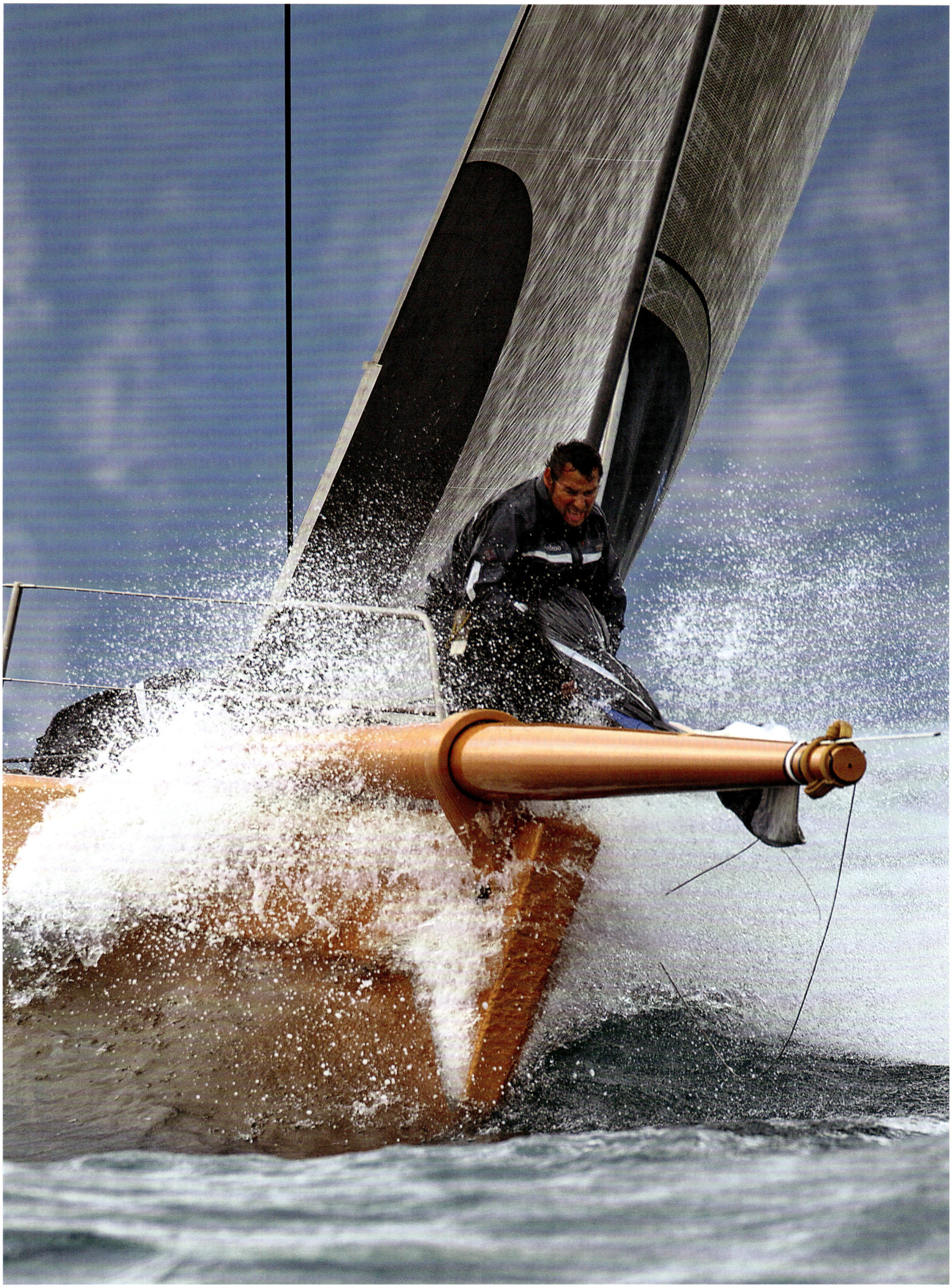

Mariquita

Hundertjährige Anmut

Typ: 19mR-Gaffelkutter
Stapellauf: 1911
Länge über alles: 38,16 Meter
Breite: 5,21 Meter
Tiefgang: 3,57 Meter
Verdrängung: 79 Tonnen
Segelfläche: 582 Quadratmeter
Werft: Fairlie, Schottland
Architekt: William Fife III.

Mit 582 Quadratmetern Segelfläche bei einer Länge von 38,16 Metern ist die *Mariquita* wohl einer der schönsten Gaffelkutter, die jemals gebaut wurden. Details wie der deutlich erkennbare riesige Spinnakerbaum zum Ausbaumen des Ballonsegels lassen die Herzen vieler Fans höher schlagen. Von den ursprünglich sechs Booten der 19 mR-Klasse ist *Mariquita* mittlerweile das einzige noch existierende: *Cecile*, *Corona*, *Elinor*, *Norada* und *Octavia* sind im Laufe der letzten Jahrzehnte verschwunden. Entworfen hat den »Marienkäfer« der mitunter geniale Konstrukteur William Fife III. Am 6. Mai 1911 nahm ein gewisser A.K. Stothert, ein erfahrener Kapitän, das fertiggestellte Boot in seinen Besitz. In den folgenden zwei Jahren, bis 1913, ging die *Mariquita* bei 69 Regatten an den Start und gewann 35 davon. Was für ein Erfolg! Nach dem Ersten Weltkrieg wurde sie an einen Norweger verkauft, der sie in *Maud IV* umbenannte. Kurze Zeit später, im Jahre 1924, kehrte sie nach England zurück, wo für sie ab 1939 allerdings weniger glorreiche Zeiten anbrachen. Die stolze *Mariquita* wurde unter anderem als Hausboot und schwimmende Kapelle genutzt, bevor sie schließlich bei Pin Mill nahe Ipswich (Suffolk) im Schlick stecken blieb. 1991 dockte man sie neben einem Parkplatz auf und wartete, dass ein wohlhabender Schiffsliebhaber sich ihrer erbarmte. Ein solcher fand sich tatsächlich, und *Mariquita* kehrte zurück an ihren Ursprungsort nach Fairlie zur Werft von William Fife. Dort nahm sich die Firma Fairlie Restoration, die unterdessen die Pläne des berühmten Konstrukteurs erworben hatte, ihrer an. Von 2002 bis 2004 wurde ihr Rumpf aus Metall und Teakbeplankung vollkommen erneuert. Die Bootsbauer achteten bei ihrer Arbeit auf höchste Authentizität und gaben sogar auf beiden Seiten des Atlantiks Anzeigen auf, um die Originalausstattung bei Schiffsantiquaren, Werften und Trödlern wiederzufinden. Fehlte dennoch dieses oder jenes Einrichtungsstück, wurde es nachgebaut. Frisch überholt, stach die *Mariquita* gleich wieder in See. Heute hat sie im Mittelmeer ihr Zuhause gefunden und nimmt nun jedes Jahr wieder mit viel Erfolg an den großen klassischen Regatten teil. 2011 gewann sie sogar den Preis »La Belle Classe« der »Monaco Classic Week« für ihre gelungene Restaurierung. Zu Recht, denn dank der intensiven Arbeit ist sie heute eine wahre Augenweide!

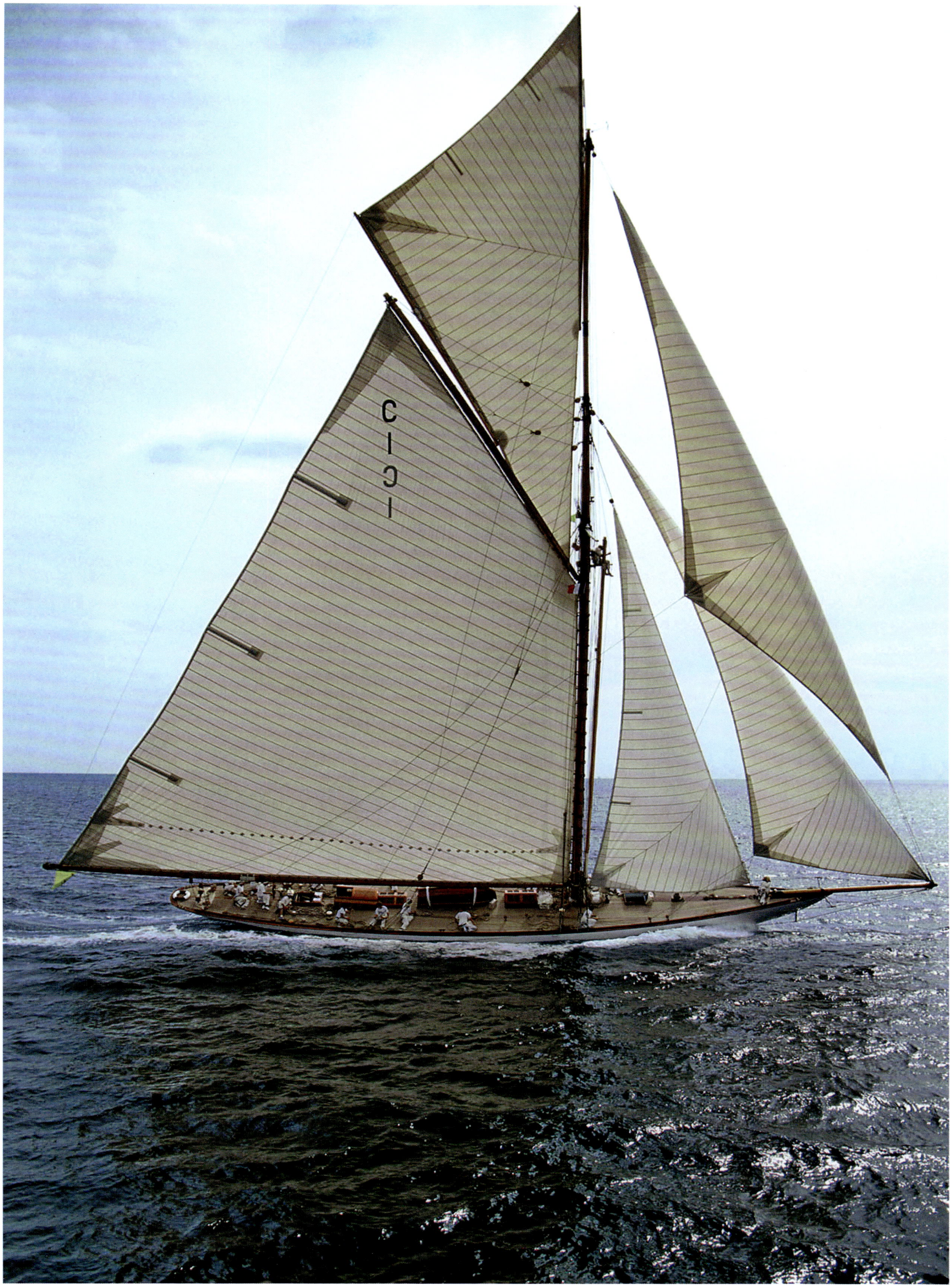

Mariquita

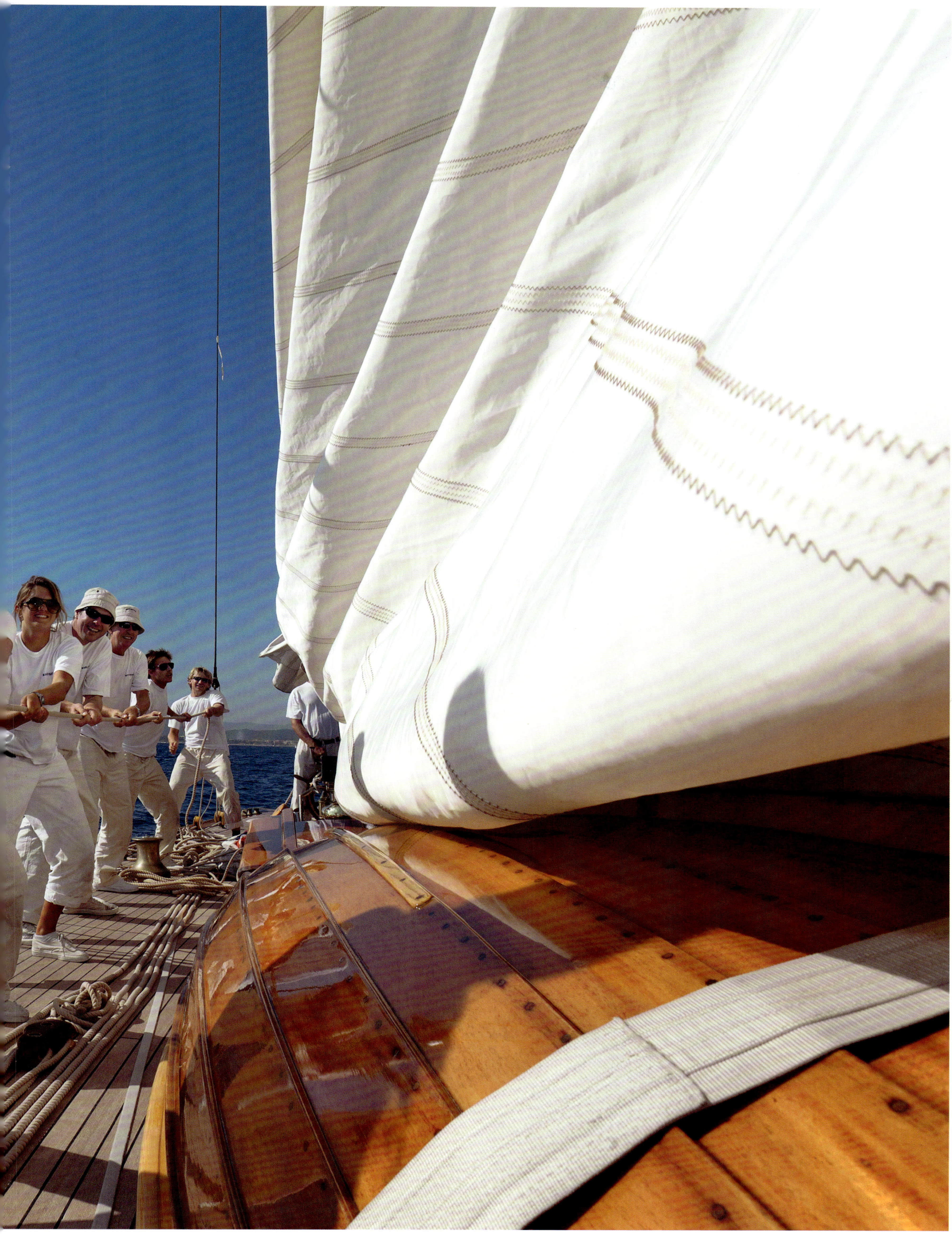

Mariquita

◀◀◀▶

Das Manövrieren an Bord der *Mariquita* bedarf guter Koordination und auch einer gewissen Muskelkraft. Der 100 Jahre alte Kutter wurde bei seinem Bau noch nicht mit Winschen ausgestattet. Einzige Hilfe bieten Taljen zur Verstärkung der Kraft, die allerdings keine Rücklaufsperre besitzen. Sollte den Seeleuten ein Fall aus den Händen rutschen, fällt das Segel ungebremst auf das Deck, wobei Material oder schlimmstenfalls auch Personen geschädigt werden können.
Nicht selten werden zu Manövern Seemannslieder angestimmt, die die Mannschaft anspornen und ihren Bewegungen Takt und Rhythmus geben. Sobald ein Segel steht, muss ein Besatzungsmitglied das Fall zur Sicherung schnellstmöglich auf einer Klampe oder einem Nagel belegen. Das ist traditionelle Seefahrt zum Anfassen!

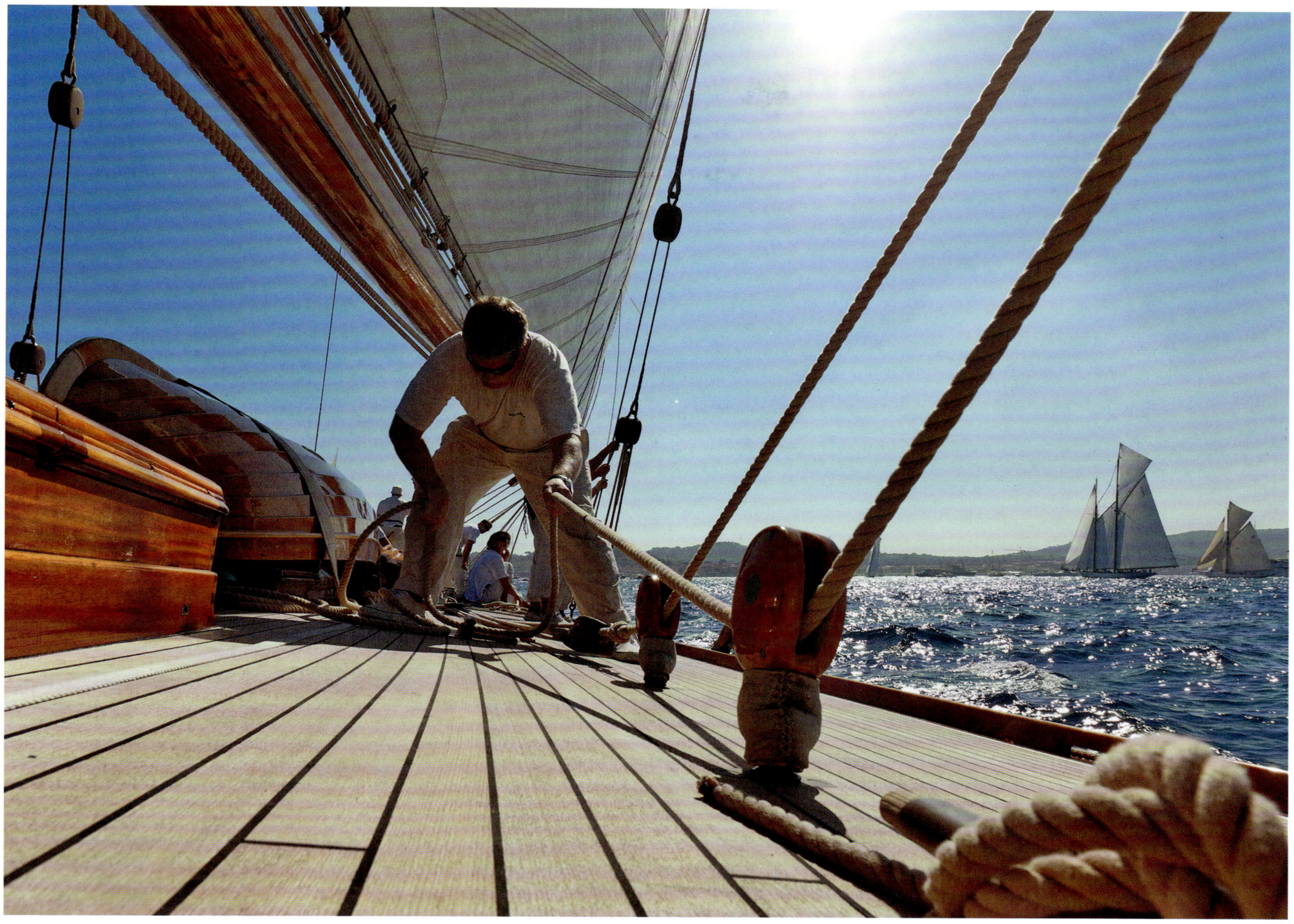

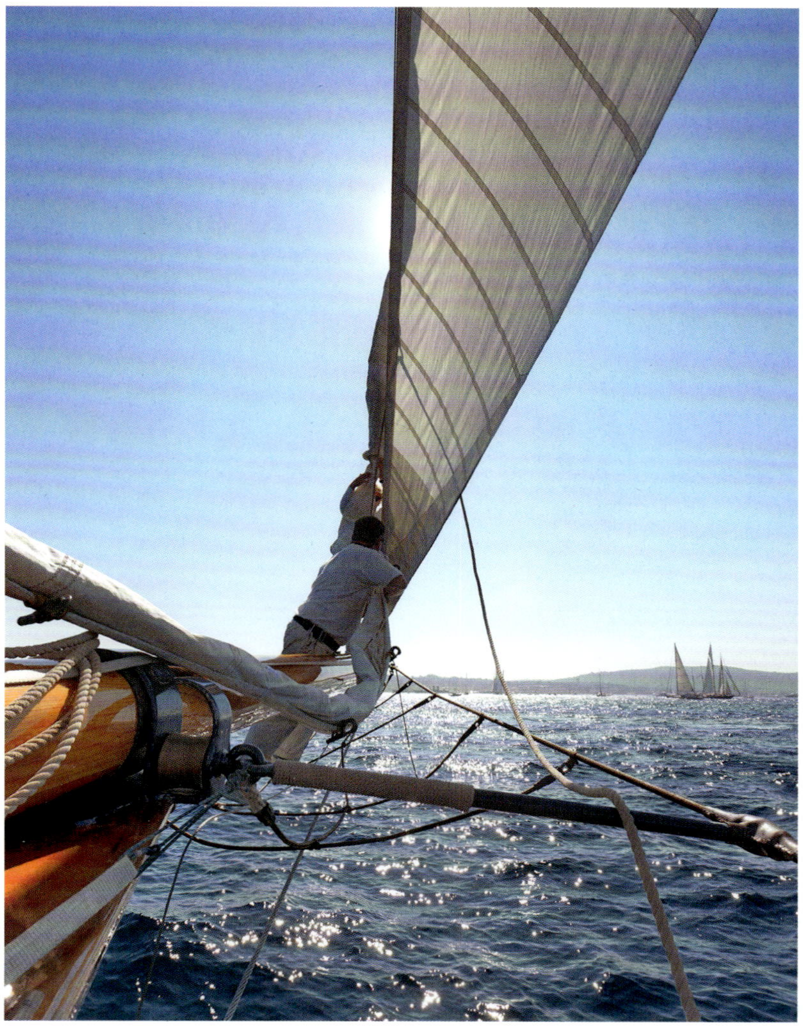

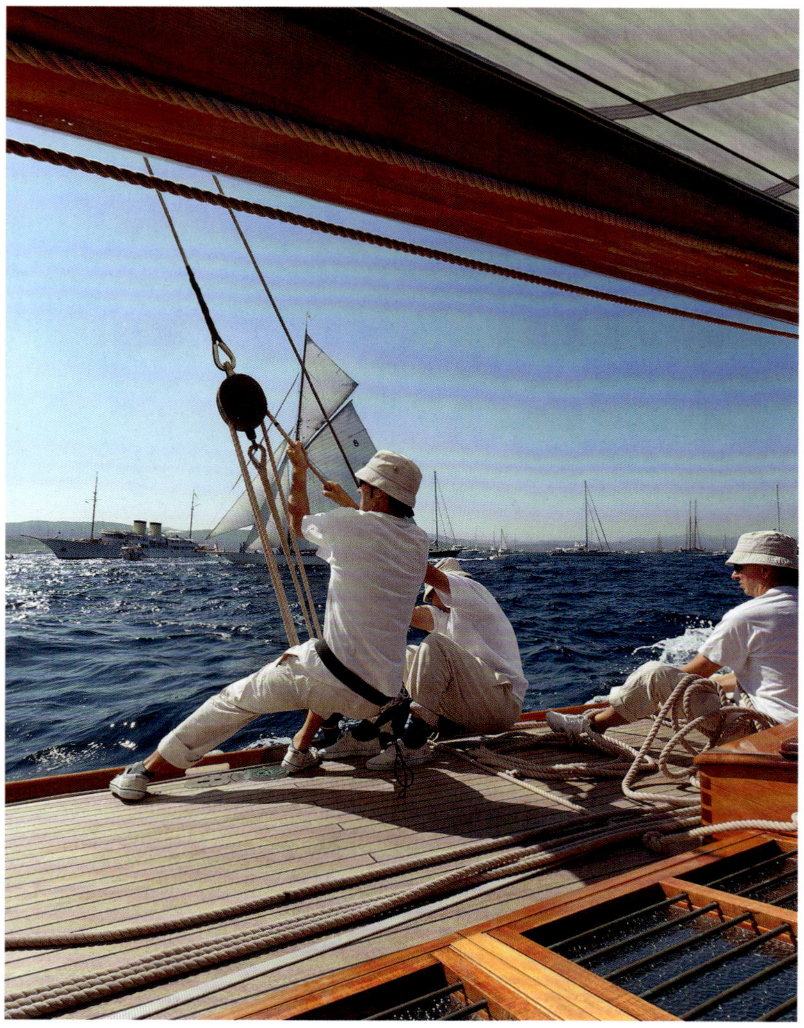

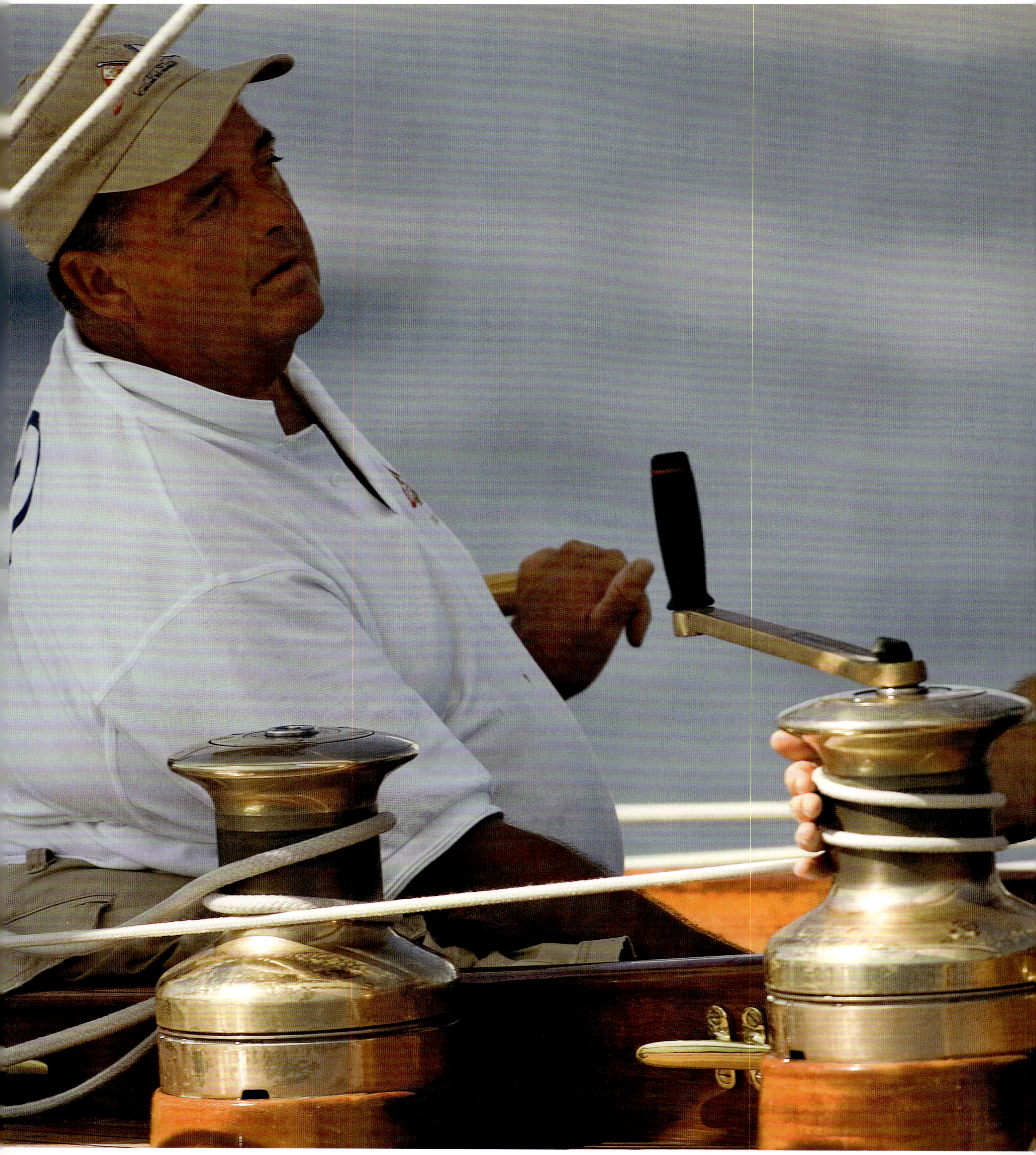

◀

Der Mann an der Pinne der *Cotton Blossom* ist niemand anderer als Dennis Conner, der neun Mal am »America's Cup« teilnahm und als Steuermann der *Stars & Stripes* vier Mal den Sieg holte. Die *Cotton Blossom* ist ein Boot der Q-Klasse aus dem Jahre 1925, entworfen von dem Norweger Johan Anker, zu dessen Verdiensten auch die Konzeption und Gestaltung der berühmten Drachen-Klasse zählt. Dennis Conner kaufte und restaurierte die *Cotton Blossom* im Jahre 2003.

▲

Der Besatzung auf der *Moonbeam IV* ist es stark angeraten, Handschuhe zu tragen. Da das Schiff lediglich über Taljen, nicht aber über Winschen verfügt, müssen allein zum Holen des Backstags vier Personen zupacken.

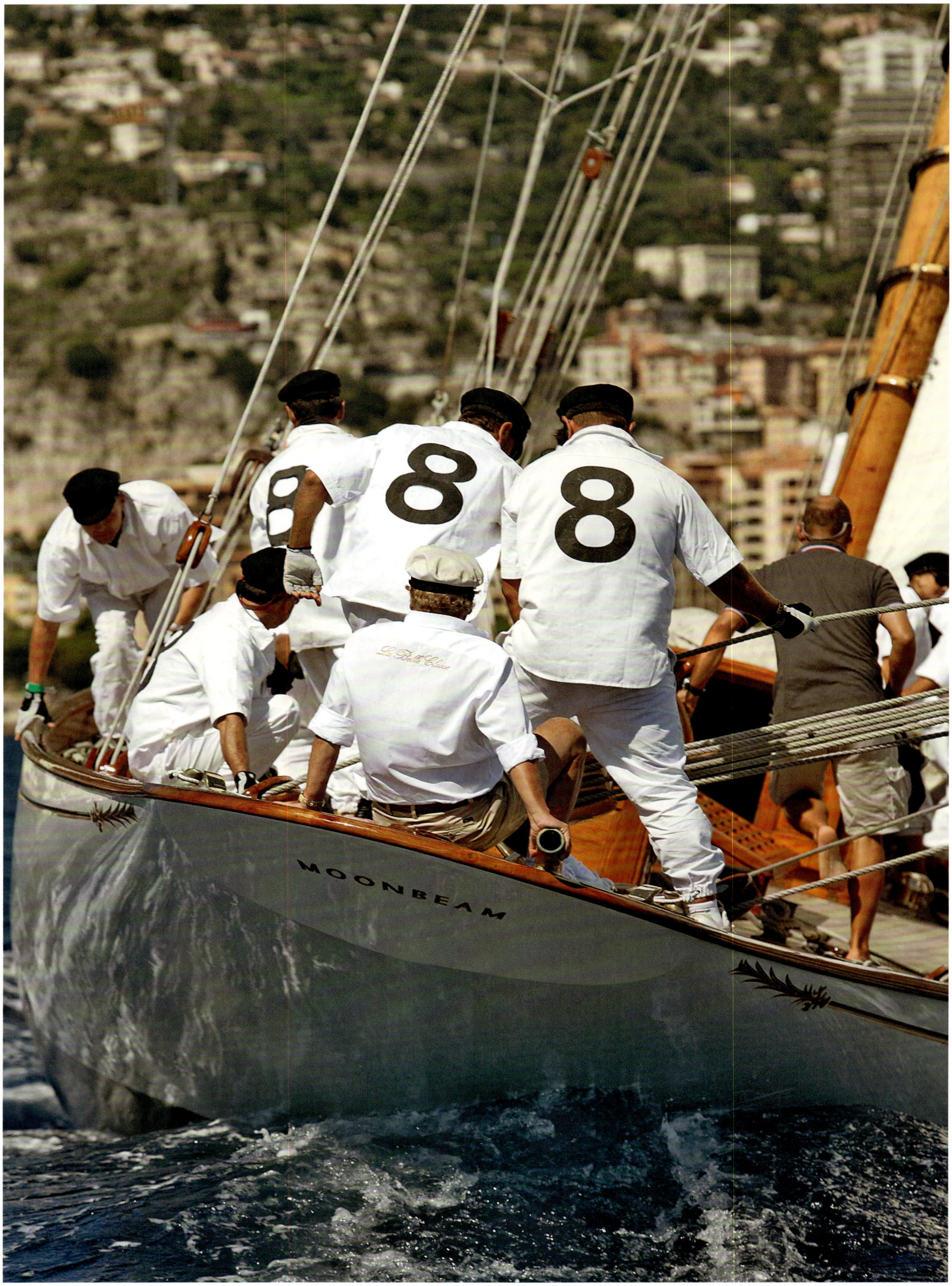
8
8
8
MOONBEAM

Konzentriert hält Kapitän Mikael Créac'h bei den »Voiles de Saint-Tropez« 2010 das Steuer der *Moonbeam IV*. Über dieses außergewöhnliche Schiff aus dem Hause Fife wurde in den Medien wahrscheinlich schon mehr berichtet als über irgendeine andere klassische Yacht unserer Zeit. Die schwungvollen Linien, die imposanten Aufbauten, aber auch die Authentizität von Schiff und Besatzung konnten bei Klassiker-Treffen immer wieder die Massen begeistern. Die Firma Fairlie Restoration machte bei der Restaurierung keine Zugeständnisse an die Moderne. Alles an Bord wird von Hand verrichtet. Da die Hände bei Arbeiten wie dem Dichtholen eines Segels schwer beansprucht werden, trägt die Mannschaft Handschuhe. Ein besonderes Glanzlicht in der aufregenden Geschichte des 1914 vom Stapel gelaufenen 32 Meter langen Gaffelkutters war die Hochzeitsreise von Grace Kelly und Prinz Rainier von Monaco, der die *Moonbeam IV* 1950 erworben hatte.

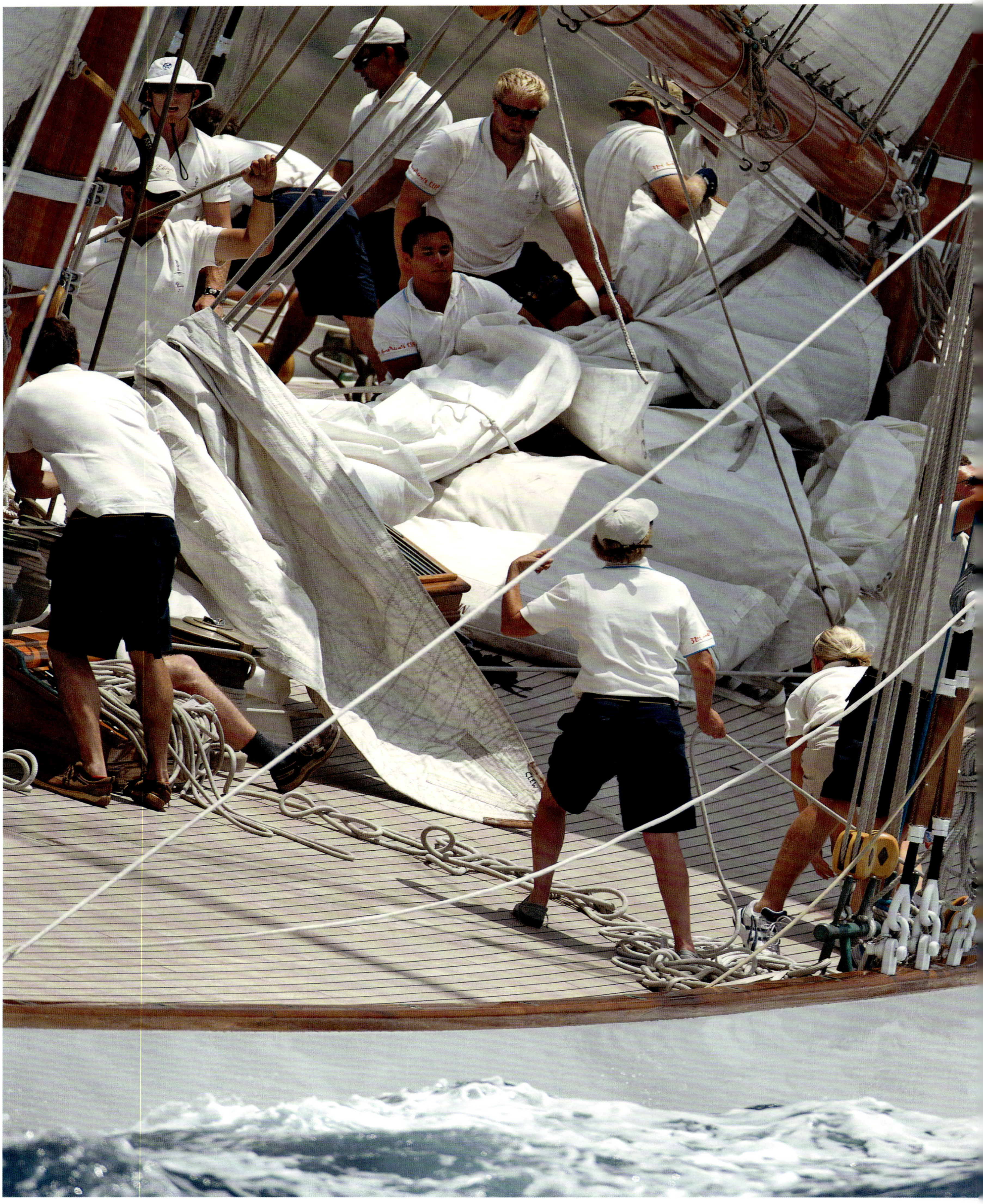

Eleonora ist eine Replik des mythischen Gaffelschoners *Westward*, der 1910 erstmals in See stach und mit außergewöhnlichen Leistungen Geschichte schrieb. Im Zuge dieser Erfolge wurde der Steuermann Charlie Barr als Seefahrer ebenso legendär wie die *Westward* selbst. Ed Kastelein, der Initiator des Nachbaus, richtete sich bei dem Projekt nach den Originalplänen des genialen *Westward*-Architekten Nathanael Herreshoff und nach historischen Fotos, um *Eleonora* möglichst identisch nachzubilden. Im Jahre 2000 konnte die niederländische Werft Van der Graaf die fertige Yacht mit drei gaffelgetakelten Masten, 49,50 Metern Gesamtlänge und 1100 Quadratmetern Segelfläche zu Wasser lassen. Zum normalen Segeln sind mindestens neun feste Besatzungsmitglieder notwendig, auf einer Regatta sind es 31. In den letzten Jahren hat *Eleonora* bereits einen großen Teil des Erdballs umrundet. Erst kürzlich überquerte sie den Atlantik für eine Art Pilgerfahrt zu Nathanael Herreshoffs Werft in Bristol mit einem Schottlandbesuch auf der Rückroute, von der der Mannschaft unvergessliche Erinnerungen bleiben.

Bei der Regatta

Seit jeher ist es ein Traum der Seeleute, mit ihrem Boot schnell zu segeln. Ein Handelsschiffer, der beispielsweise früher im Hafen ankommt als die Konkurrenz, kann seine Waren – nach dem Gesetz von Angebot und Nachfrage – zu einem besseren Preis verkaufen. Wer schnell ist, trägt auch ein geringeres Risiko, in ein Unwetter zu geraten, der Skorbut anheim zu fallen, von Piraten beziehungsweise als Schmuggler von der Küstenwache erwischt zu werden oder auf feindliche Fregatten zu stoßen. Kurzum, die Höchstgeschwindigkeit eines Seglers war für Eigner, Konstrukteure wie Schiffbauer immer schon ein entscheidender Faktor. Auch wenn sich die Menschen in antiken Zeiten bereits zu maritimen Wettbewerben versammelten, gilt heute die Auffassung, dass die ersten internationalen Segelregatten erst im 19. Jahrhundert durchgeführt wurden. Einer der ältesten sportlichen Wettkämpfe der Welt, der heute noch durchgeführt wird, ist der »America's Cup«. 1851 traten Amerikaner und Briten erstmalig zu einer Umsegelung der Isle of Wight gegeneinander an, die vom Schoner der Amerikaner gewonnen wurde. Seitdem entwickelte sich der Segelsport nach und nach zum Volkssport. Und eines steht fest: Besser als während einer Regatta kann man das Segeln nicht erlernen. Segelclubs veranstalten daher für alle Ausbildungsniveaus Regatten oder nehmen zumindest an ihnen teil. Die Mannschaften auf den übertakelten und bis zur Leistungsgrenze getriebenen Schiffen lernen zwangsläufig, sich aufeinander abzustimmen, wenn sie die Ziellinie als Erste überqueren wollen. Erfolg hat nur, wer gut koordiniert seine Manöver fährt, und das über die gesamte Länge der Strecke, egal ob es sich dabei um einen Parcours um drei Tonnen oder eine Weltumrundung handelt. So einfach es in der Theorie auch scheint, die Praxis birgt ihre Schwierigkeiten, insbesondere auf sehr schnellen oder komplex getakelten Schiffen, wenn der Wind nicht so weht, wie er eigentlich sollte.

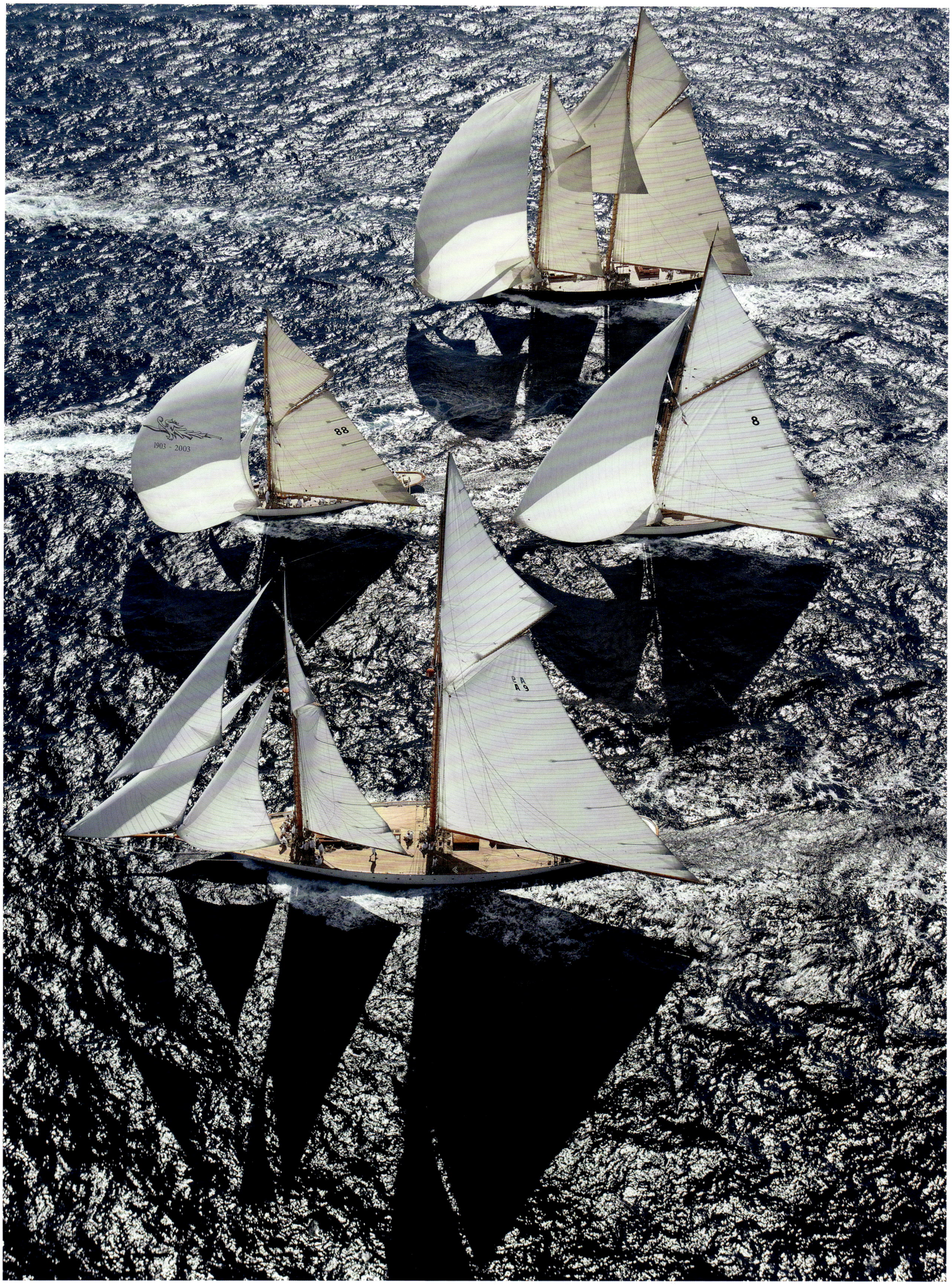
88
1903 - 2003
8
A9

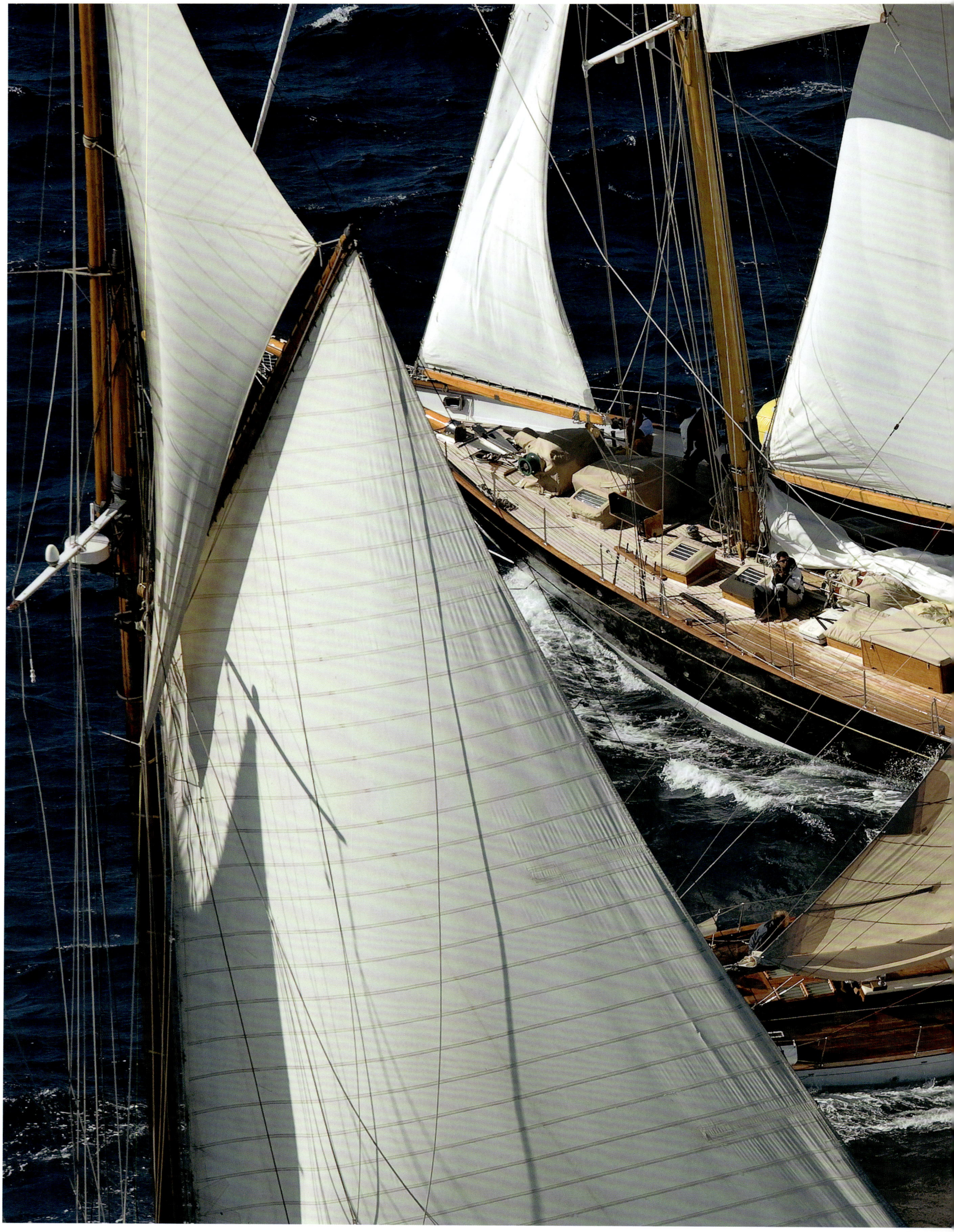

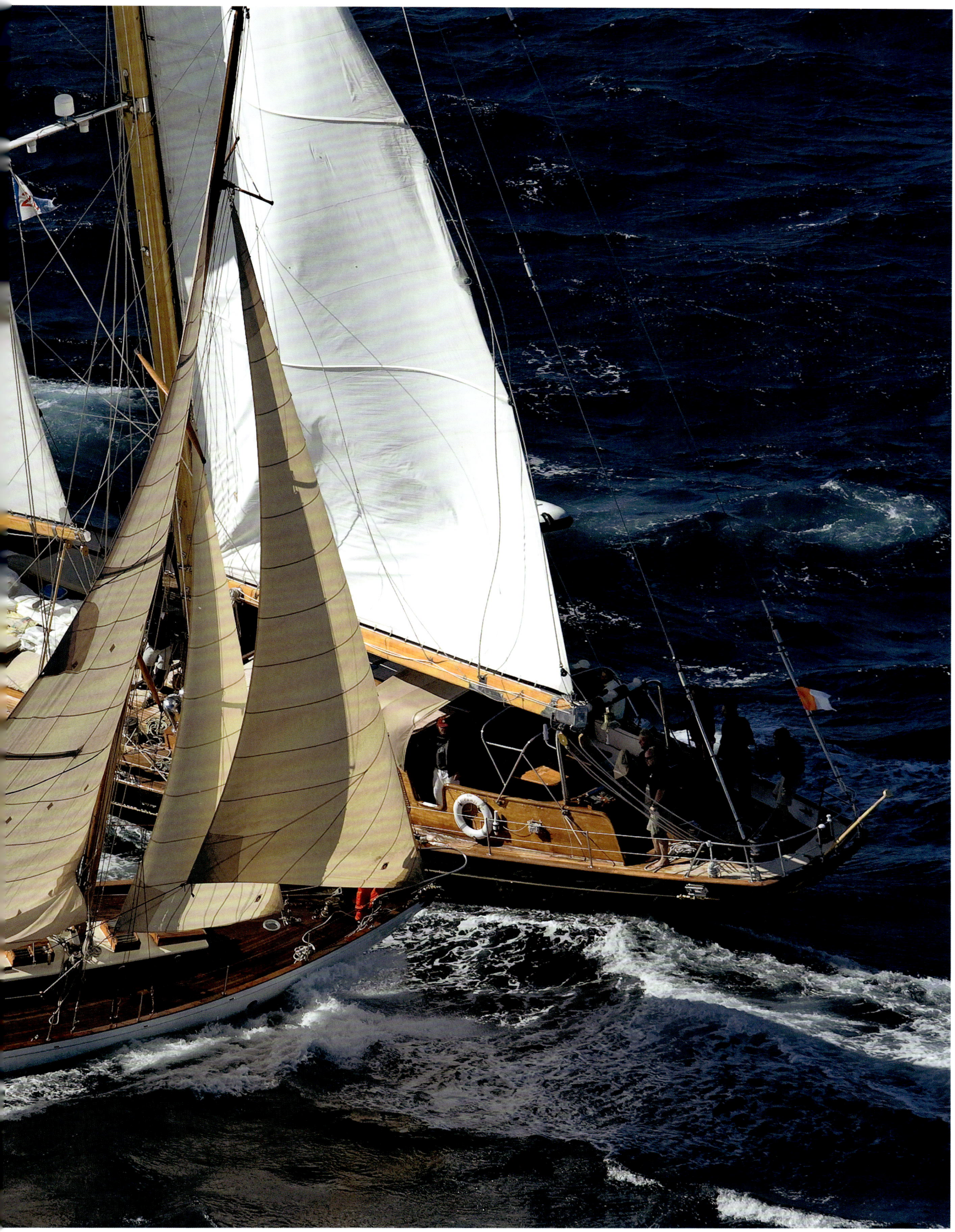

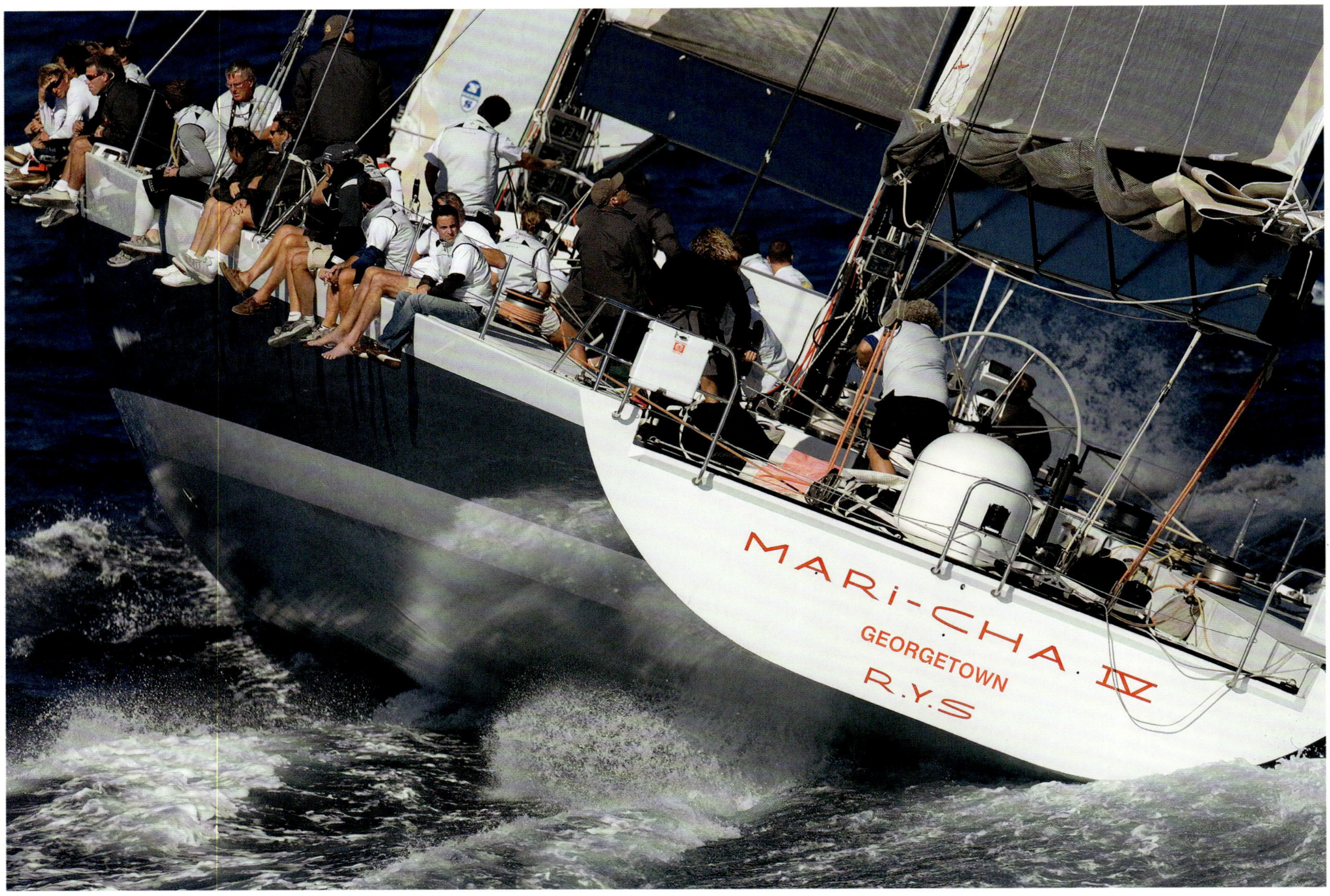
MARI-CHA IV
GEORGETOWN
R.Y.S

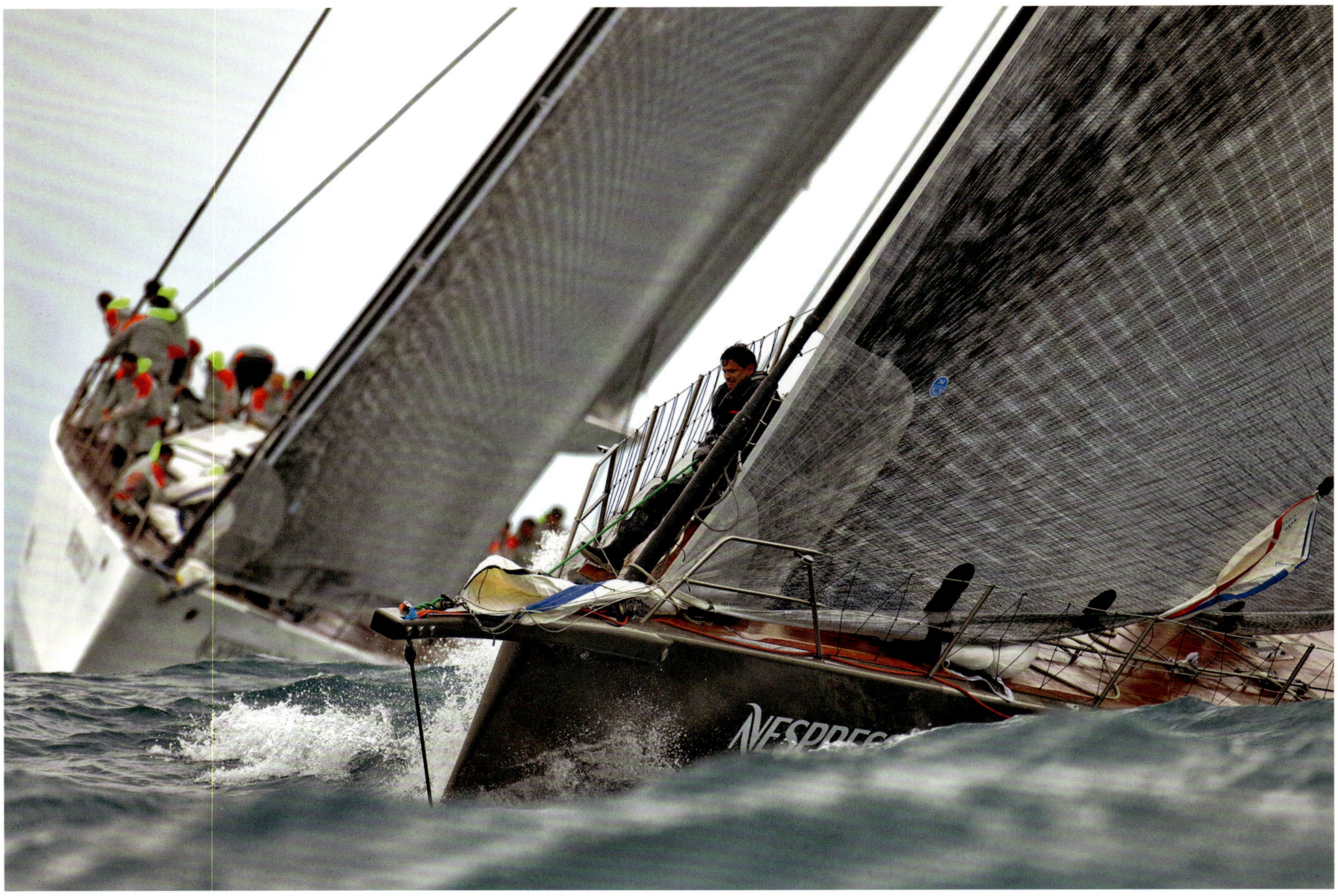

▼

Die *Mari-Cha IV*, heute *Senso One*, ist ein 43-Meter-Schoner aus der Feder von Philippe Briand, den dieser entwickelte, um Charlie Barrs seit 1905 ungeschlagenen Rekord der Atlantiküberquerung zu brechen. 2003 wurden seine Bemühungen schließlich von Erfolg gekrönt, und er stellte ganz nebenbei einen neuen Weltrekord auf. Nie zuvor hatte ein Einrumpfboot innerhalb von 24 Stunden eine längere Strecke zurücklegt: über 500 Seemeilen, bei Höchstgeschwindigkeiten von mehr als 40 Knoten! Die *Senso One* gilt noch heute als eines der schnellsten Einrumpfboote der Welt.

▲

Die Wally-Flotte im Regattafieber bei der ersten Ausgabe des »Nespresso Cup« im Mai 2010. Dieses Rennen in Portofino an der italienischen Küste ist nur Yachten aus dem Hause Wally vorbehalten. Erster Sieger wurde die *Magic Carpet 2*, dicht gefolgt von der *J One*.

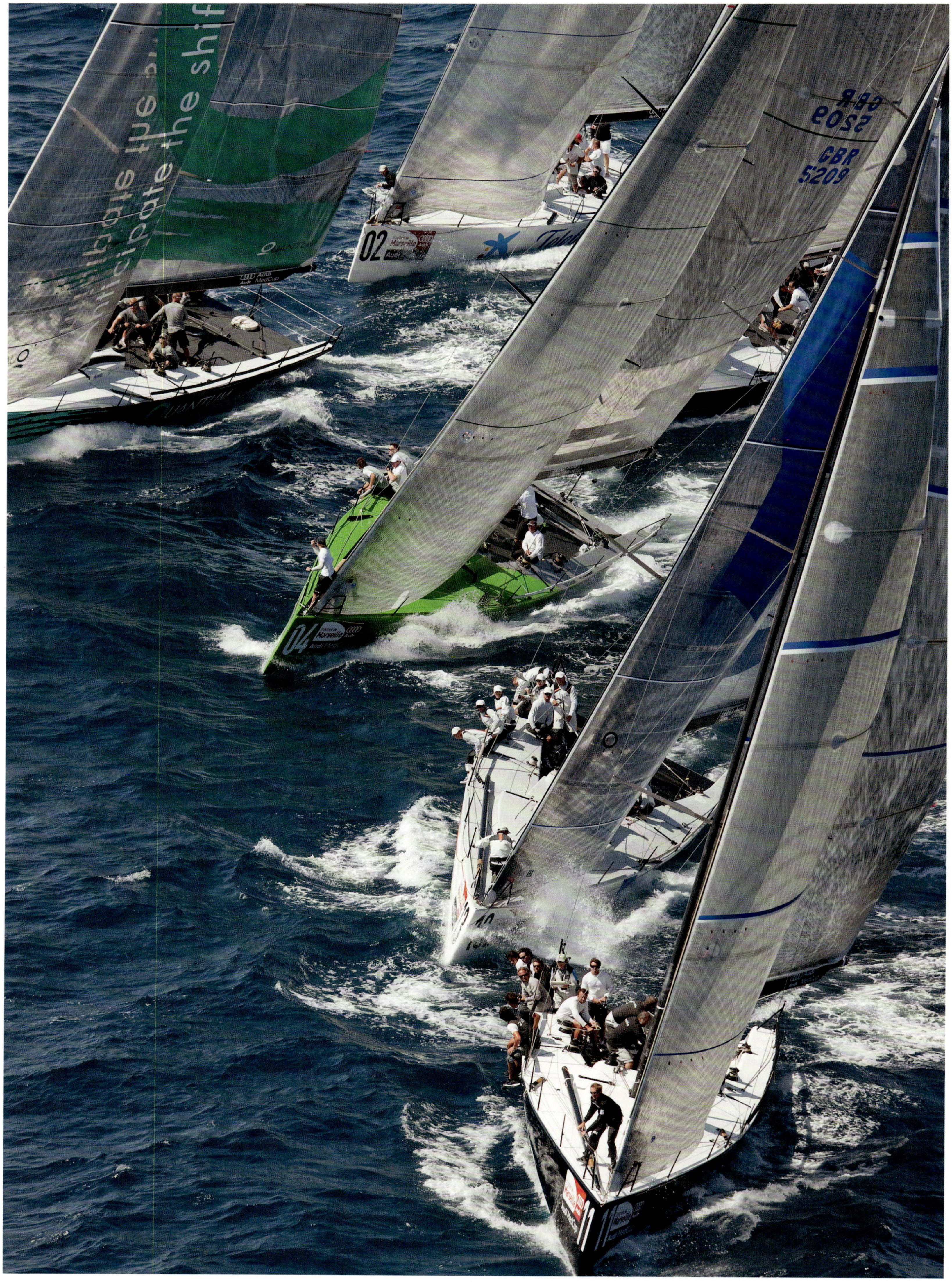
GBR
5209

◀

Von unten nach oben und links nach rechts: *Eilean*, *Moonbeam of Fife*, *Moonbeam IV* und *Sunshine* unter Vollzeug bei der »Monaco Classic Week« 2009.

▲

Diese schönen kleinen Schiffe mit weinroten Segeln heißen Bembridge Redwings. Charles Nicholson entwarf diese Bootsreihe im Jahre 1896. Die ersten 14 Exemplare konnten bereits 1897 gegeneinander antreten. Ihr Name ist der Stadt Bembridge auf der Isle of Wight entliehen, wo die Regatten durchgeführt werden. Die Reihe gibt es immer noch, und sie fährt weiterhin Rennen, wie hier bei der »Cowes Week« 2010.

Die *J One* gerät in Lee der *Esense*, die sich ihrerseits im Lee eines anderen Bootes befindet. Auch wenn die *J One* im Vergleich zur 43 Meter langen *Esense* klein und zierlich wirkt, misst die ehemalige *Magic Carpet* ganze 24 Meter. Für Jean-Charles Decaux, Steuermann und Eigner der *J One*, gibt es nur eine Lösung: abfallen und den vorfahrtsberechtigten Gegner achtern passieren.

▲

Die *Atlantic* im Wind und die *Créole* in Lee bei der Regatta. Die Treffen der wenigen Dreimastschoner, die es heute noch gibt, sind für Segelfreunde große Momente. Man beachte die Unterschiede bei der Takelung: die Gaffelsegel auf der *Atlantic* und die Hochsegel auf der *Créole*.

▶▶

Die Gischt an den Vordersteven dieser konkurrierenden Wallys zeigt deutlich, was für Geschwindigkeiten die beiden Maxiyachten, hier bei der »Voiles de Saint-Tropez« im Jahre 2010, erreichen können.

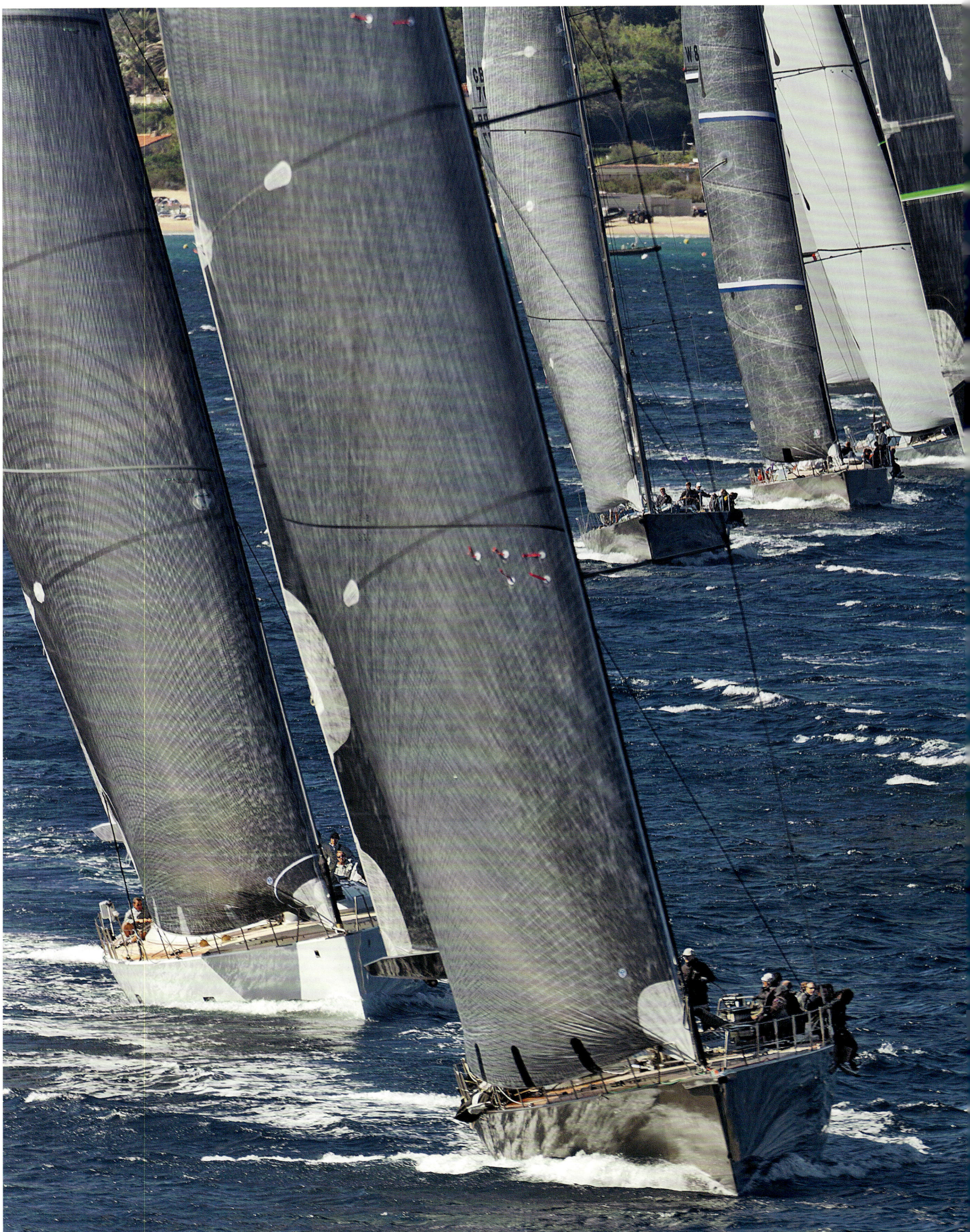

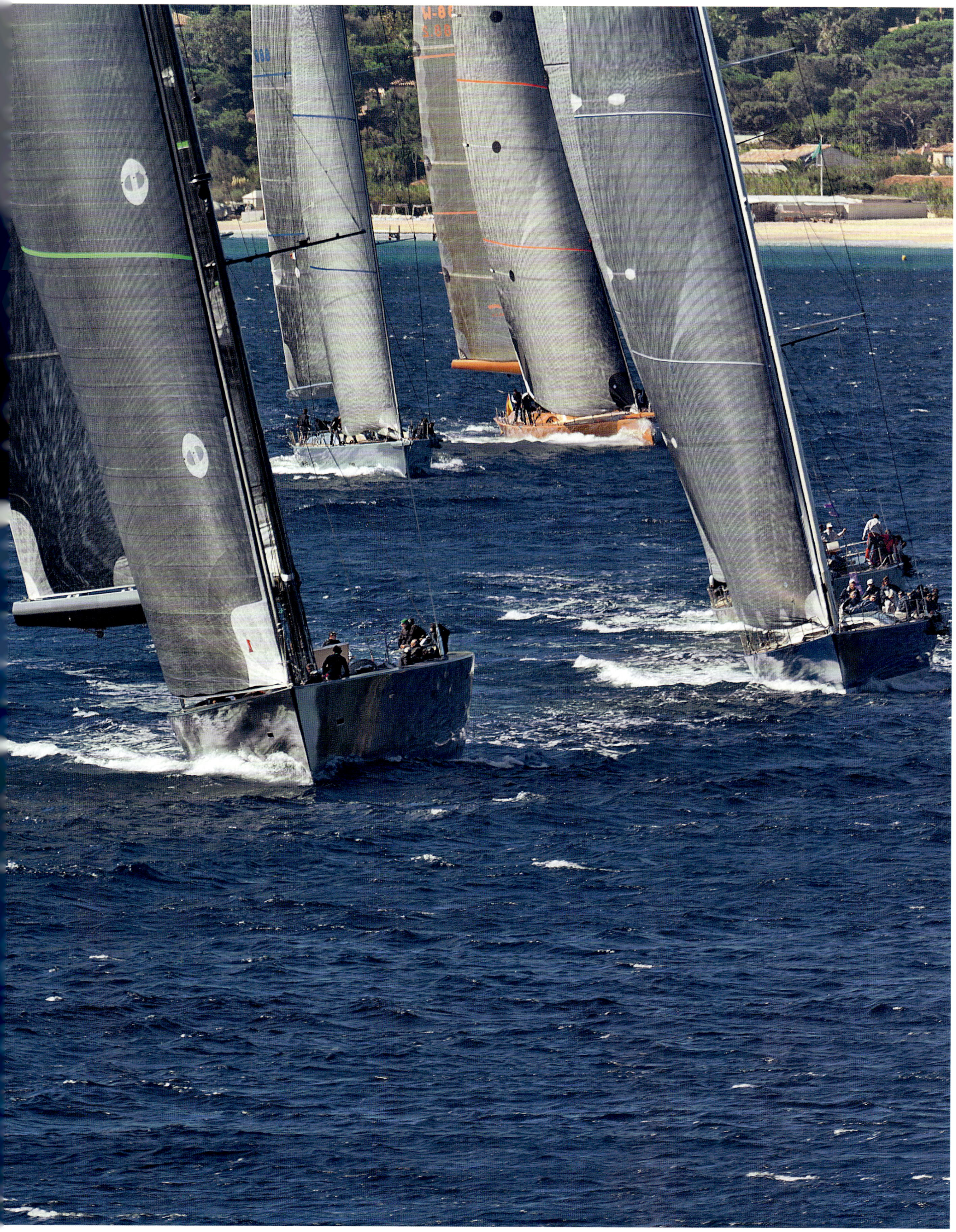

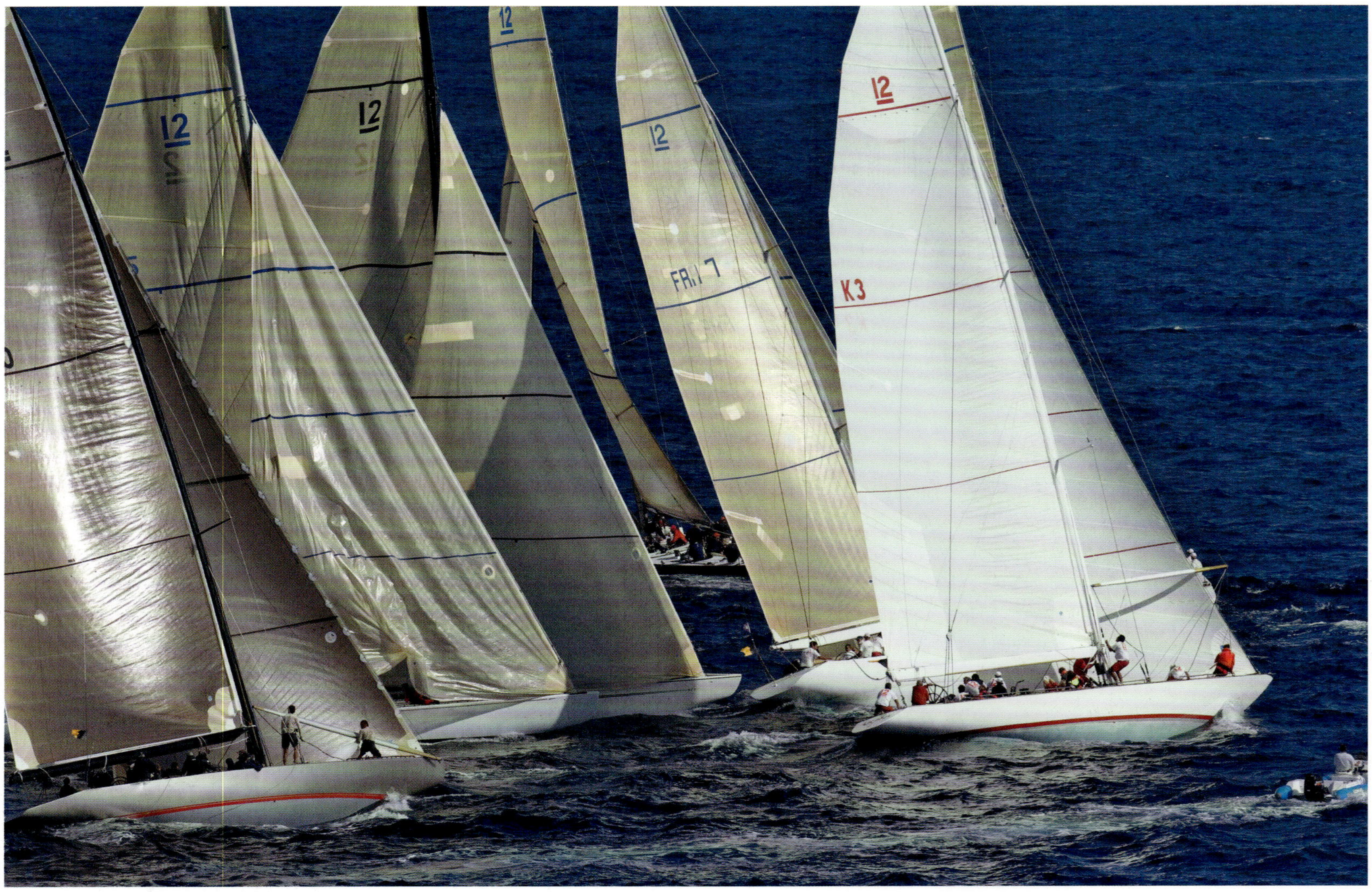
12
K3

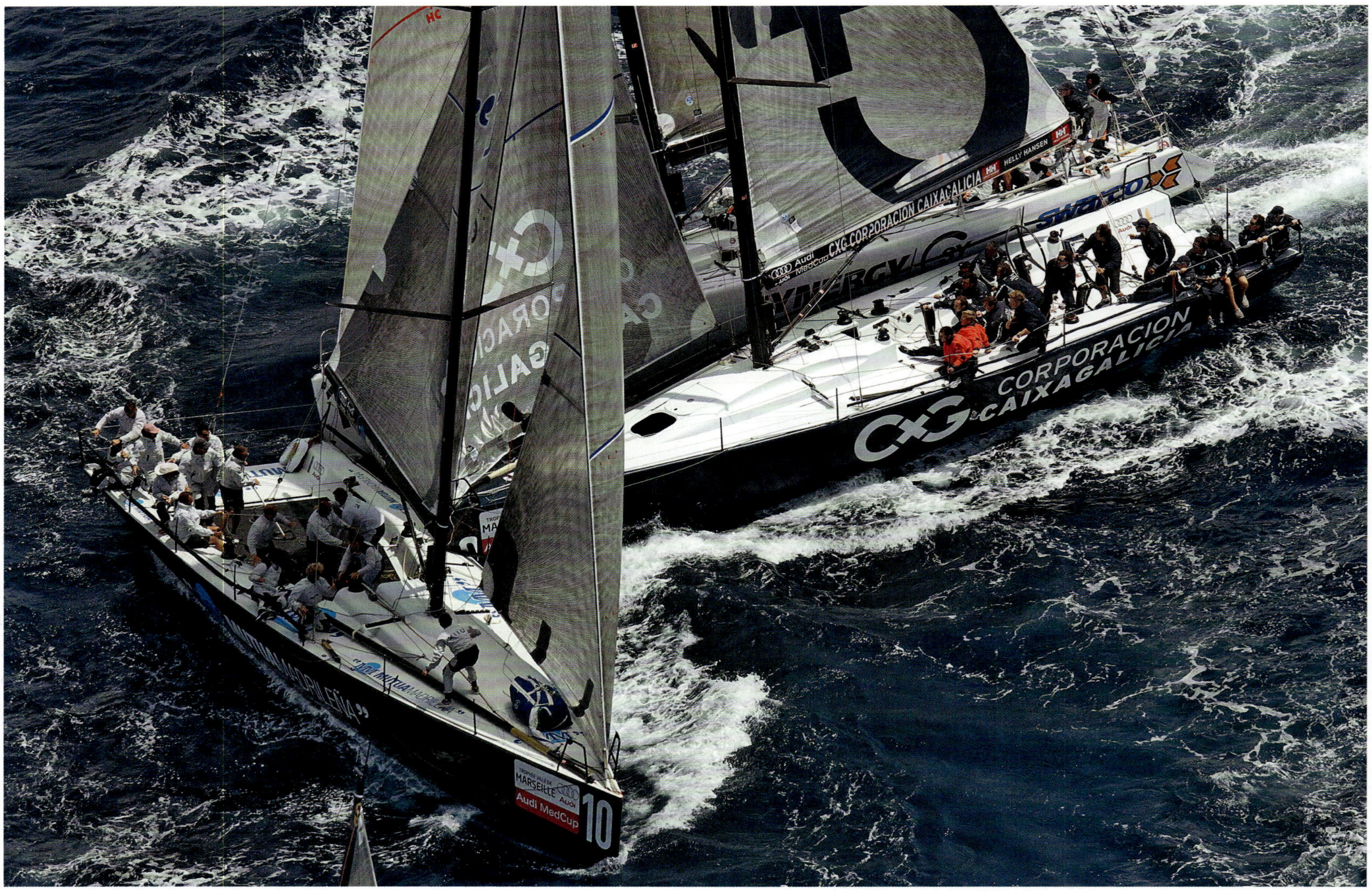
CORPORACION
CAIXAGALICIA
Audi MedCup
10

▼
Der Bugmann dieser Wally auf dem unteren Bild sieht beunruhigt nach Backbord, wo sich mit Höchstgeschwindigkeit eine ganze Gruppe Konkurrenten nähert.
Auch wenn hier ein Zusammenstoß vermieden wird, kommt es bei Regatten oft zu Zwischenfällen mit zuweilen beträchtlichen Schäden.

▲
Gedränge von zwei Swan 45 an der Tonne. Die Schiffe berühren einander fast, doch die geschickten Steuerleute können das Schlimmste verhindern.

Segelsport und Lebensart

Die meisten Segler haben gelernt, sich Zeit zu nehmen, entspannt zu leben und auch inmitten größter Hektik den Tumult des Alltags zu vergessen. Ein Luxus und eine Lebenseinstellung! Mehr noch, darin liegt wahre Lebenskunst. Es ist doch ein ganz besonderer Moment, wenn der Segelfreund nach geselligen Stunden wieder in die Ruhe seines Bootes zurückkehrt und die Harmonie des Ortes genießen kann. Hat man das laute Leben auf dem Steg hinter sich gelassen, übernehmen Innigkeit und Eleganz das Ruder, ohne allerdings den Kontakt zu anderen Menschen auszuschließen. Ganz im Gegenteil: Der Segelsport bietet vielen Menschen die Möglichkeit, sich bei Versammlungen, Shows und Regatten mit gleich gesinnten Segelfans zu treffen. Solche Veranstaltungen sind einerseits ein willkommener Anlass, um mit Freude zur See zu fahren, andererseits gestatten sie auch, sich stolz vor anderen zu präsentieren und zu zeigen, dass man sein verehrtes Boot, wie es sich gebührt, wirklich perfekt ausgestattet hat. Das Schiff wird somit zu einem Aushängeschild für die Voraussicht und das Geschick des Bootseigners. Der betriebene Aufwand sollte jedoch möglichst nicht zu Tage treten: Strenge und Akkuratesse werden mit Nonchalance und Lässigkeit überspielt. Denn als Erben einer Marinetradition, in der großer Wert auf Disziplin und Stoizismus gelegt wurde und sich die Seeleute das harte Leben mit Humor und Alkohol erträglicher machten, lassen auch die heutigen Schiffer keine Gelegenheit aus zu feiern. Aber mit Stil. Das ist Lebensart.

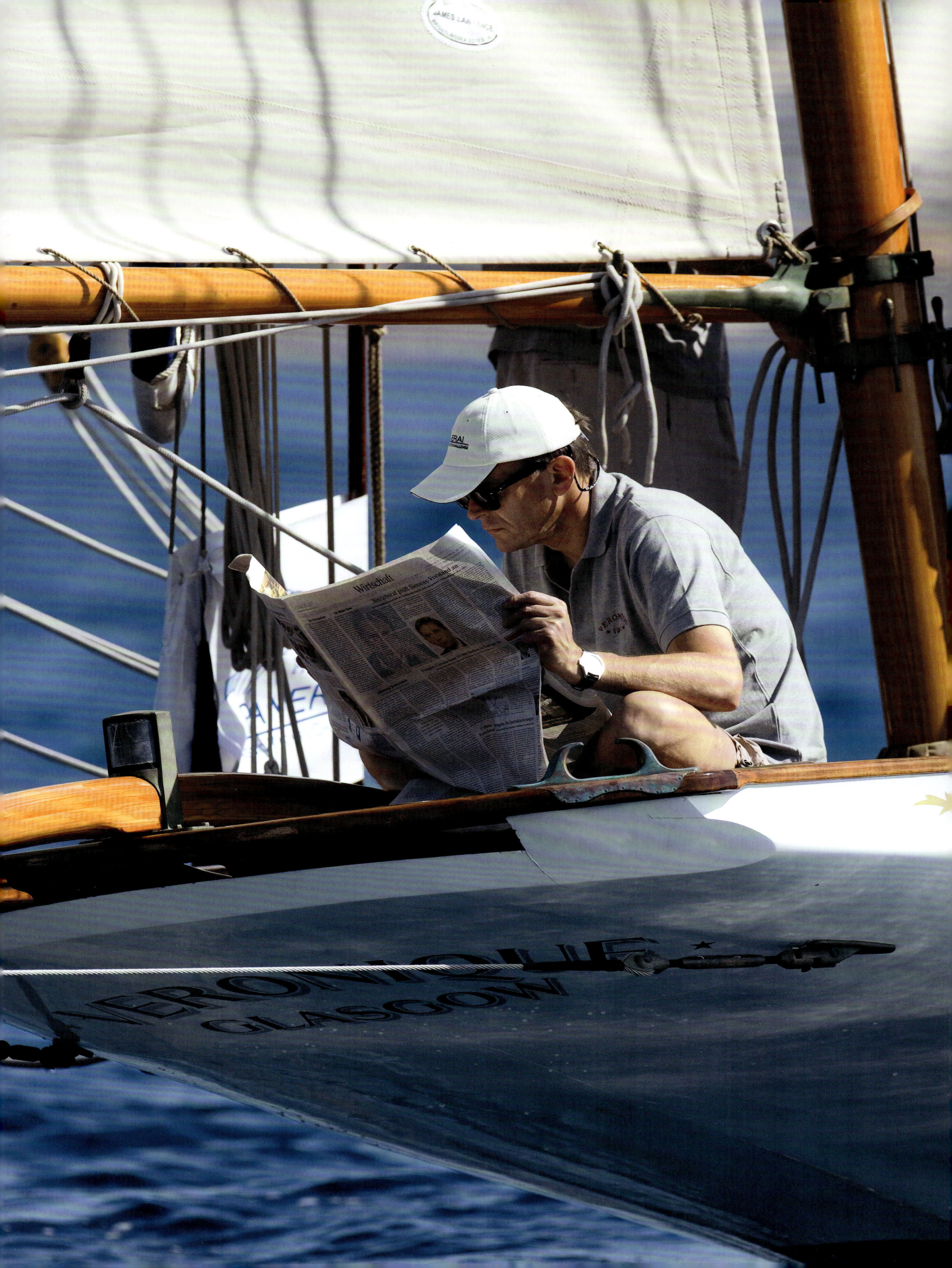
Wirtschaft
VERONIQUE
GLASGOW

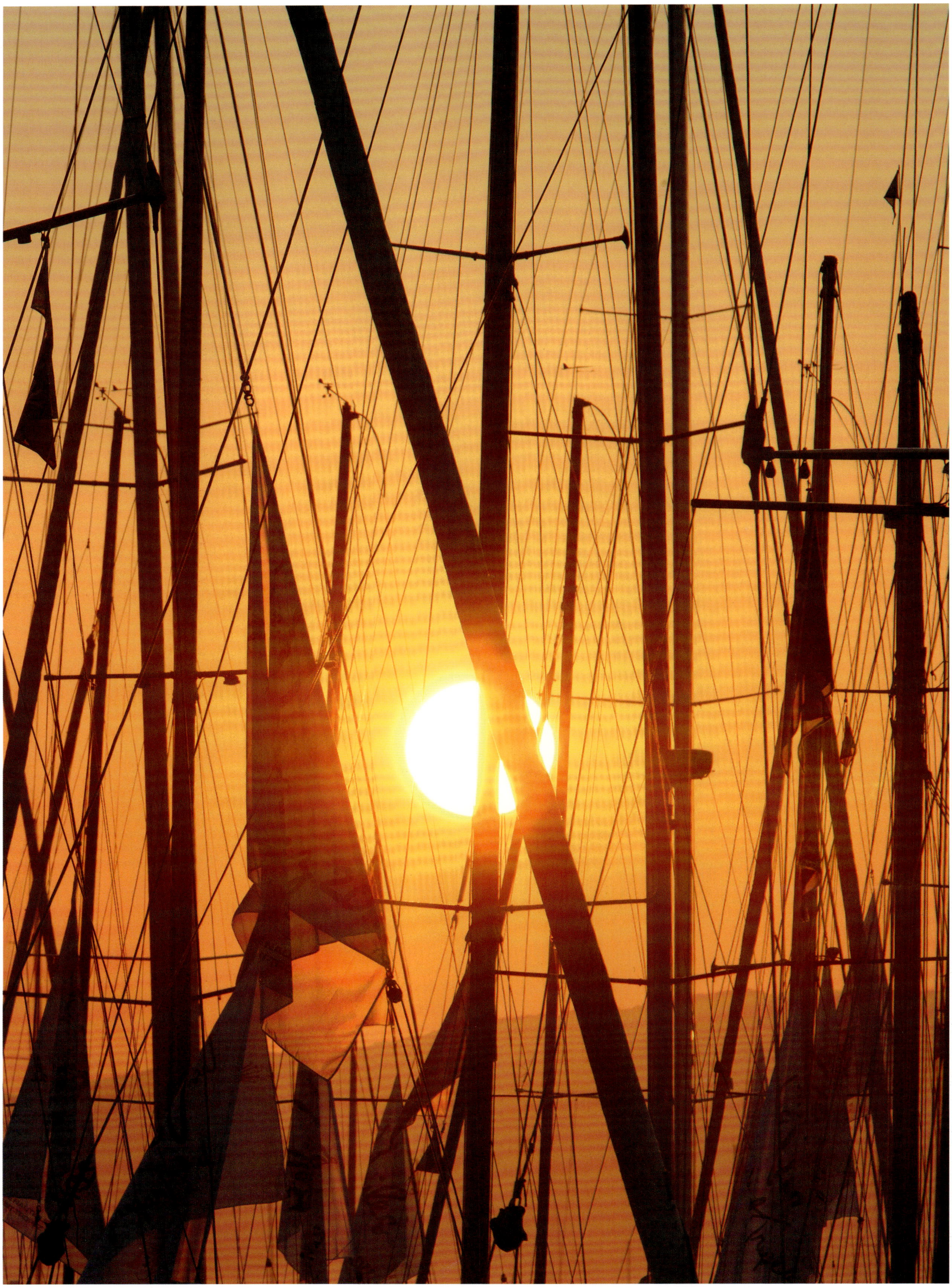

Regatten und Zusammenkünfte

Die »Voiles de Saint-Tropez«, die »Monaco Classic Week«, die »Régates Royales« in Cannes, die »Voiles d'Antibes«, die »Vele d'Epoca di Imperia« und die »Cowes Week« sind nur einige der vielen für Segelliebhaber unumgänglichen Treffen. Die schönsten Ereignisse des Yachtsports trugen sich bei diesen Treffen zu, bedeutungsvolle Begegnungen wie das Generationentreffen verschiedener Boote aus dem Hause Fife. Bei den »Voiles d'Antibes« 2009 etwa lieferte sich die *Moonbeam of Fife* bei Windgeschwindigkeiten um die 30 Knoten ein unvergessliches Kopf-an-Kopf-Rennen mit der *Moonbeam IV*. Und kürzlich bei der »Monaco Classic Week« und den »Voiles de Saint-Tropez« 2011 gab es ein Treffen der drei 15mR-Yachten *Mariska*, *Tuiga* und *The Lady Anne*, die die frisch überholte *Hispania* in ihren Kreis aufnahmen, das Nesthäkchen, die nach ihrer Restaurierung durch Fairlie Restoration noch nicht öffentlich in Erscheinung getreten war. Von den neunzehn 15mR-Booten, die zwischen 1907 und 1913 vom Stapel liefen, sind heute nur diese vier Prachtstücke aus dem Hause Fife noch seetauglich. Und wenn man weiß, dass *Tuiga* die Repräsentantin von Prinz Albert von Monaco ist und *Hispania*, die 1909 für König Alphonse XIII. gebaut wurde, nur auf den Wunsch und mit der Unterstützung von König Juan Carlos von Spanien wieder zu Wasser gelassen werden konnte, dann versteht man, dass Veranstaltungen mit zwei Schwesterschiffen wie *Tuiga* und *Hispania* nicht allein eine sportliche Dimension und Resonanz haben: Die groß angelegten Segelfeste bekommen durch die Zusammenkunft geschichtsträchtiger Ausnahmeschiffe selbst eine historische Bedeutung.

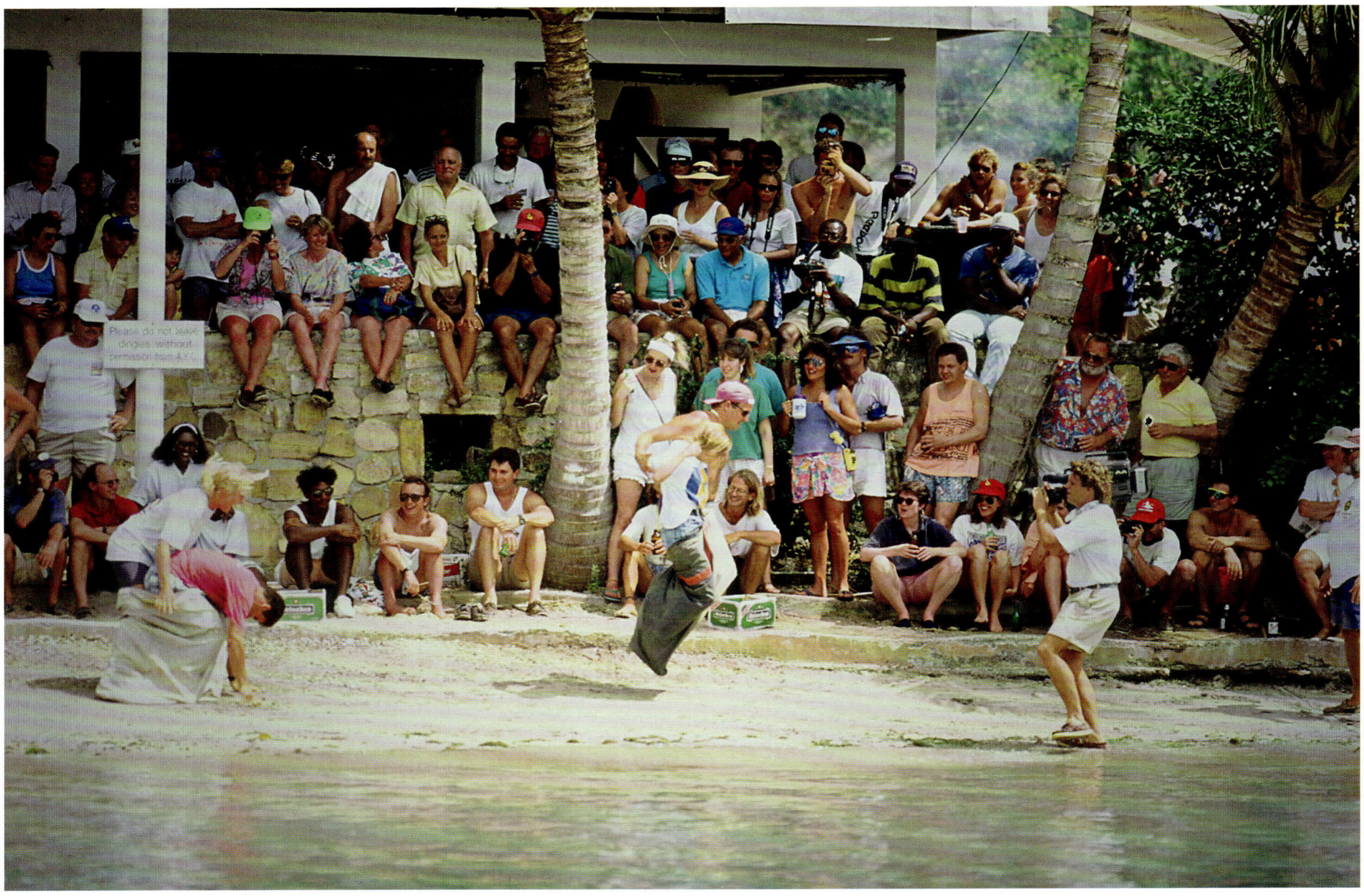

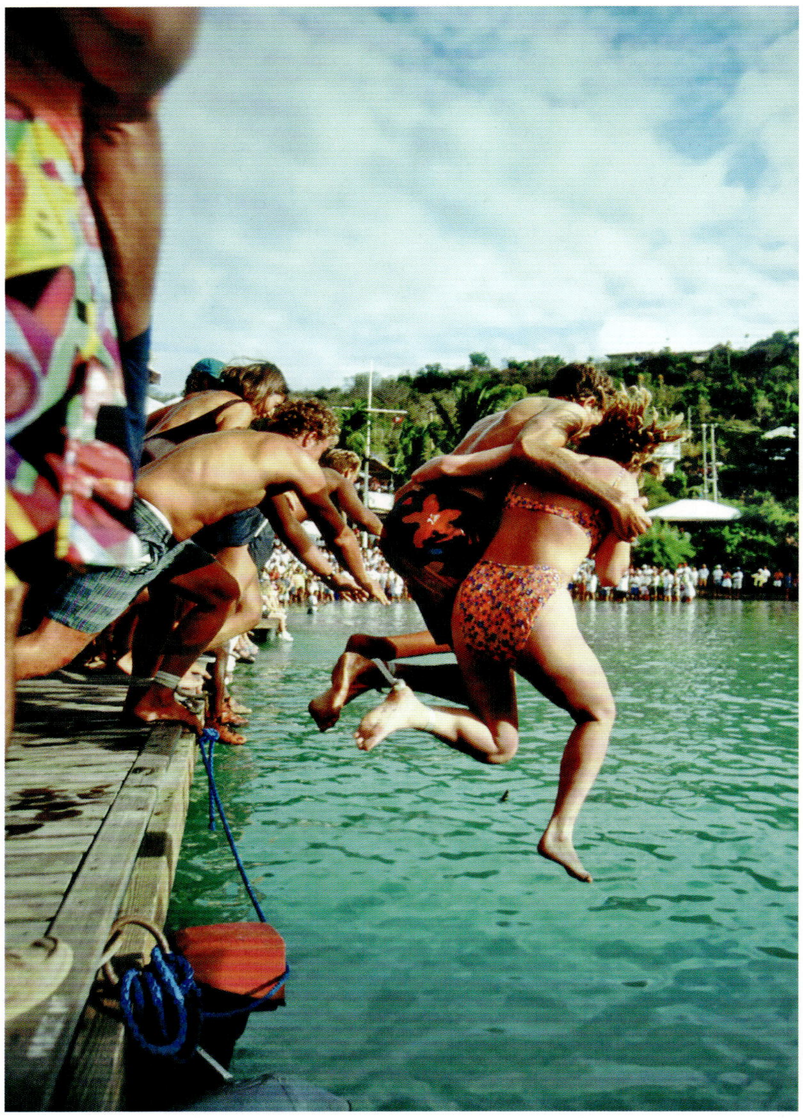

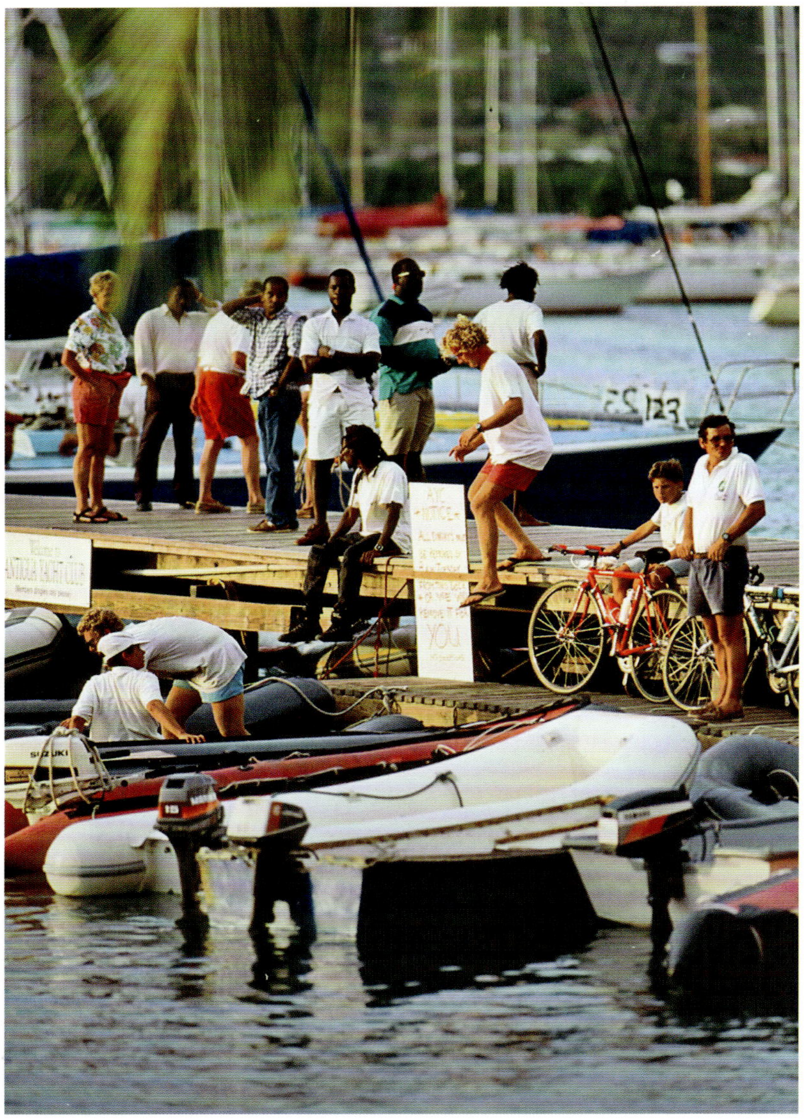

Die »Antigua Sailing Week« ist die älteste Regatta der Antillen und bestimmt das wichtigste Wassersportereignis auf dem Archipel. Jedes Jahr kommen hier über 200 Boote aller Klassen zusammen, moderne und klassische, kleine und große, schnittige Rennboote und gemütliche Kreuzfahrtschiffe. Es versteht sich von selbst, dass die Ereignisse auf dem Wasser an Land mit Ti'Punch, viel Musik und der berühmten Feierlaune der Antillenbewohner gebührend begleitet werden.

Bei den »Voiles de Saint-Tropez«, einem der wichtigsten Seglertreffen im Mittelmeerraum, das jedes Jahr im September stattfindet, spielt die Musik nicht nur auf dem Wasser, sondern ebenso an Land. Ein ganz besonderes Ereignis ist der Kostümumzug, bei dem die Mannschaften mit möglichst ausgefallenen Verkleidungen versuchen, das Publikum und die Jury des begehrten Kostümpreises zu betören. Im Jahre 2011 konnte die Mannschaft der *Java Bleue* den Wettbewerb für sich entscheiden.

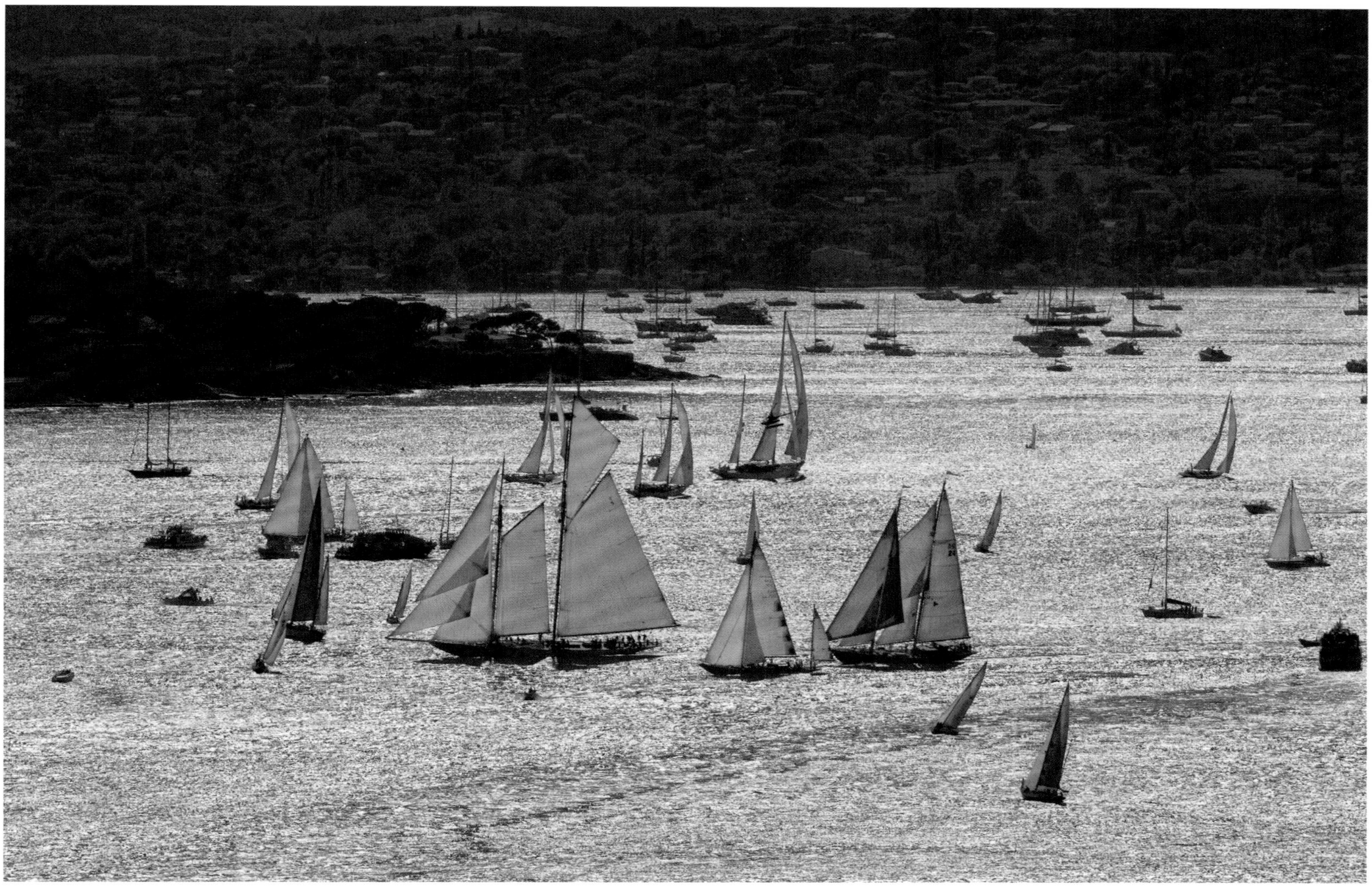

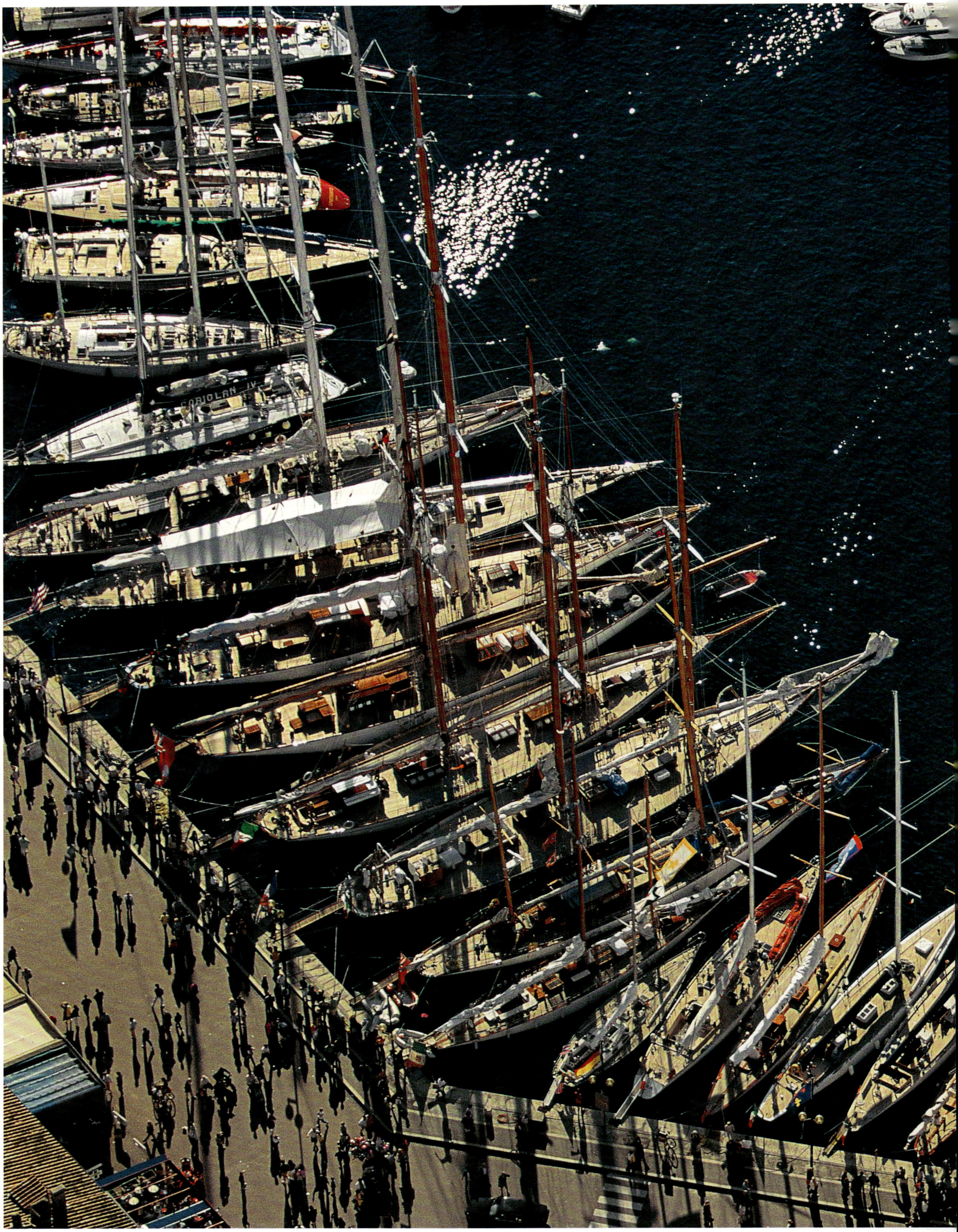

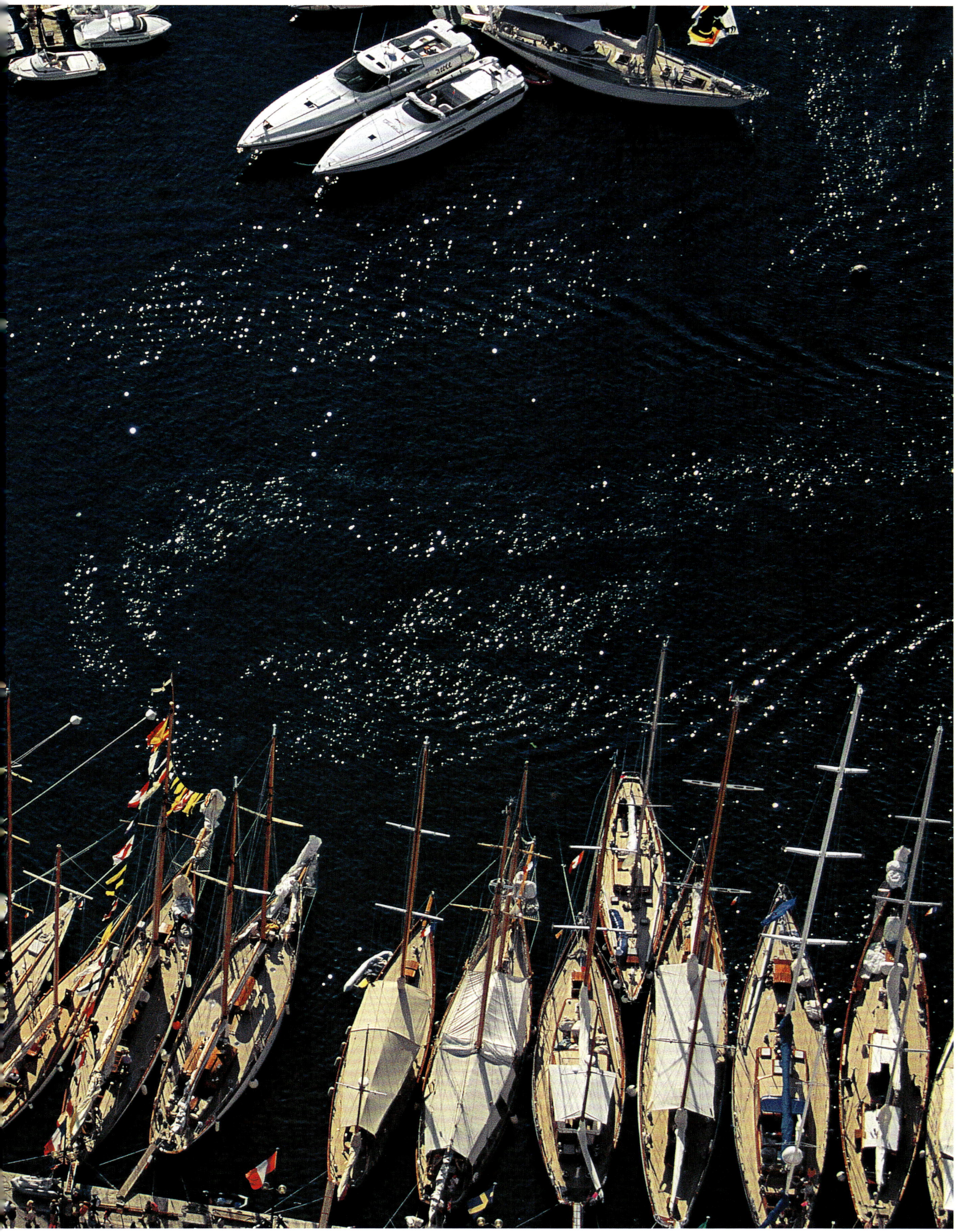

Die »Voiles de Saint-Tropez«, einstmals bekannt unter dem Namen »La Nioulargue«, sind seit Langem eines der wichtigsten Segelsportereignisse des Jahres. Sie richten sich zwar vorrangig an moderne Regattasegler jeder Couleur, stehen aber auch für Rennen der schönsten Klassiker auf höchstem Niveau. Einige Bootseigner gehen so weit, für die Regatten professionelle Steuerleute oder Kapitäne zu engagieren.

Die ebenfalls im September stattfindende »Monaco Classic Week« bietet Gelegenheit, die schönsten klassischen Yachten zu Gesicht zu bekommen. Von links nach rechts: *Eilean*, *Mariette*, *Sunshine* und *Moonbean IV* hatten sich im Jahre 2009 eingefunden, um bei diesem Anlass auch den 100. Geburtstag der prachtvoll renovierten Fife-Yacht *Tuiga* von Prinz Albert von Monaco zu begehen.

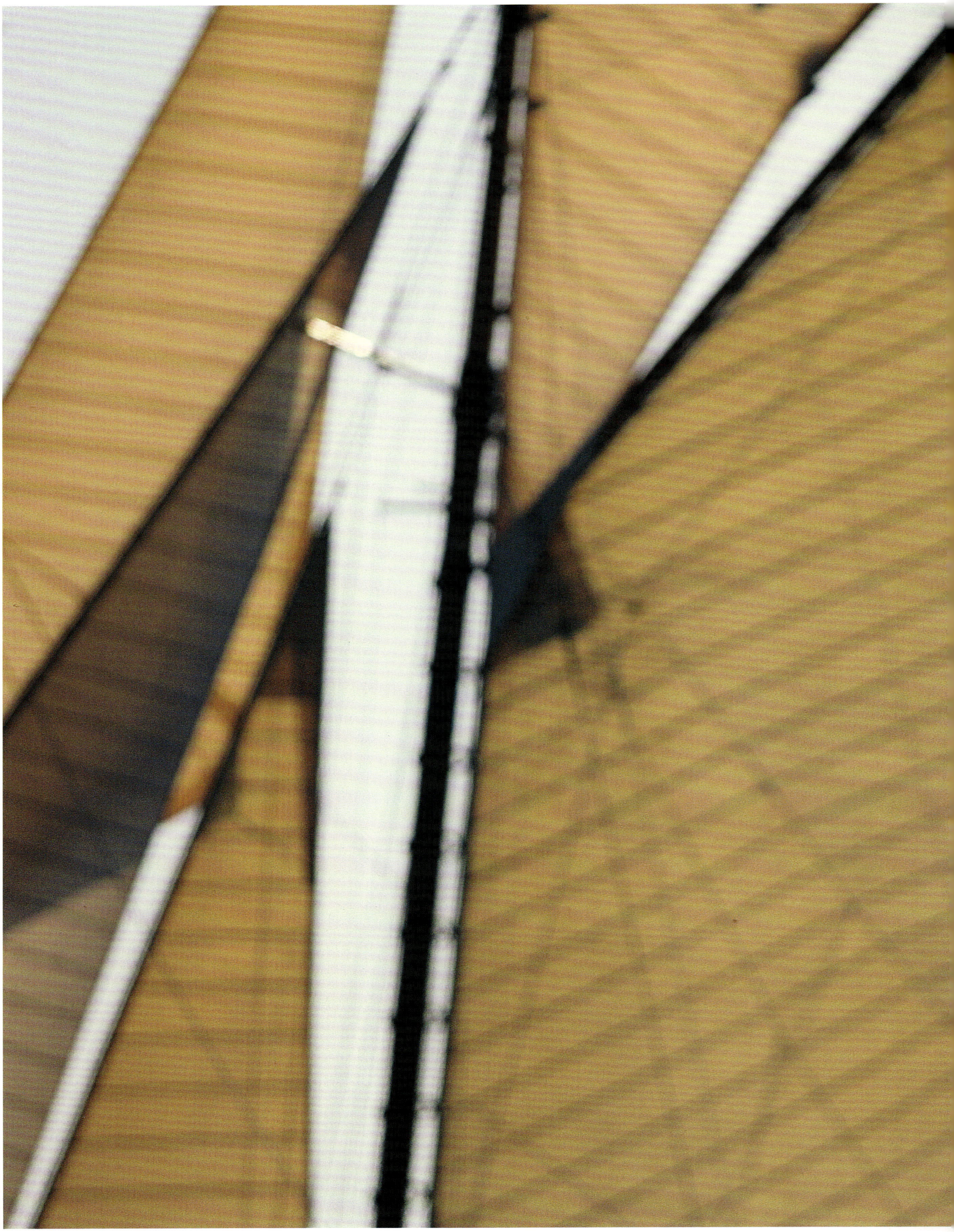

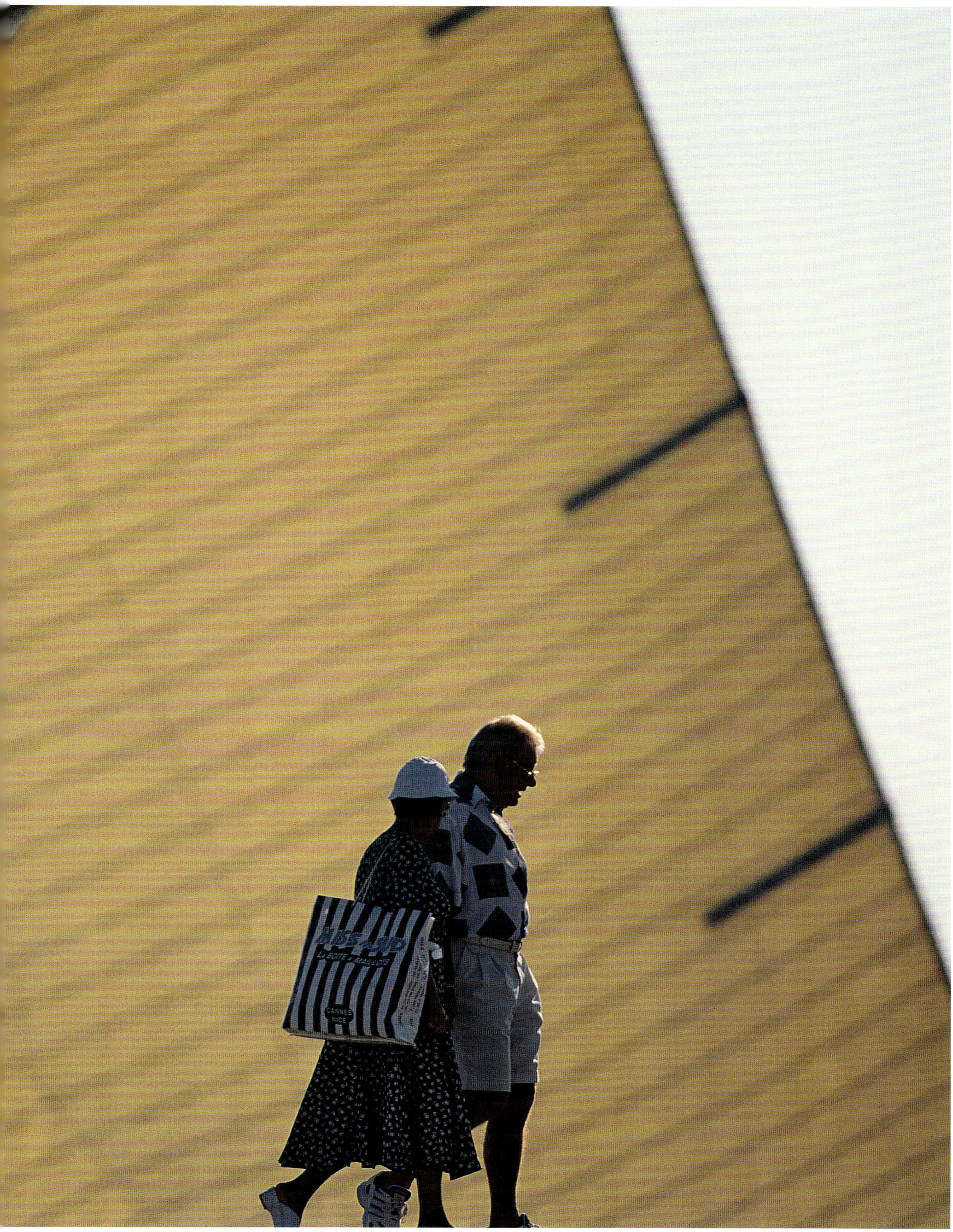

176

◀

Der feierlich beleuchtete Felsen von Monaco, hier bei der
»Monaco Classic Week«.

▲

Jedes Jahr zwischen den Rennen in Monaco und Saint-Tropez
finden die von der 1860 gegründeten Société des Régates de
Cannes organisierten »Régates Royales« in Cannes statt. Der
Name dieses Großereignisses stammt aus dem Jahre 1929, als
König Christian X. von Dänemark persönlich am Steuer seiner
6mR-Yacht *Dana* mit ins Rennen ging.

Die mediterranen Düfte und Verlockungen eines Sommerabends in Portofino. Nach der Arbeit kommt nun das Vergnügen. Die Besatzungsmitglieder haben das Ölzeug gegen Abendkleidung ausgetauscht. Die Regatten bieten auch Gelegenheit, sich bei einem Glas Wein über die Ereignisse des Tages, über Entdeckungen, Großtaten und zukünftige Projekte auszutauschen.

Portofino ist eine kleine Perle an der italienischen Riviera. Schon manchen Schriftsteller schlug sie in ihren Bann und inspirierte auch andere Künstler. Von daher ist es nicht verwunderlich, dass der »Nespresso Cup« seit 2010 an diesem Ort stattfindet. Das jährliche Treffen für Sportler und Fans ist ausschließlich Wally-Yachten vorbehalten.

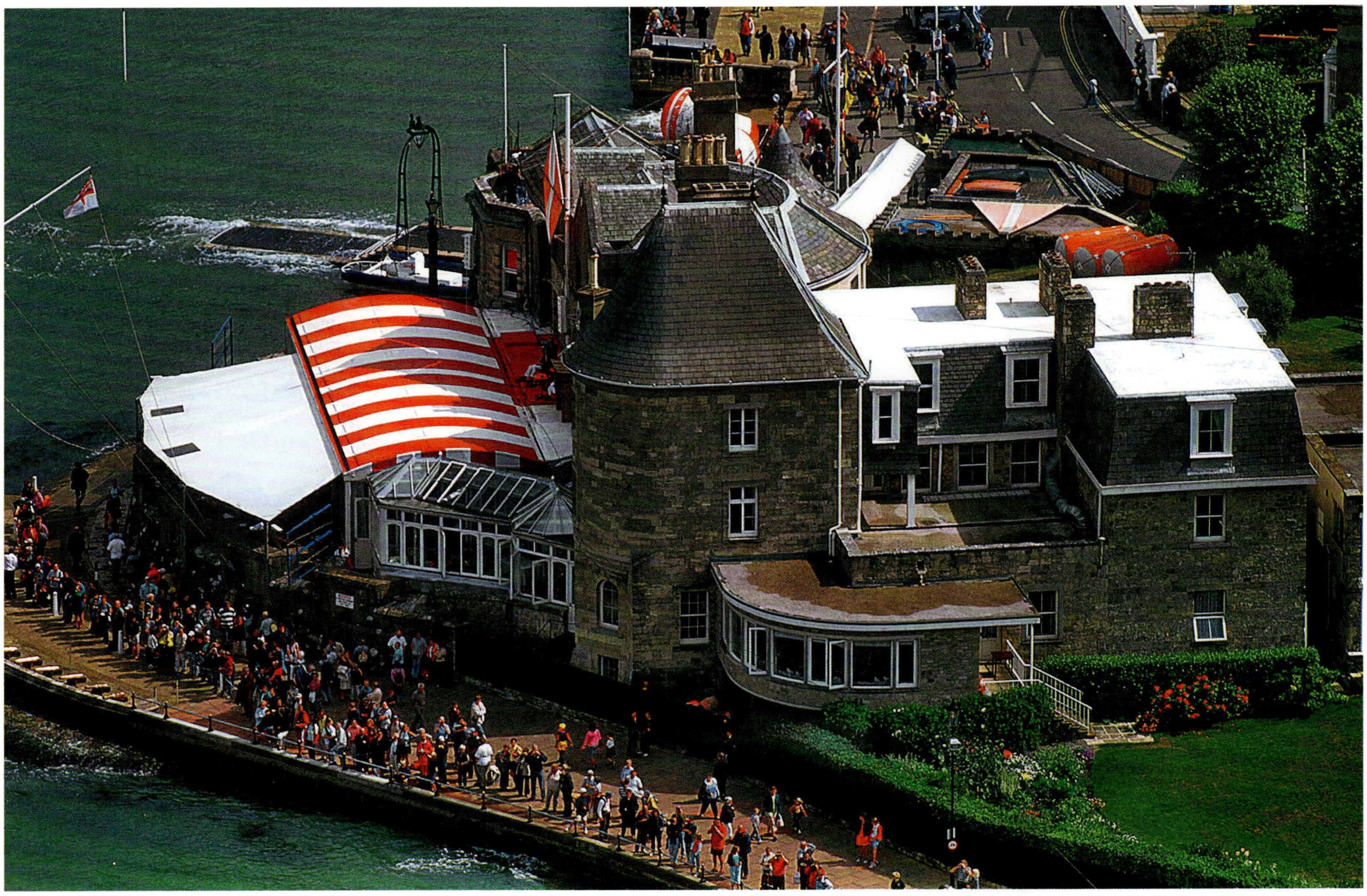

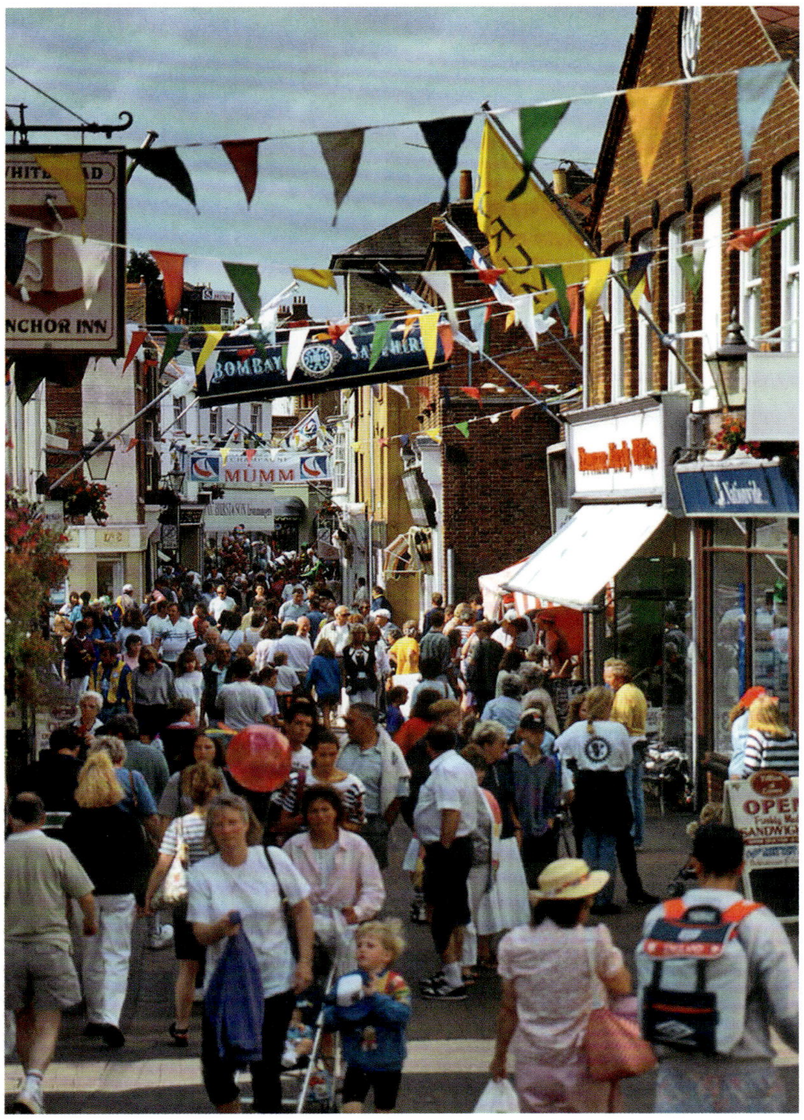
MUMM

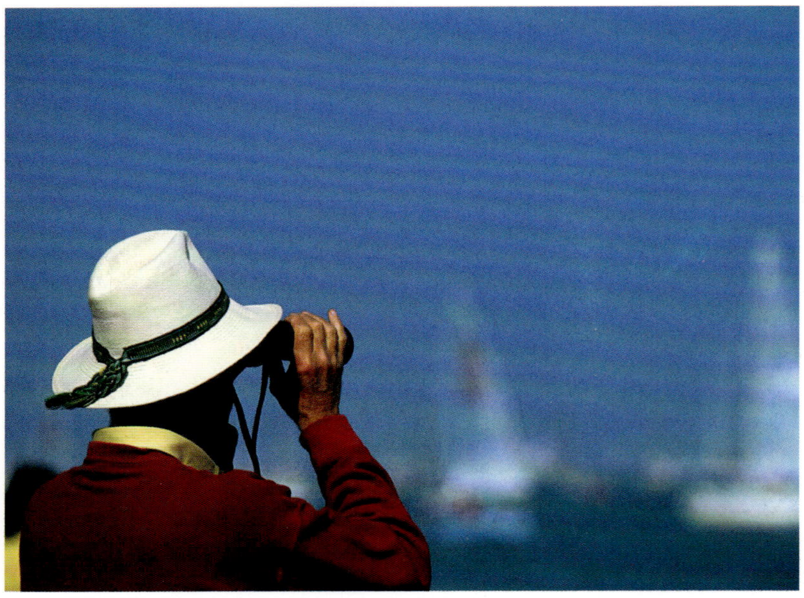

Das Dorf Cowes auf der Isle of Wight am Südufer des Solent, einem Seitenarm des Ärmelkanals, ist bekannt als Herkunftsort der Fotografenfamilie Beken, die seit Generationen auf die Kunst der Meeresfotografie spezialisiert ist. Im Jahre 1888 hatte der damals junge Frank Beken mit den ersten Yacht-Fotografien aus dem Fenster seines Zimmers angefangen. Cowes war immer schon ein Austragungsort britischer Regatten gewesen, eine Tradition, die bis heute anhält. Um die 200 Schiffe kommen jährlich zur »Cowes Classic Week«.

▶▶
Mehrere hundert Segelschiffe bevölkerten beim »America's Cup Jubilee« im Jahre 2001 die Meerenge vor Cowes. Anlass war das 150. Jubiläum der ältesten internationalen Sportregatta der Geschichte. Inmitten des bunten Treibens kann man die J-Klasse-Yacht Velsheda mit ihrer Segelnummer K7 erkennen.

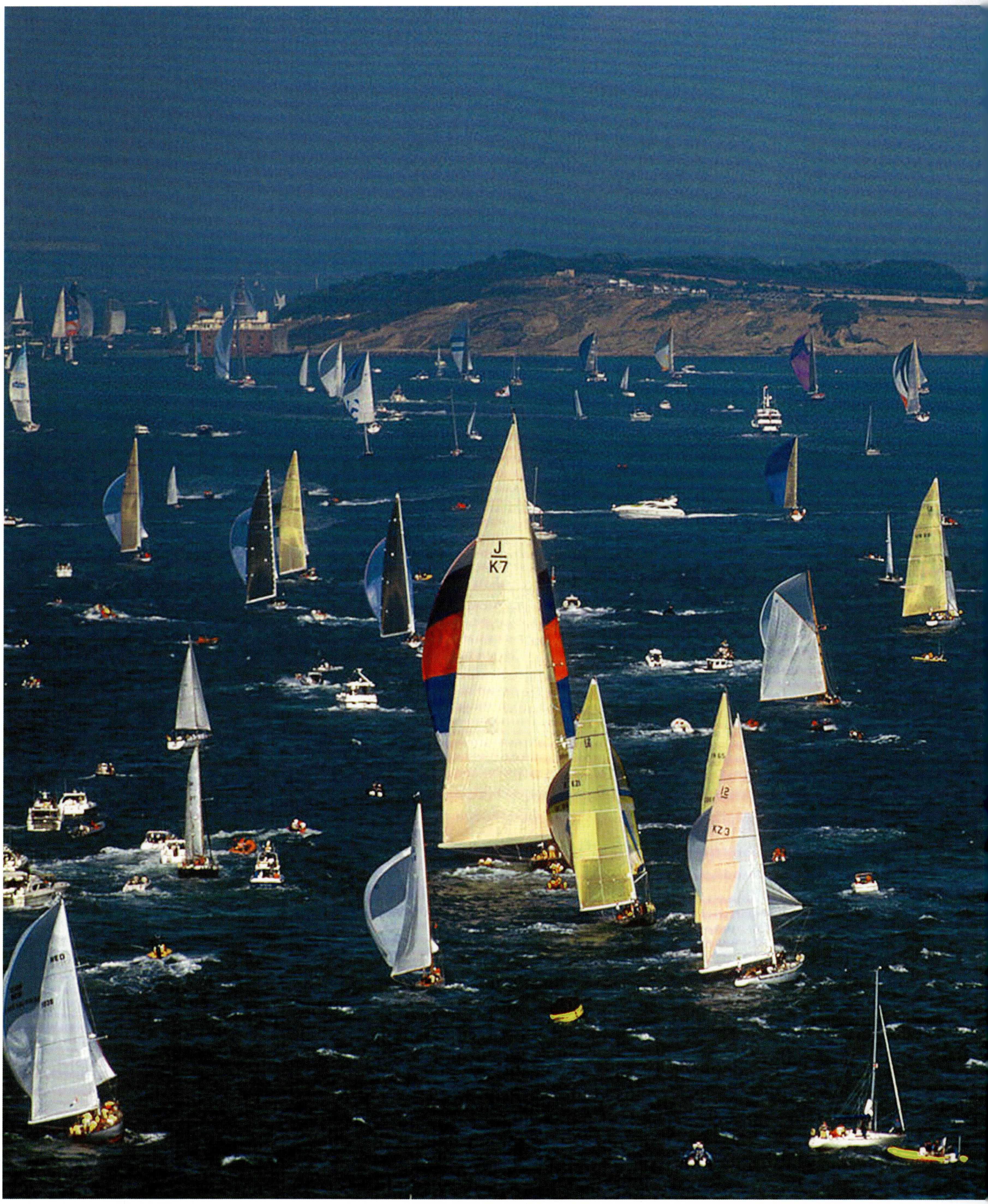

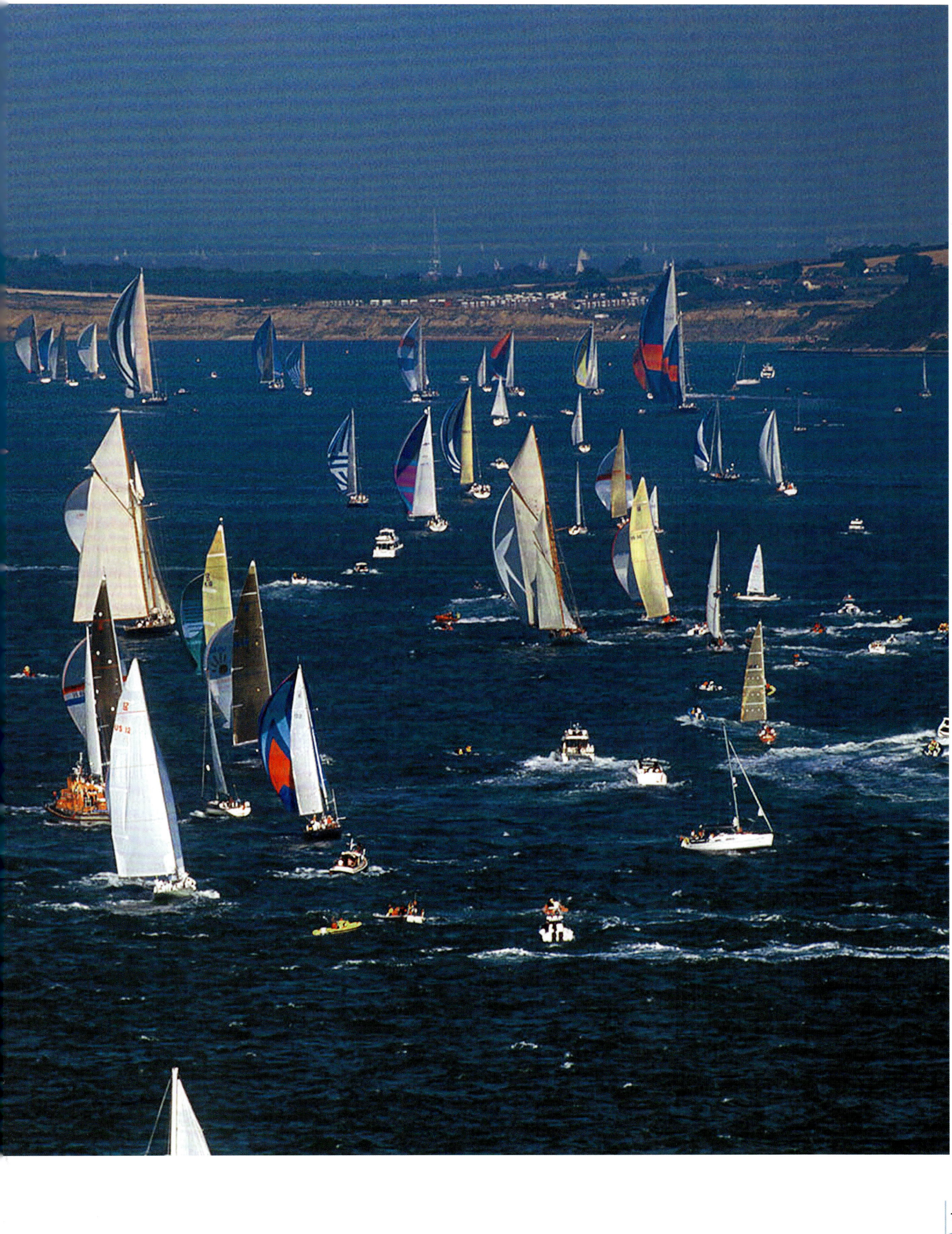

Eleganz und Etikette

Als Freizeitvergnügen einer wohlhabenden Aristokratie ging der Segelsport von Anfang an mit sehr strengen Kleidungsrichtlinien einher, und auch eine gewisse Etikette war in Seglerkreisen stets von großer Bedeutung. Folgten Eigner und Reeder bei ihrer sorgfältigen Kleiderwahl hauptsächlich dem Wunsch, sich von den einfachen Matrosen mit ihren Uniformen zu unterscheiden, oder war ihnen vor allem daran gelegen, eine gewisse Eleganz auszustrahlen? Sicherlich spielte beides eine Rolle. Heute gehört die damalige Etikette fest zur Folklore des Segelsports, und bei jedem Treffen klassischer Yachten wird wie selbstverständlich auch ein Preis für Eleganz vergeben. Bei einigen Veranstaltungen wie der »Trophée Bailli de Suffren« kommt diesem Preis sogar fast mehr Bedeutung zu als der eigentlichen Regatta. Es gehört zum guten Ton, bei jeder neuen Yacht in Anlehnung an die klassischen Marineuniformen auch gleich eine bestimmte Bordbekleidung einzuführen. Wem sind bei der Besatzung der *Moonbeam IV* nicht schon die weißen japanisch inspirierten Anzüge mit der großen schwarzen »8« auf dem Rücken aufgefallen, der Segelnummer der Fife-Yacht? Oder in jüngerer Zeit die dunkelgrauen Anzüge im Stil von Arbeitsoveralls bei der Mannschaft der *Atlantic*? Neben der Harmonisierung des Erscheinungsbildes der Schiffe mit ihren Mannschaften erhöht diese Tradition auch den Zusammenhalt der Besatzungsmitglieder. Mit dem Zugehörigkeitsgefühl zur Gruppe stellt sich der berühmte »Teamgeist« ein und bildet eine Synergie und Solidarität, die für das – auch auf den größten Schiffen – beengte Zusammenleben an Bord unverzichtbar sind.

Diese Familie scheint direkt einer Schwarzweiß-Fotografie vom Anfang des letzten Jahrhunderts entstiegen. Tatsächlich aber wurden Kreissäge und Matrosenkleidchen anlässlich der »Monaco Classic Week« von 2003 aus dem Schrank hervorgeholt. Beim Segelsport wird auch heute höchster Wert auf elegante Kleidung gelegt, ganz wie früher ...

185

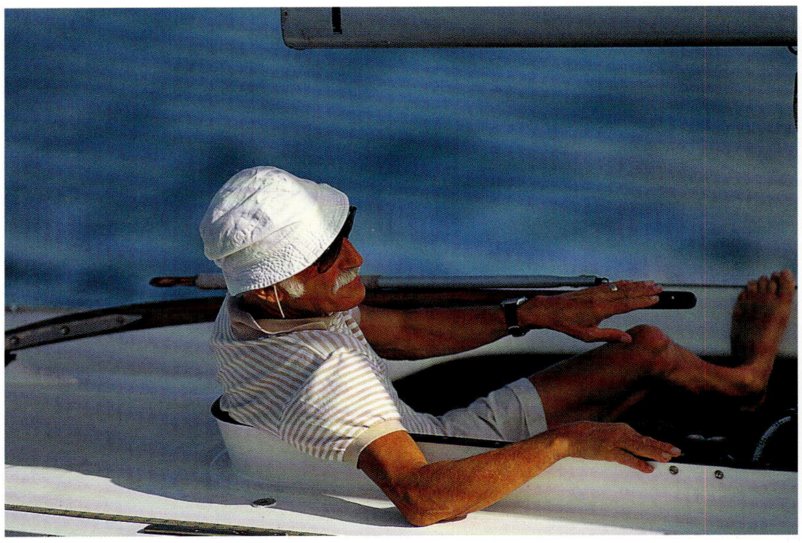

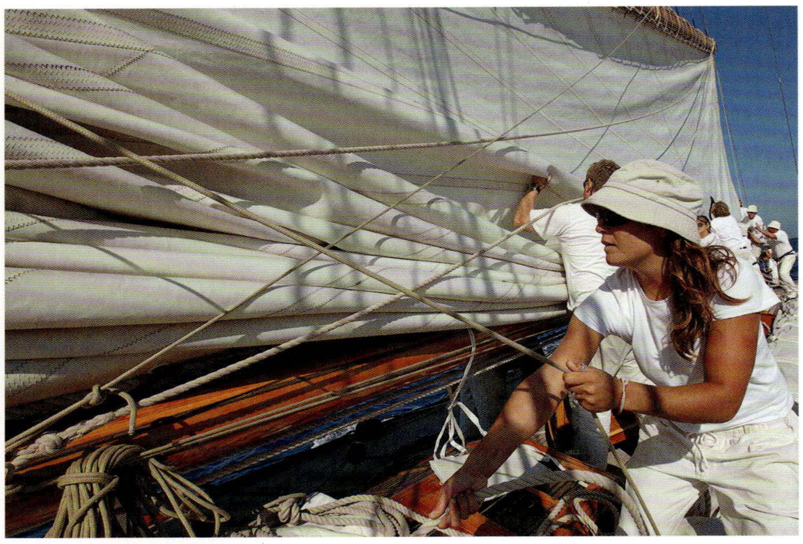

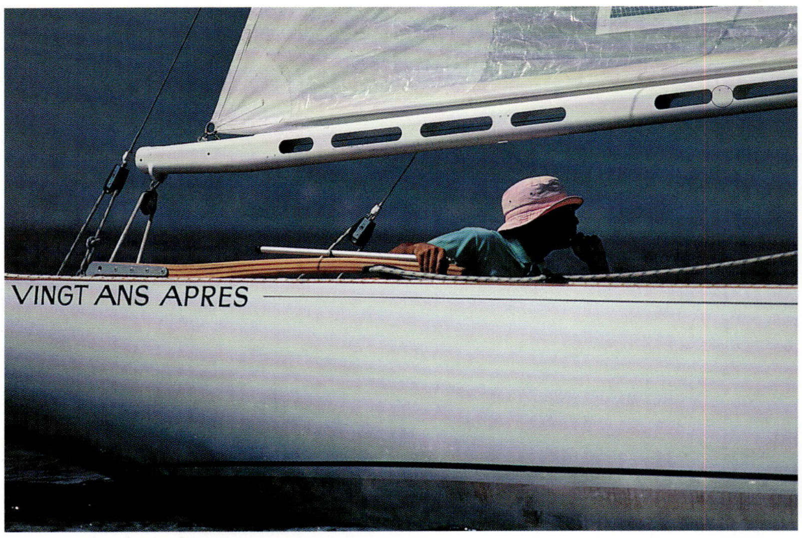
VINGT ANS APRES

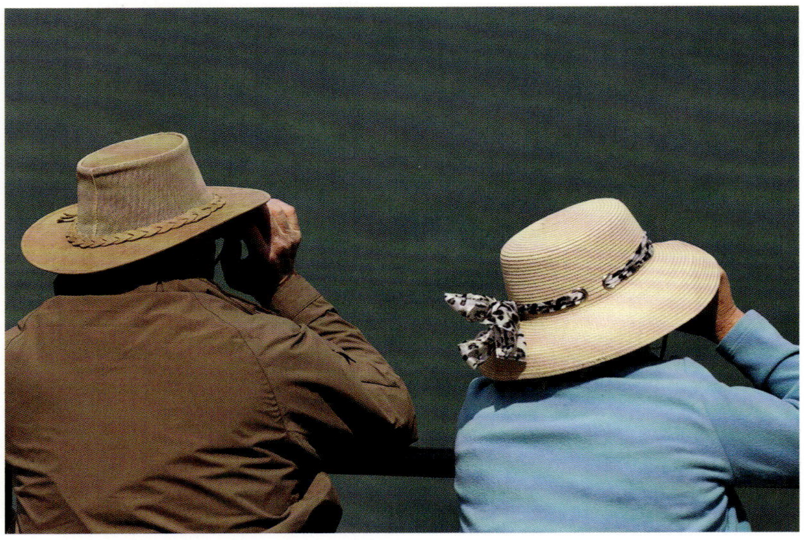

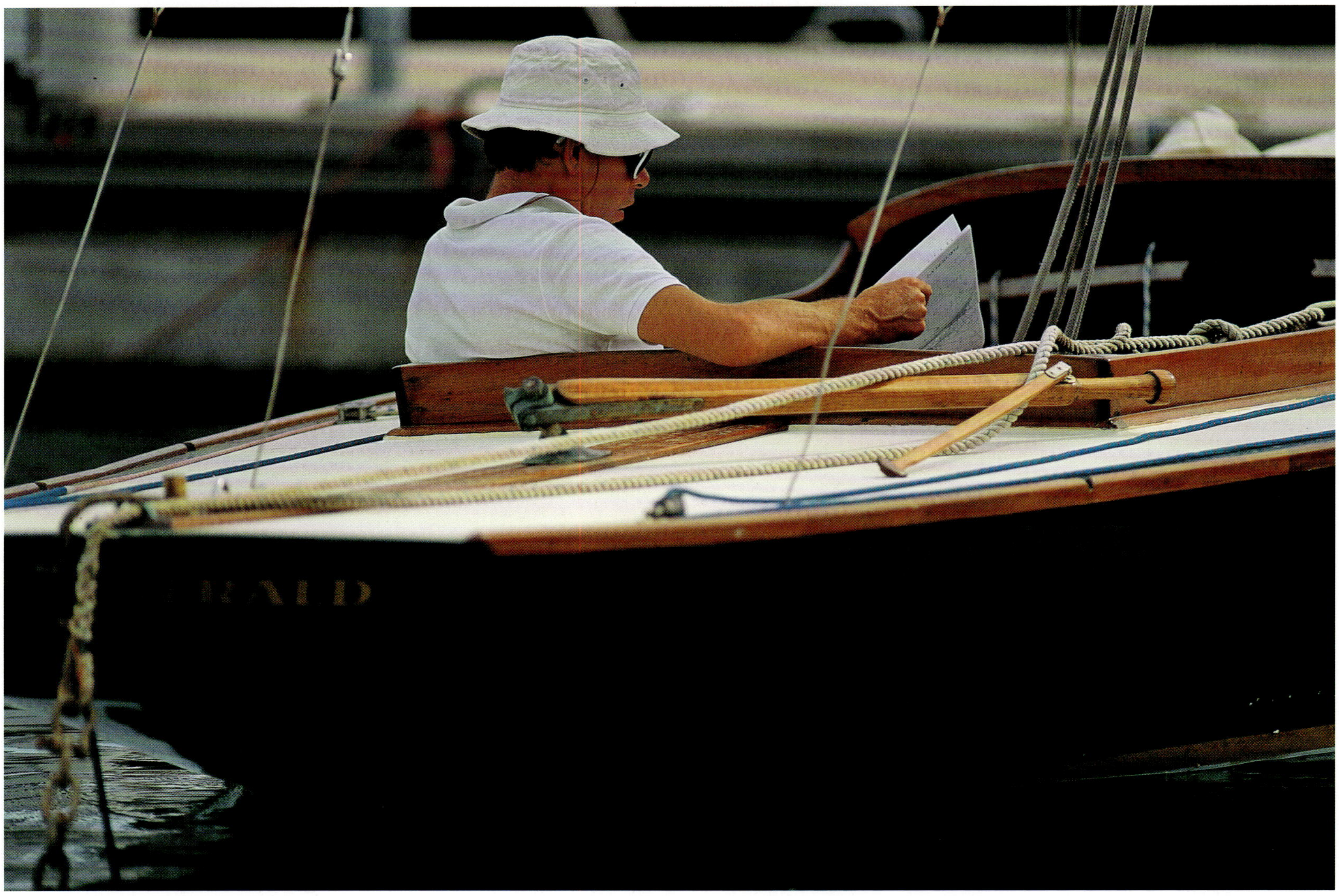

Nicht, dass ein falscher Eindruck entsteht: Die Kappenträger auf diesen Bildern sind keineswegs alle Bretonen. Diese Skipper befinden sich vielmehr unter den sengenden Strahlen der Sommersonne bei einem der Seglertreffen am Mittelmeer. Egal ob Schirmmütze, Stroh- oder Anglerhut, zum Schutz gegen einen Sonnenstich gehört die Kopfbedeckung ins Arsenal eines jeden Seefahrers, der etwas auf sich hält.

▲

Das Fancywork genannte Kunstwerk aus Tau, hier an Bord einer 8mR-Yacht, hat nicht nur ästhetischen Wert. Es verhindert vor allem eine Beschädigung der Blöcke an Deck wie auch der Deckplanken durch das Scheuern der Blöcke.

▶▲

Die sorgsam aufgerollten Leinen zeigen vorausschauendes Handeln der Seeleute. Bei schnellen Manövern oder plötzlichem Sturm vermeidet man so ein Durcheinander, das furchtbare Folgen haben kann. Auf dieser 12mR-Yacht hat sich die Besatzung zu kunstvollen symmetrischen Mustern hinreißen lassen.

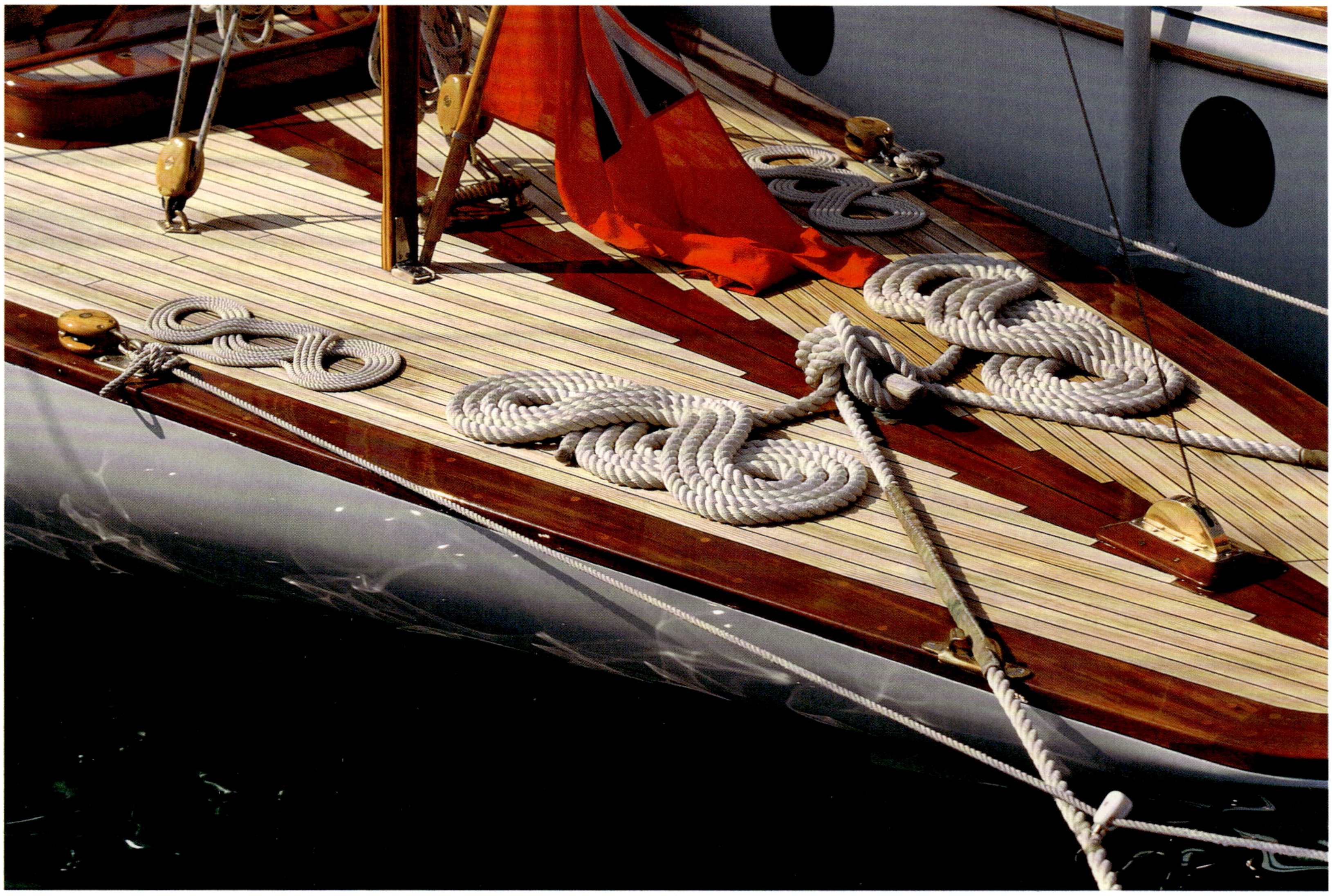

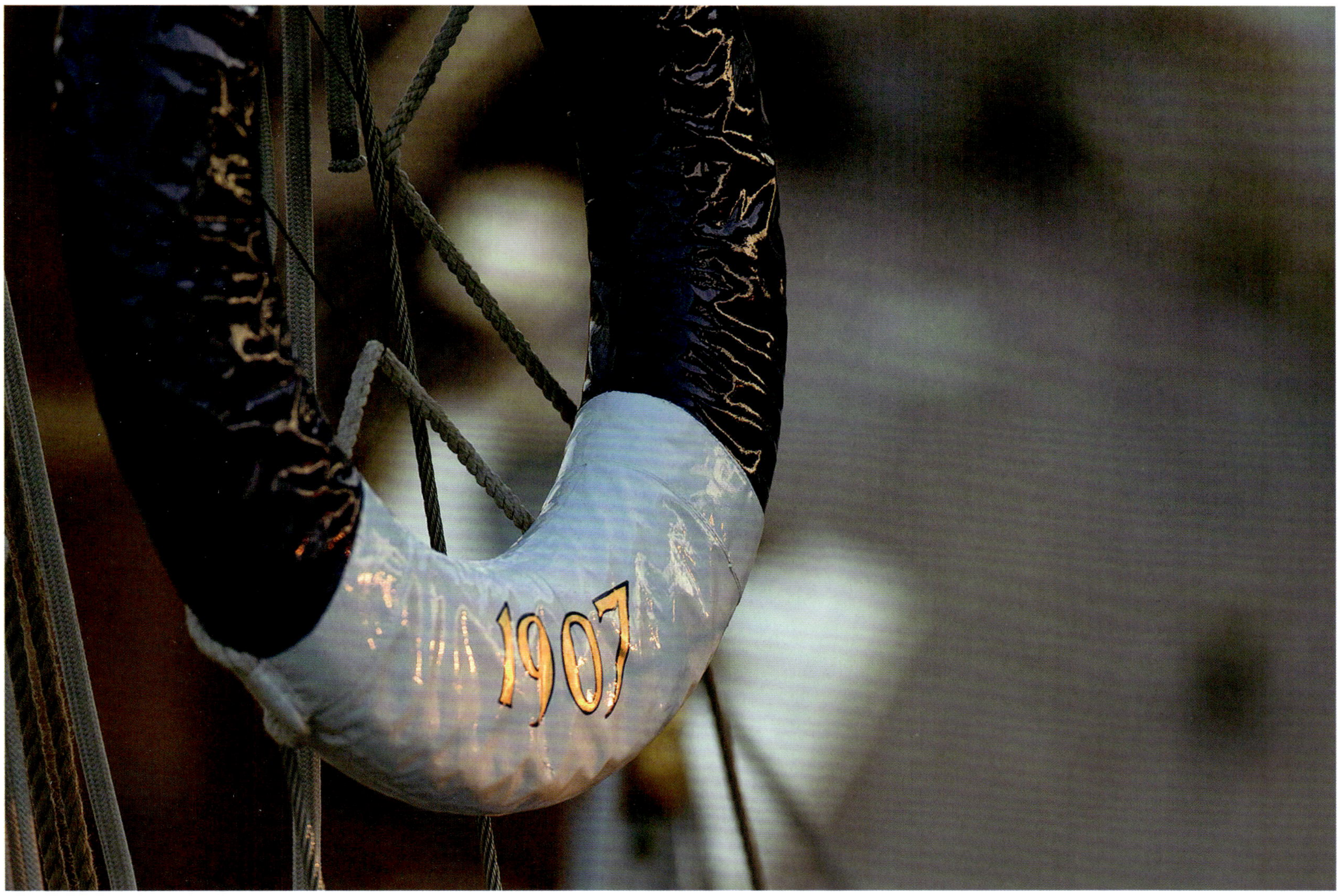
1907

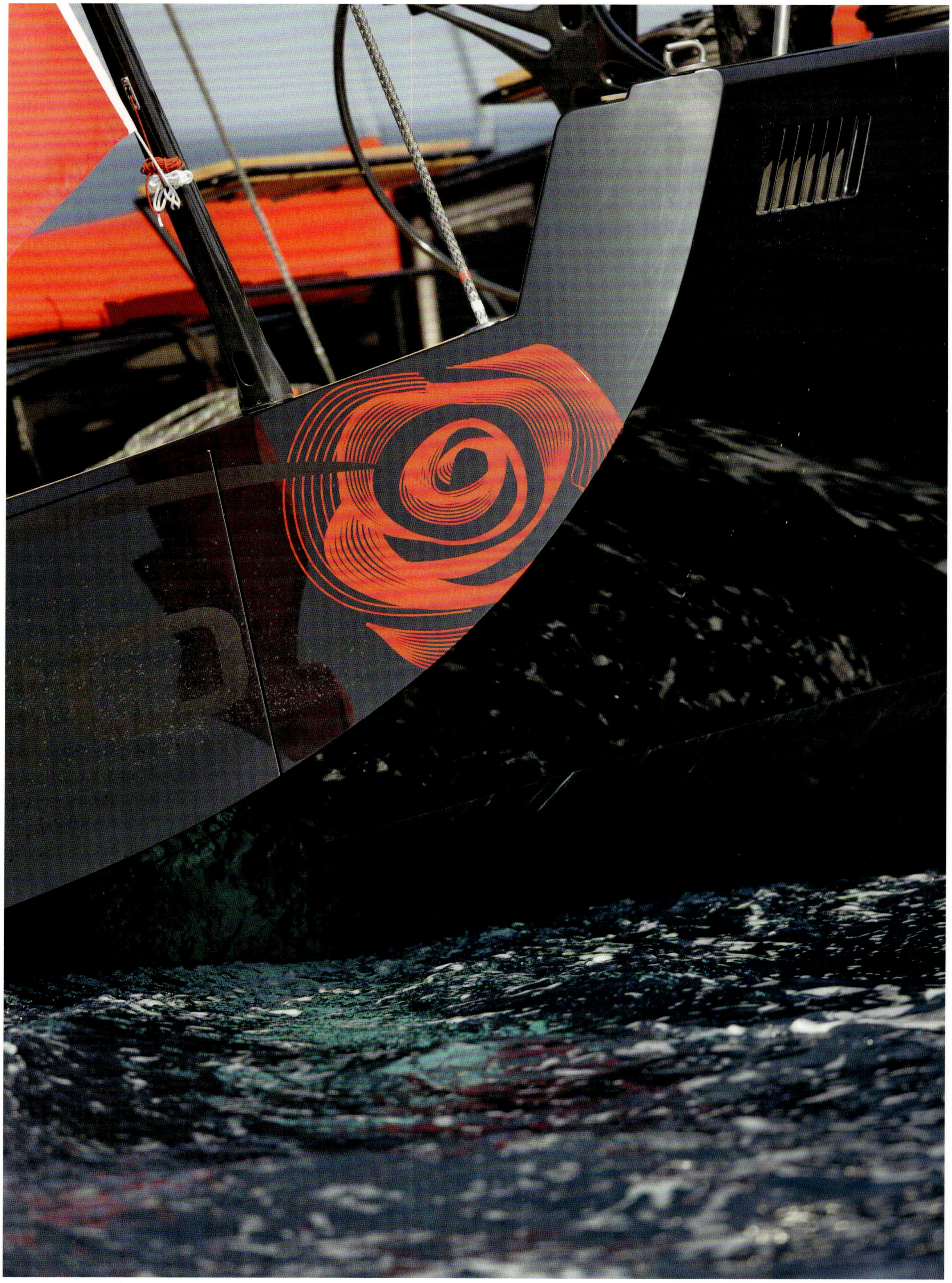

Eine gewisse Harmonie der Farben prägt die Bilder der beiden Wally-Yachten *Tango*, links, und *Angel's Share*, oben, die beide in elegantem Rot und Schwarz gehalten sind.

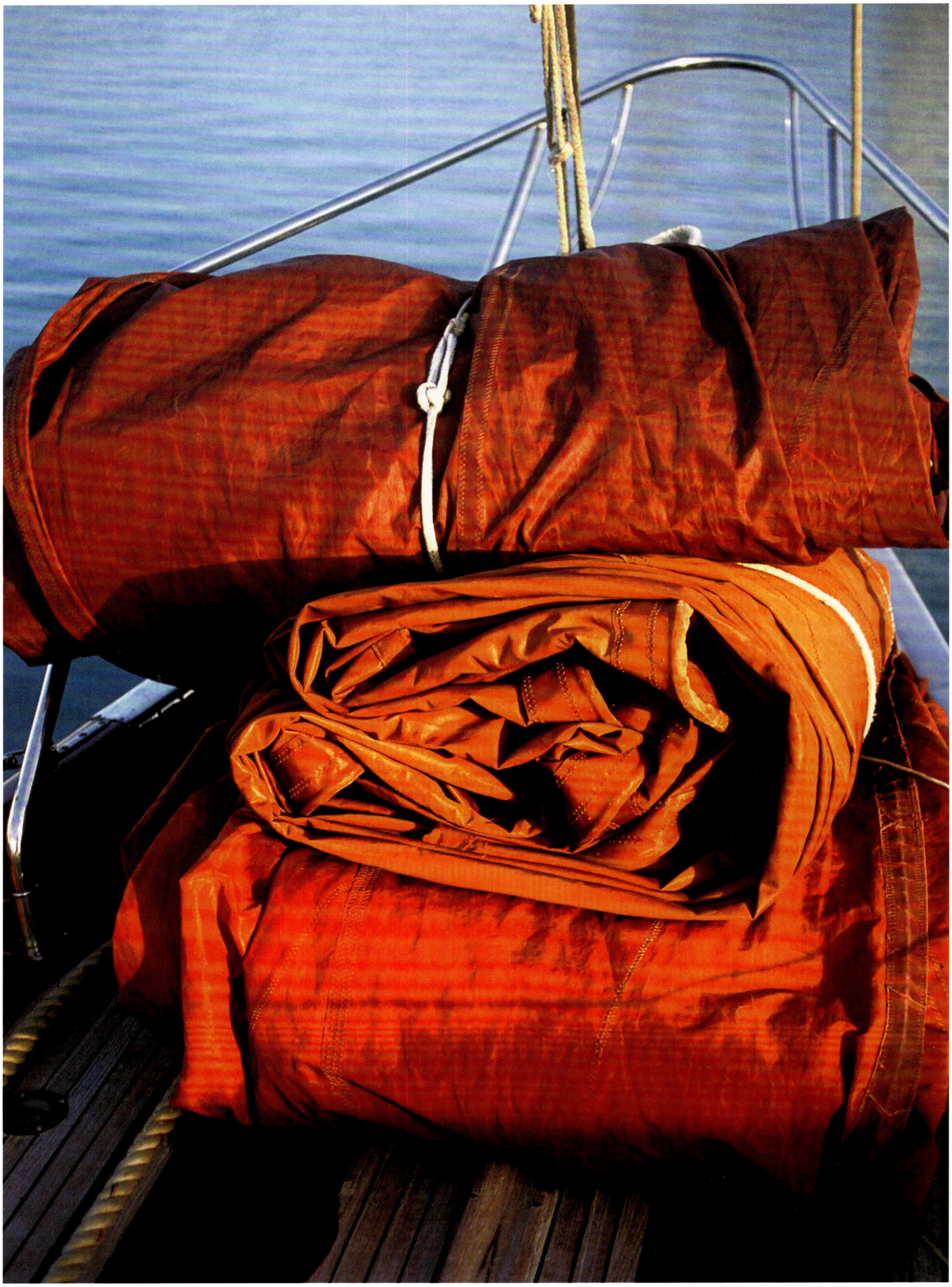

◀

An der weinroten Färbung dieser ordentlich gefalteten Segel lässt sich auf den ersten Blick die *Agneta* erkennen. Diese Farbe wird nur noch auf wenigen Segelschiffen verwandt, die laut des Konstrukteurs Knud Reimers, der *Agneta* für sich selbst entwickelte, schneller trocknet und weniger blendet.

▲▶

Die regelmäßig aufgetuchten Segel sind bezeichnend für gute Pflege und Wartung und erhöhen den Gesamteindruck eines gut instand gehaltenen, eleganten Schiffs. Im Segelsport wird das Notwendige gern mit dem Schönen verbunden.

▲

Diese beiden hochseriösen Schiffsoffiziere wurden im Januar 2011 bei den Vorentscheidungen der AC-45-Klasse zum 34. »America's Cup« in Auckland mit einem eher lustigen Gefährt gesichtet.

▶

Dieses Bild vom »Superyacht Cup Palma de Mallorca« von 2007 veranschaulicht gut den internationalen Charakter dieser Treffen.

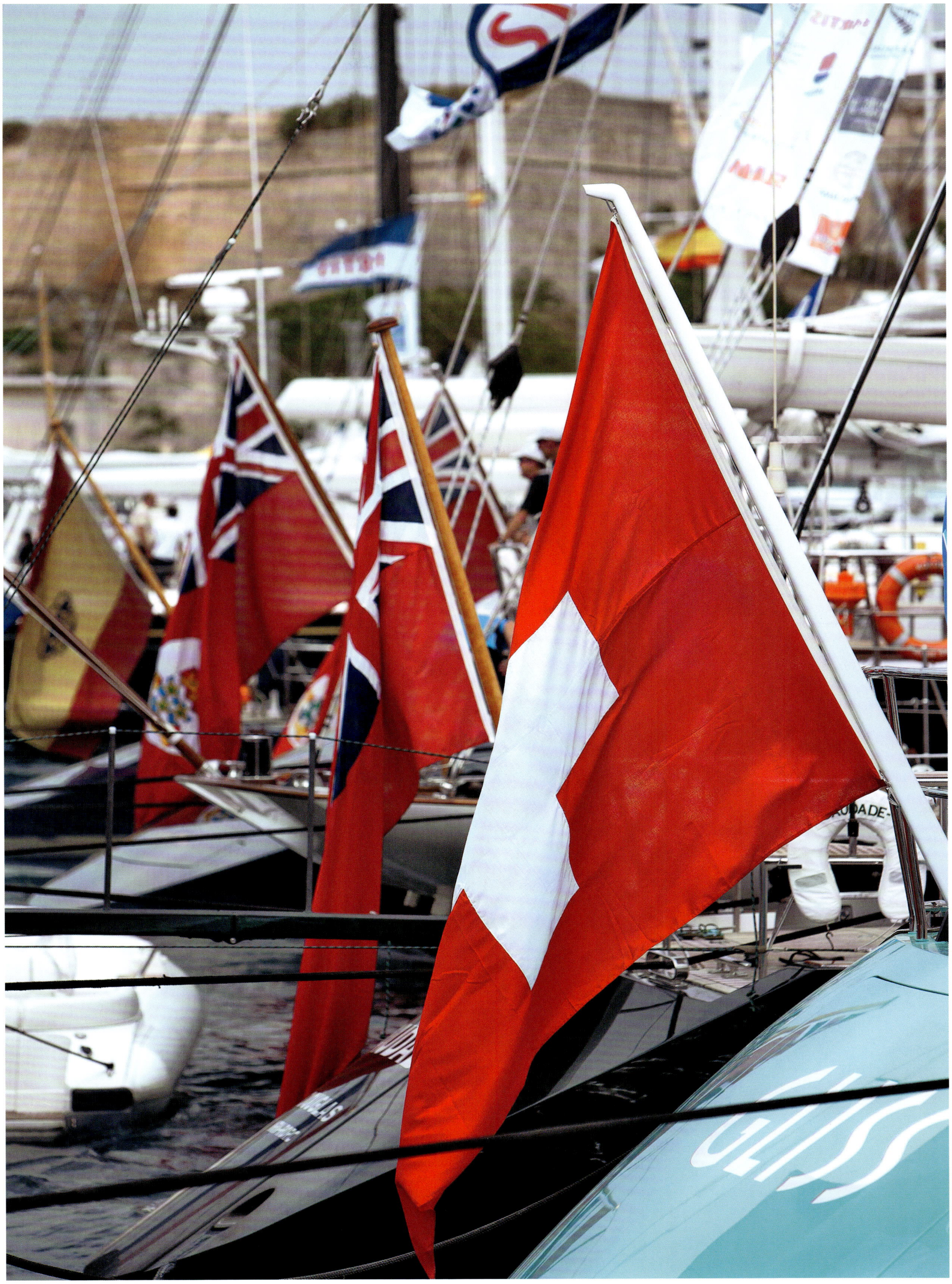

◀ ▲
Die Kunst des Wriggens: Fällt der Motor aus, was auf kleinen Segelbooten traditionsgemäß häufig passiert, behilft man sich mit dieser ebenso einfachen wie effektiven Technik.
Auf dem Bild links hingegen wird klassisch zum Paddel gegriffen.

▶

Jean-François Béhar, der Präsident der »Association Française des Yachts de Tradition«, steht am Steuer seines Bermuda-Kutters *Eilidh* von 1931 aus dem Hause Mylne bei den »Voiles de Saint-Tropez« von 2009. Der Stern auf seinem Rücken ist das Schiffsemblem, das auch auf dem Spinnaker zu sehen ist.

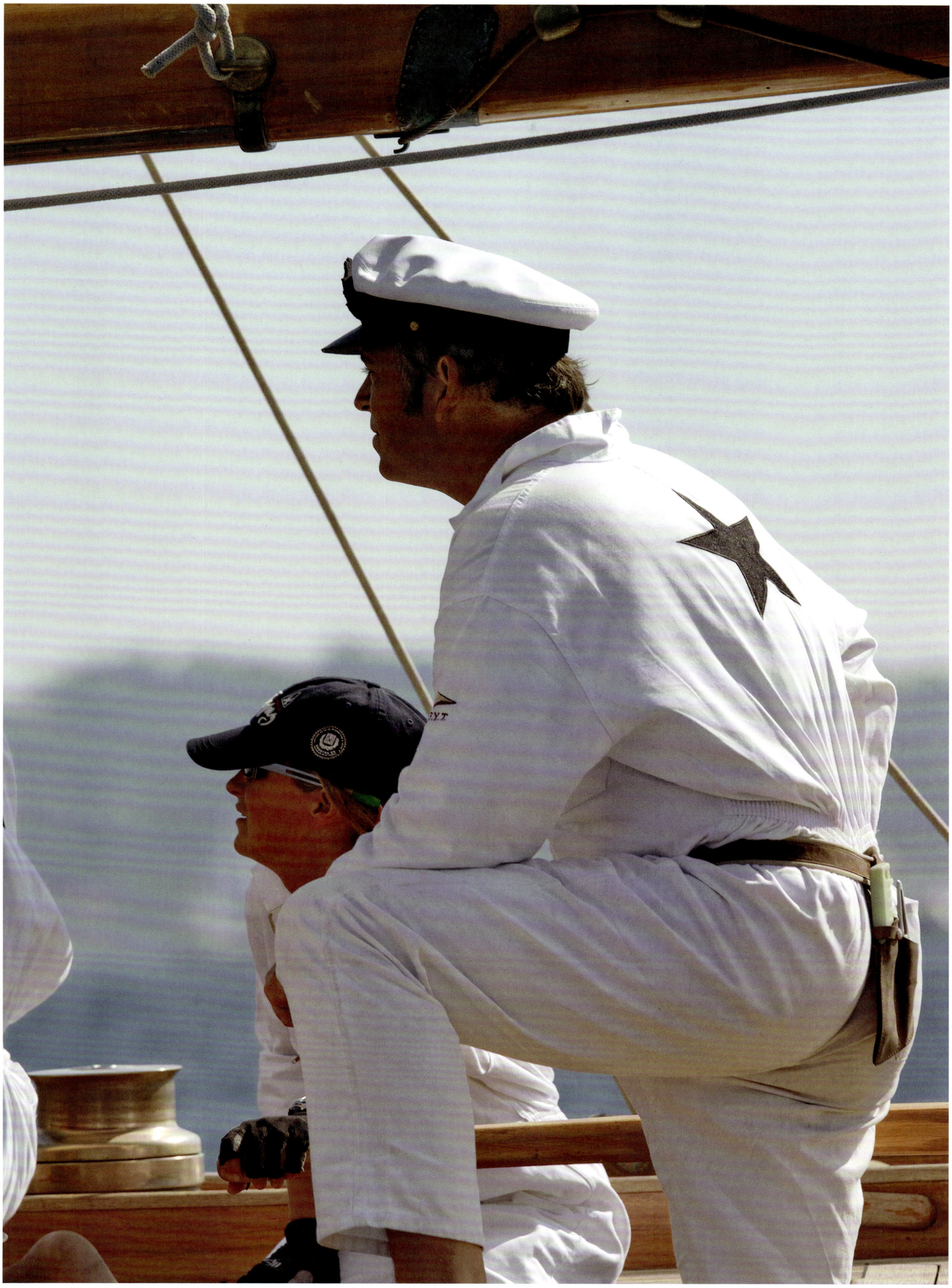

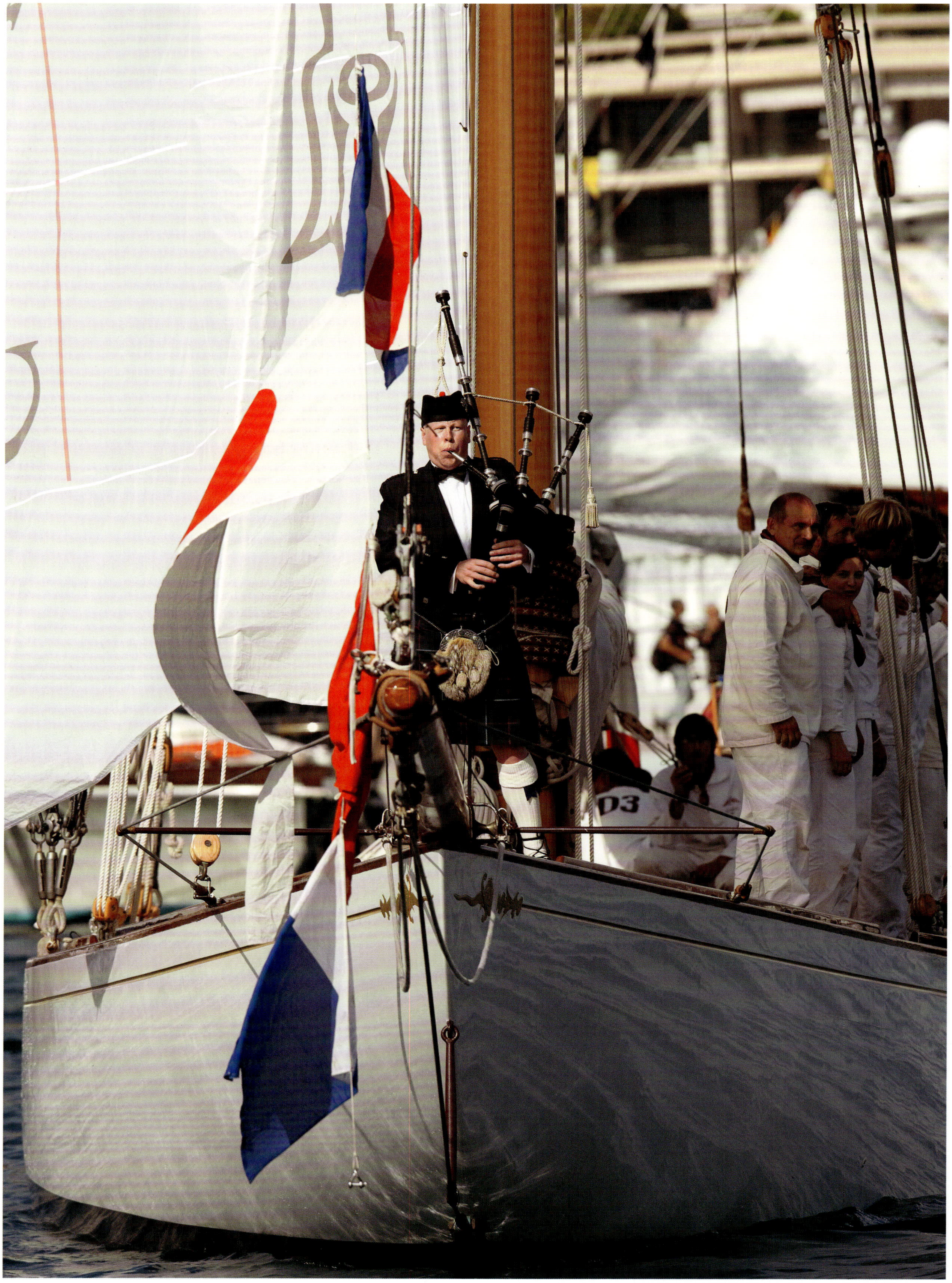
D3

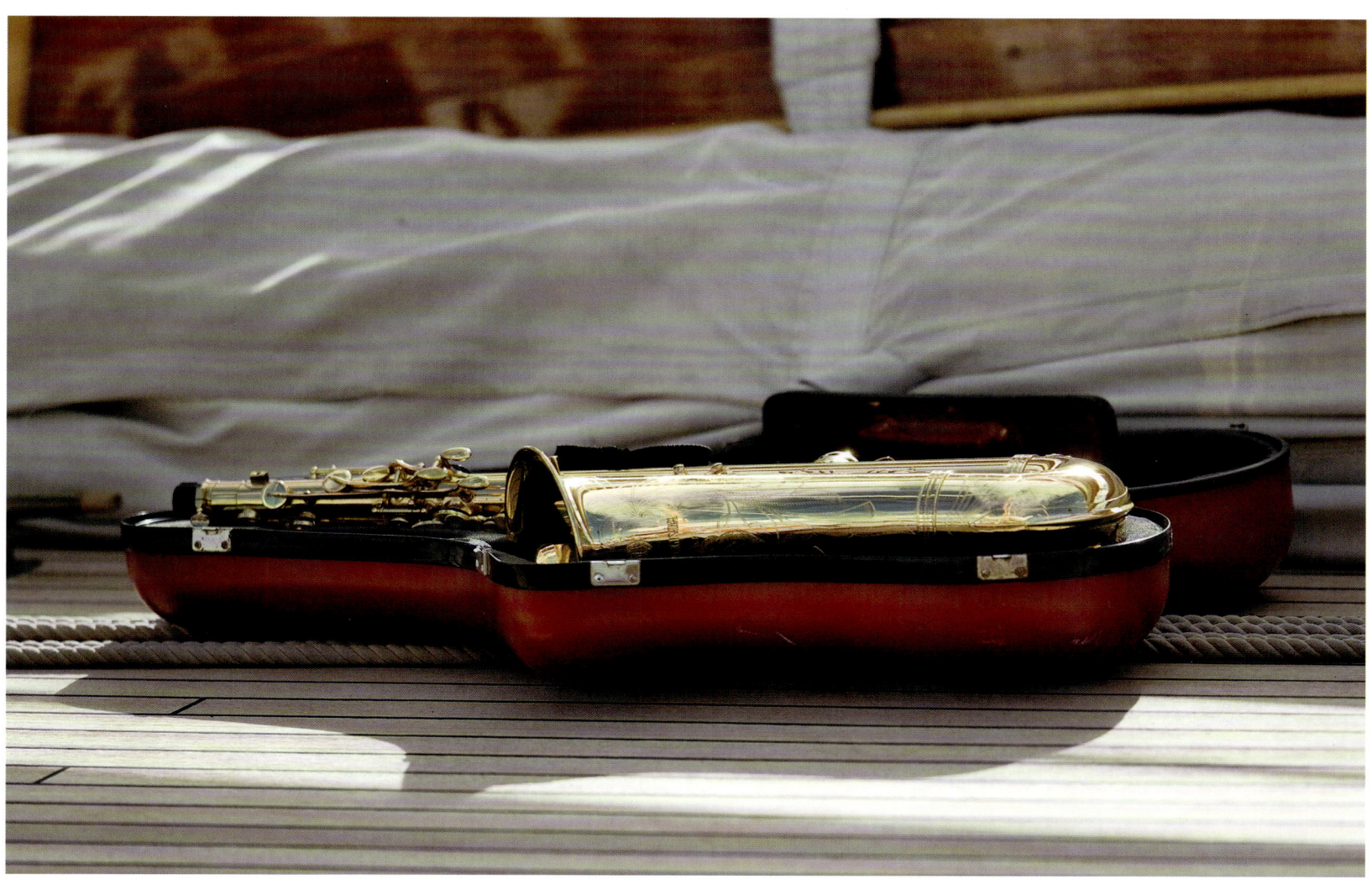

Seemannslieder sind ein fester Bestandteil der maritimen Kultur, doch bei Segelveranstaltungen trifft man auch Instrumentalisten auf den Schiffen an. Und heißt es nicht von der *Titanic*, dass bis zum letzten Moment das Orchester spielte?

Die Zeiten, in denen abergläubische Seefahrer meinten, eine Frau an Bord bringe Unheil, sind vorbei. Anmut, Schönheit und Eleganz gehen nicht mehr allein von den Schiffen aus, sondern auch von den Menschen, die auf ihnen anheuern. Der Segelsport ist nach wie vor stark von Männern geprägt, doch erobern inzwischen immer mehr weibliche Skipper die Siegerpodeste – zum großen Leidwesen der Machos.

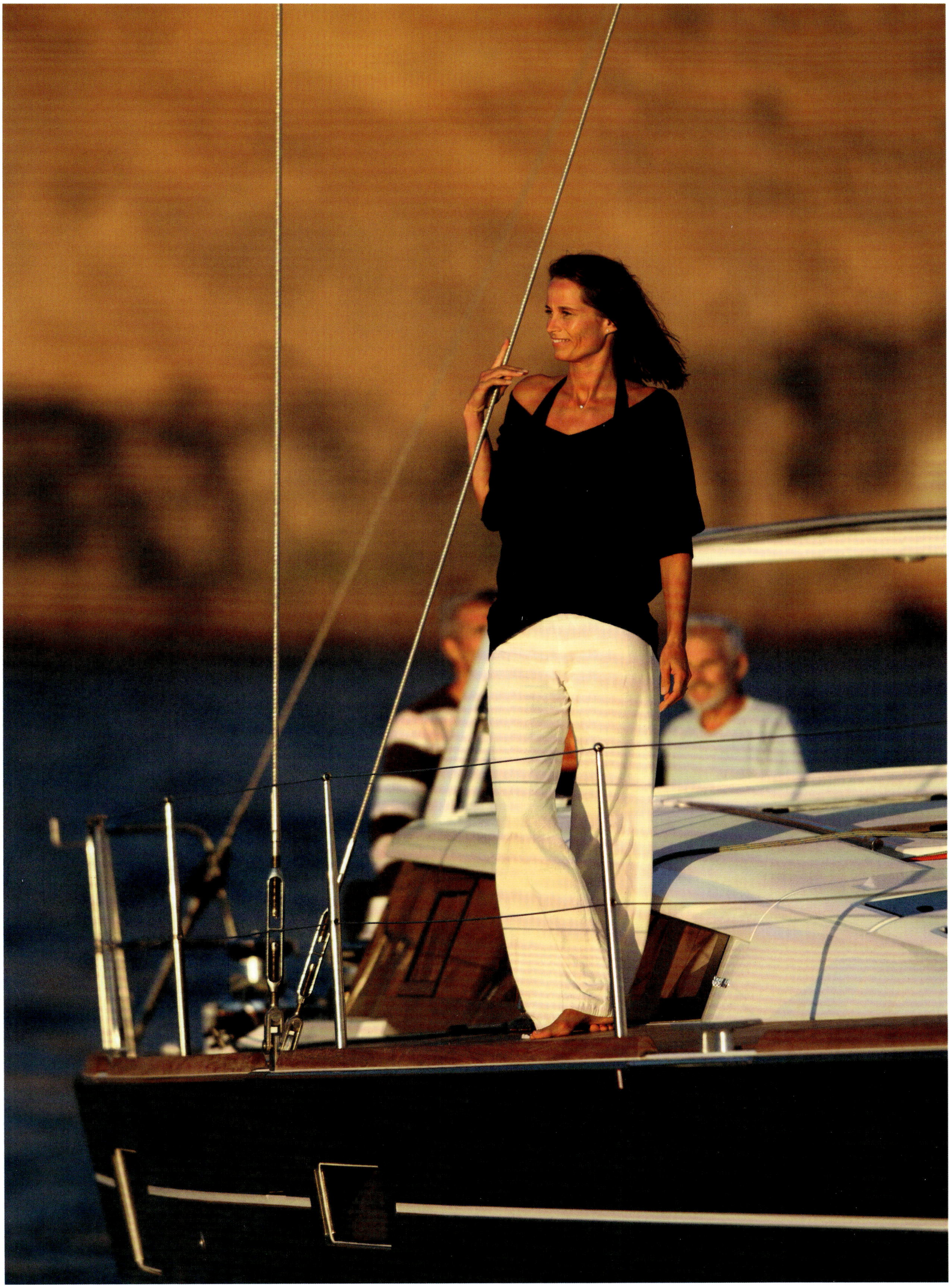

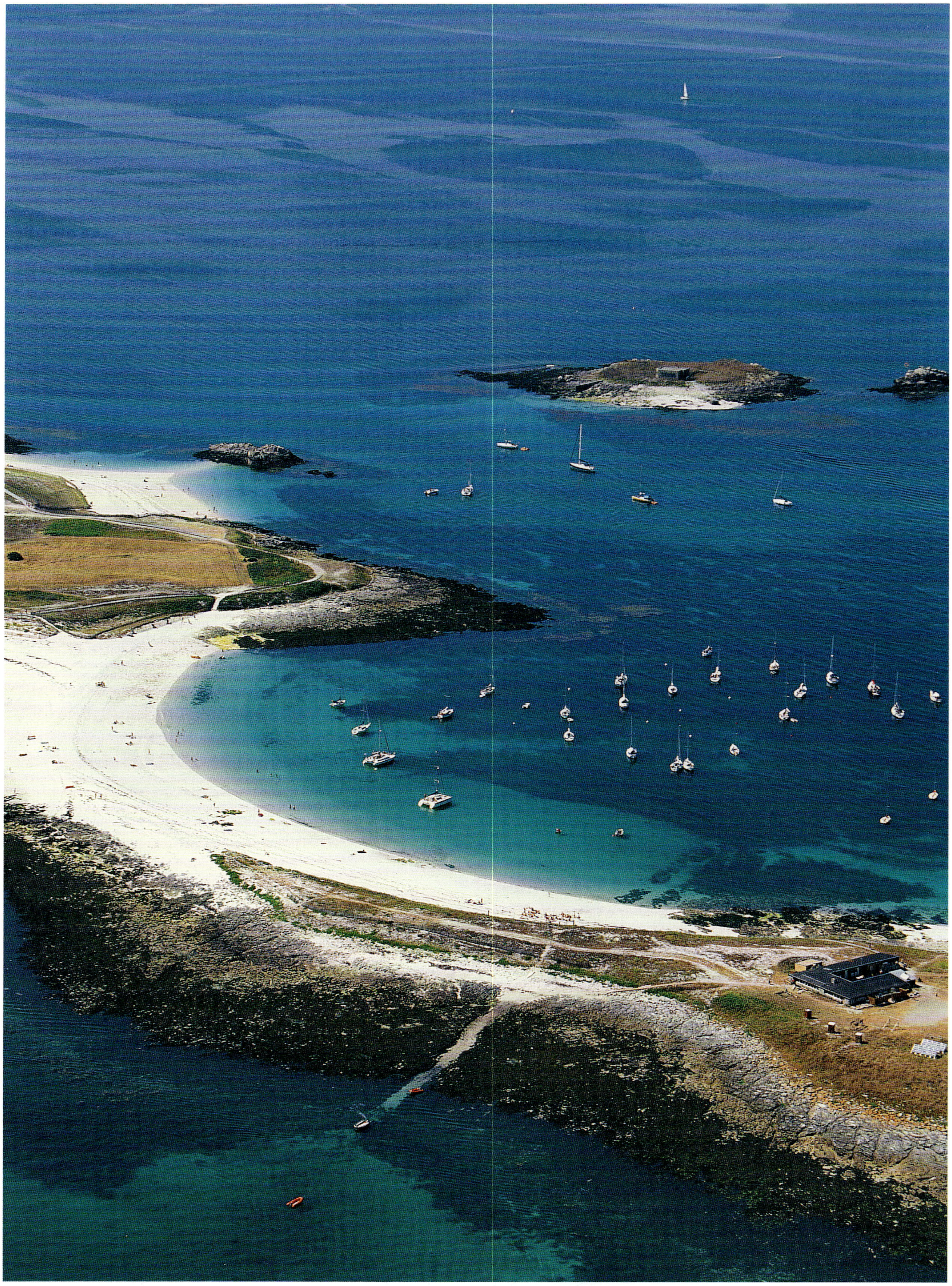

Die schönsten Ankerplätze

Da sitzen Sie auf den Antillen bequem in Ihrem Cockpit, nippen im Schatten des Sonnensegels an einem kühlen Ti'Punch mit frisch gepflückten Limetten und schauen hinaus auf die Bucht von Saint-Barthélemy. Oder Saint-Barth, für Kenner. Mittlerweile sind Sie auch einer, denn diesen Zwischenstopp haben Sie sich redlich verdient. Zwei Wochen dauerte die Überfahrt über den Atlantik, und Sie haben sich ordentlich durchschaukeln lassen. Nun haben Sie in einer der schönsten Buchten der Welt den Anker geworfen. Das Wasser ist türkis. Bis auf ein leichtes Wiegen gibt es kaum Wellengang. Ein wohltuender Passat streicht über Sie hinweg. Die Lufttemperatur ist ebenso angenehm wie die des Wassers, die Landschaft so schön, dass es Ihnen fast den Atem verschlägt. »Ist hier das Paradies?« Jedenfalls fehlt nicht viel. Der Zwischenstopp – für die Seeleute ein besonders schöner Moment – ist an sich schon die Reise wert. Die Unterbrechung der Fahrt an einem ruhigen Ankerplatz bringt lang ersehnten Frieden, ermöglicht aber auch die Entdeckung von Land und Leuten, Flora und Fauna. Das Schiff ist ein langsames Verkehrsmittel, und manche Fahrt wird zur Prüfung, was das Rasten danach nur noch schöner macht. Vor allem, wenn man in einer wilden, einsamen Bucht vor Anker geht, die auf dem Landwege nicht zu erreichen ist. Sie stellen also fest, dass Sie einen gewissen Gefallen an diesem robinsonhaften Leben finden. Auf Ihrem schwimmenden Zuhause sind Sie vielleicht der glücklichste Mensch der Welt. Nun aber schnell Maske, Flossen und Schnorchel holen und hinein ins Wasser. Ob die Unterwasserwelt genauso faszinierend ist wie die Traumlandschaft über dem Meeresspiegel? In Saint-Barth besteht darüber kein Zweifel.

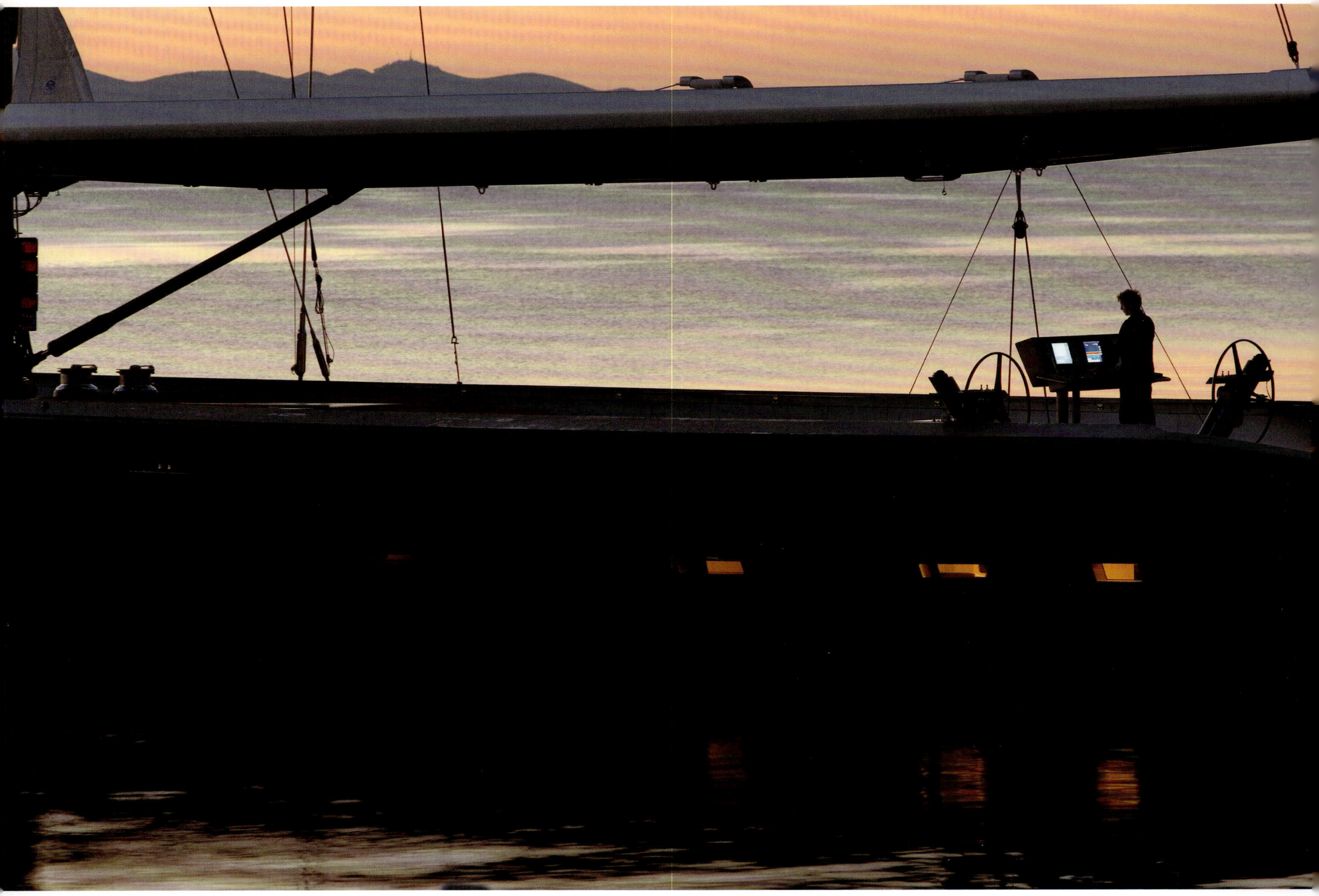

Die *Esense* ist in einer idyllischen Bucht in Kroatien vor Anker gegangen. Was gibt es Schöneres als einen Sonnenuntergang am Meer? So plattitüdenhaft es klingen mag: Hat man das grandiose Schauspiel einmal gesehen und konnte den tiefen Frieden einer geruhsamen Nacht auf See erleben, trägt man lebenslange Erinnerungen in sich, die problemlos alle Mühen und Plagen des Segelns wieder aufwiegen.

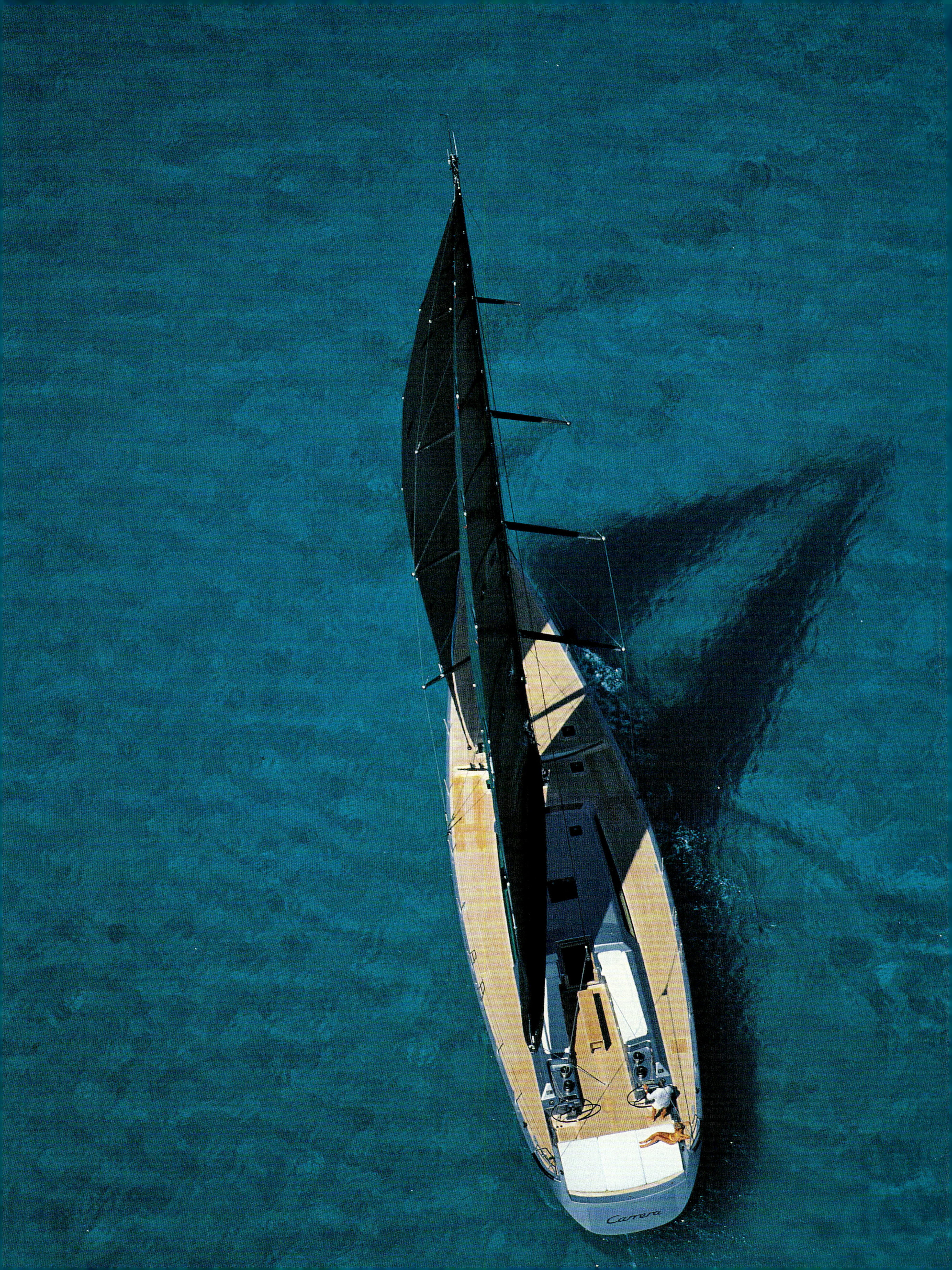
Carrera

Das Meer kann mit einem unvorstellbaren Spektrum von Farben aufwarten. Nach Fahrten durch schwere See freut sich der Seefahrer umso mehr über den ruhigen Ankergrund mit so klarem Wasser, dass der Grund zum Greifen nah scheint. Diese Bilder vom Mittelmeer liefern den Beweis, dass man nicht die halbe Welt umrunden muss, um Buchten mit türkisfarbenem Wasser zu finden.

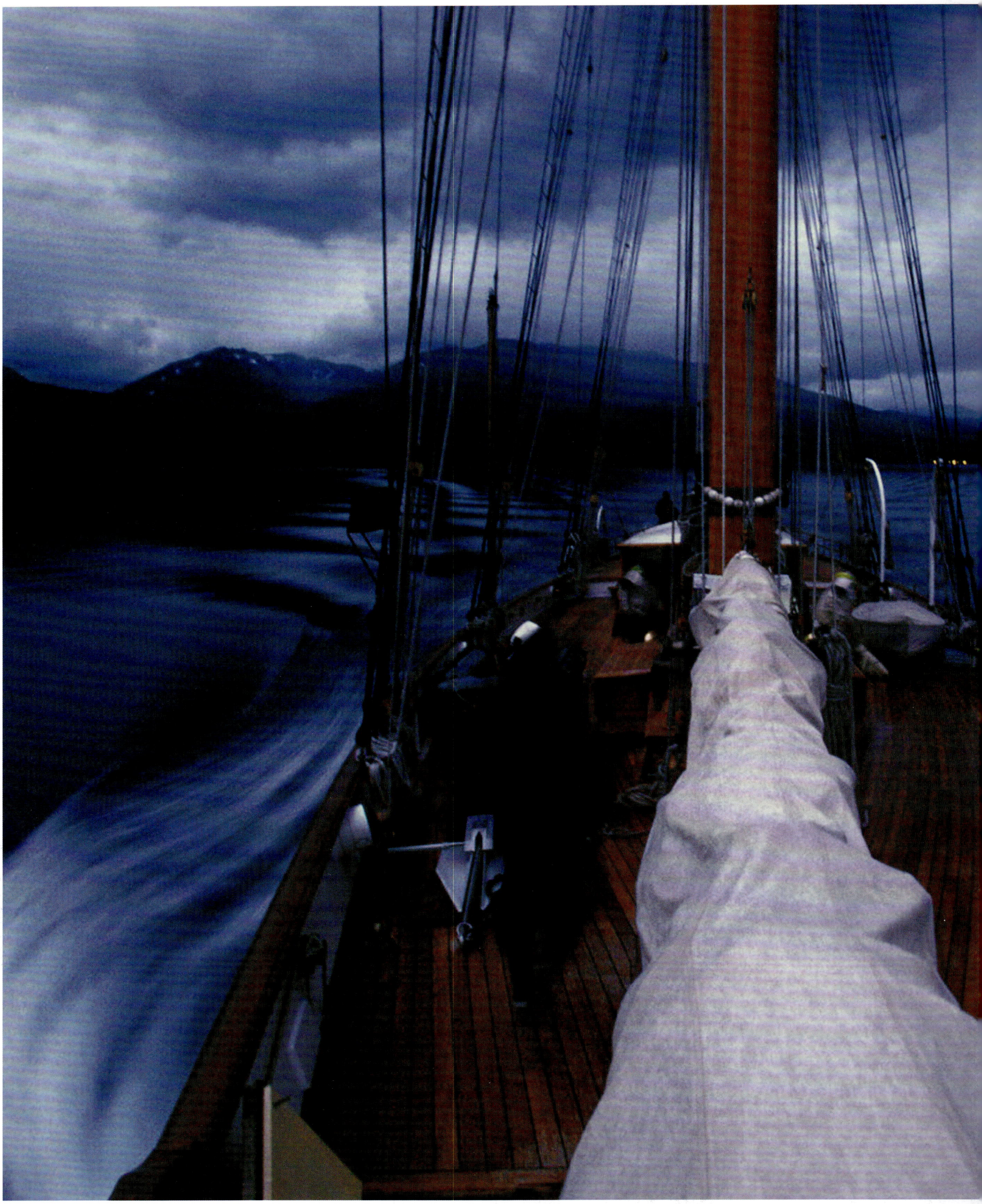

Die *Shenandoah* gleitet an der patagonischen Küste friedlich durch einen Kanal mit – das ist hier selten – spiegelglatter Oberfläche.

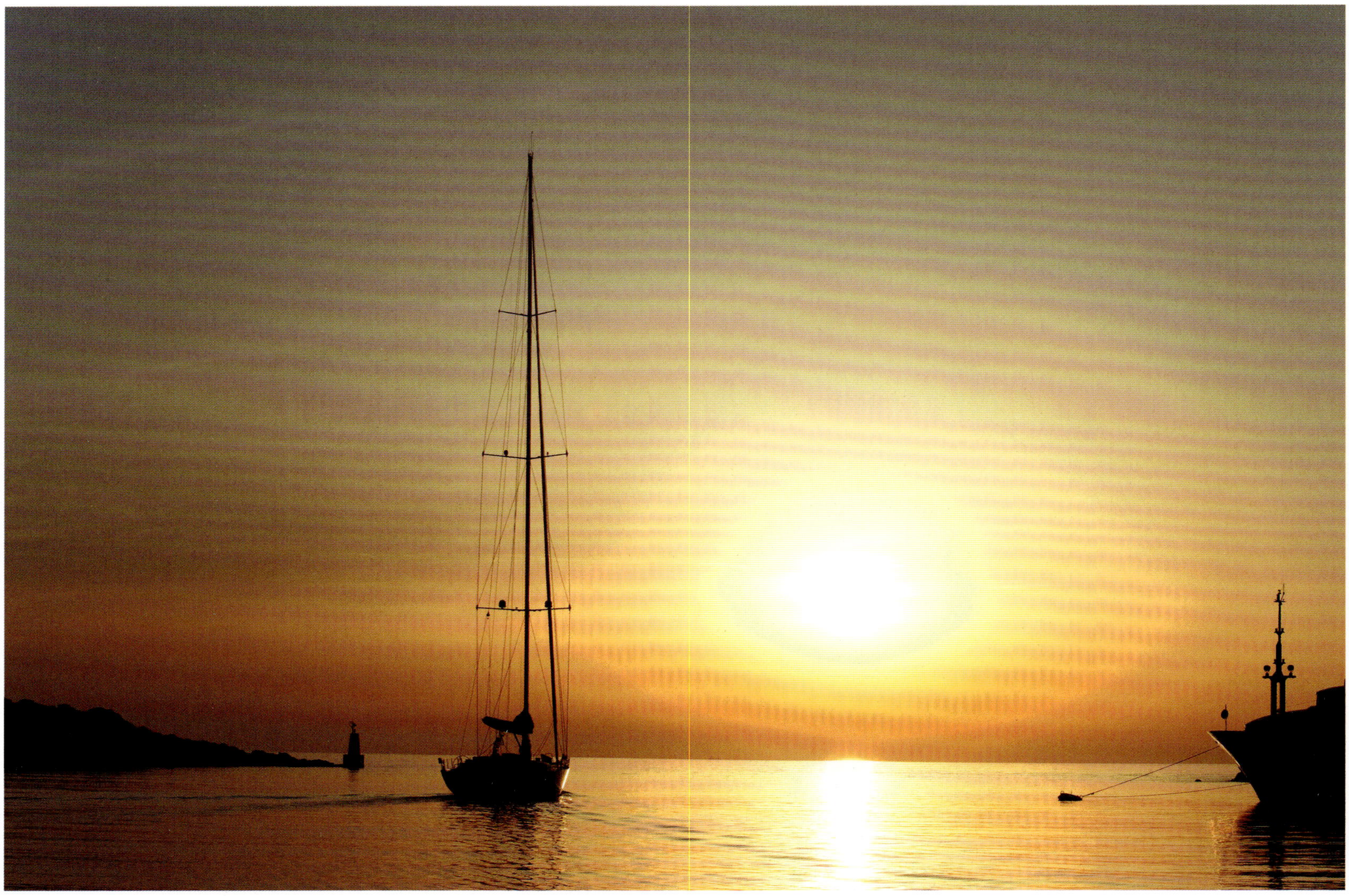

Kroatien ist seit Ende des Krieges wieder ein sehr beliebtes Ziel für Segler und Touristen geworden. Angesichts der fast 1000 Inseln, die es zu entdecken gibt, der reizvollen Landschaft und einer immer besseren Infrastruktur ist diese Begeisterung nicht verwunderlich.

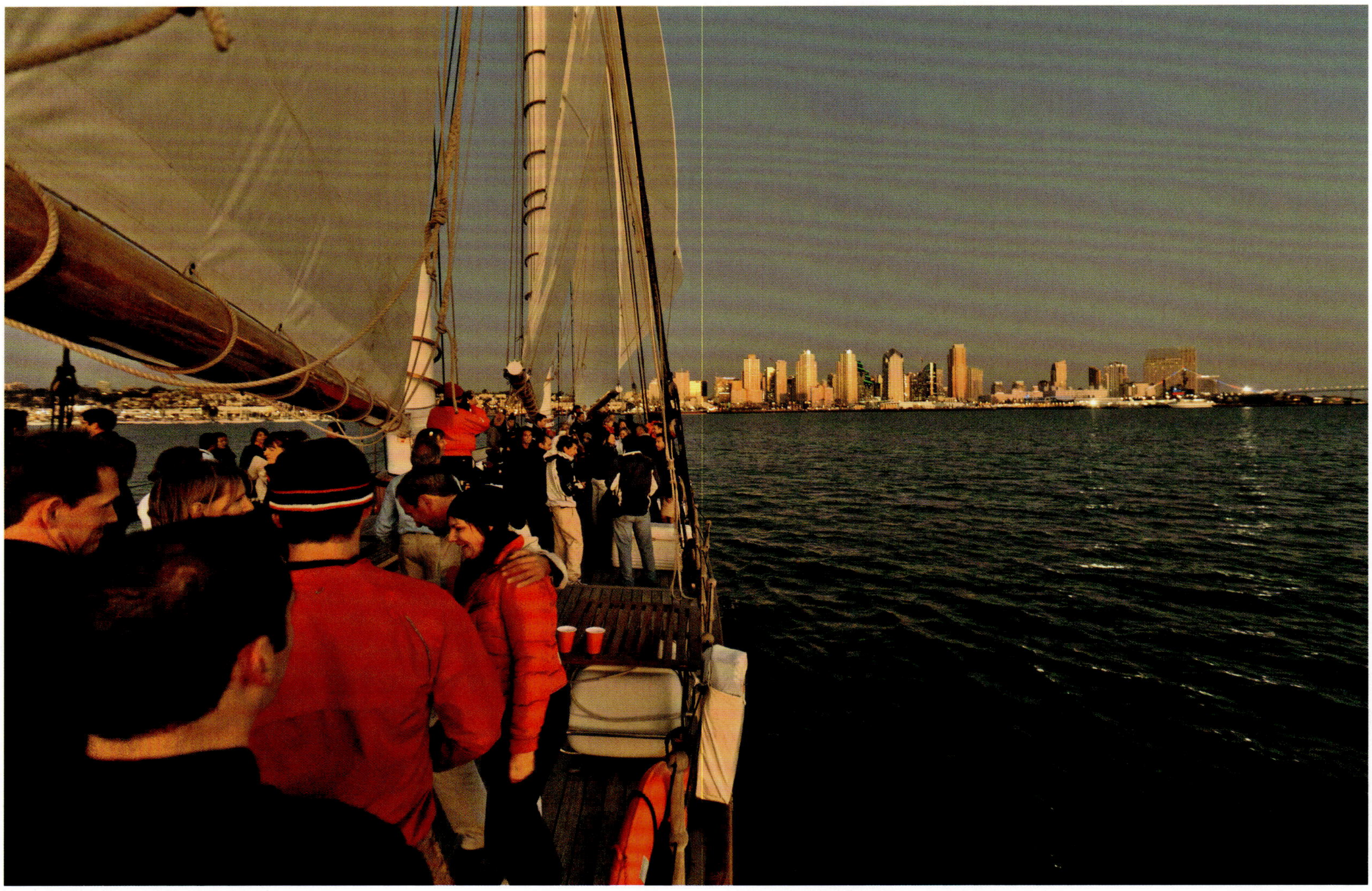

An der Pazifikküste vor San Diego, am südlichen Ende Kaliforniens, befinden sich unweit der mexikanischen Grenze paradiesische Gewässer, auf denen im November 2011 die Vorauswahlen für den 34. »America's Cup« getroffen wurden. Ein zauberhafter Ort für eine berühmte Regatta, bei der die besten Mannschaften aus aller Welt gegeneinander antreten.

▶
Diese steinerne Spitze auf Saint Lucia in den Antillen ist Teil des Unesco-Weltkulturerbes. Sie gehört neben zwei anderen Felsen zu den höchsten Erhebungen der Insel.

▶▶▲
Die Wally-Yacht *Carrera*, deren Name und metallicblaue Farbe als Hommage an das gleichnamige Porsche-Modell zu verstehen sind, konnte mit ihrem 24-Meter-Rumpf erfolgreich in dieses winzige Meeresbecken an der korsischen Felsküste vordringen. Ein gefährliches Unterfangen für den Skipper, der allem Anschein nach allein an Bord ist.

▶▶▼
Dieser kleine Einmaster aus dem Hause Morgan hat vor einer der fast 360 Inseln des Archipels San Blas in Panama den Anker gesetzt. Die Vorteile eines geringen Tiefgangs liegen hier auf der Hand. Das Paradies? Sieht ganz so aus.

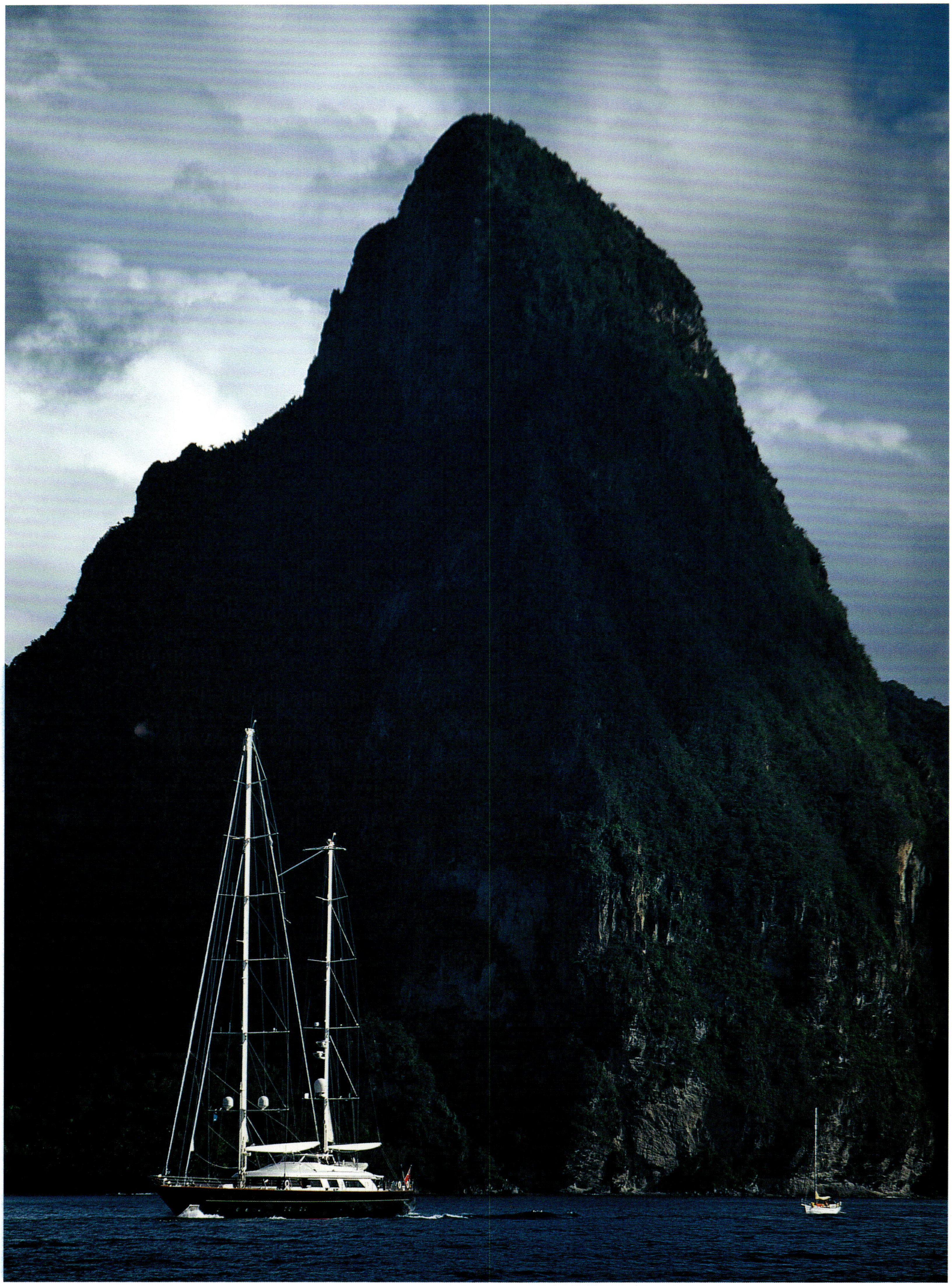

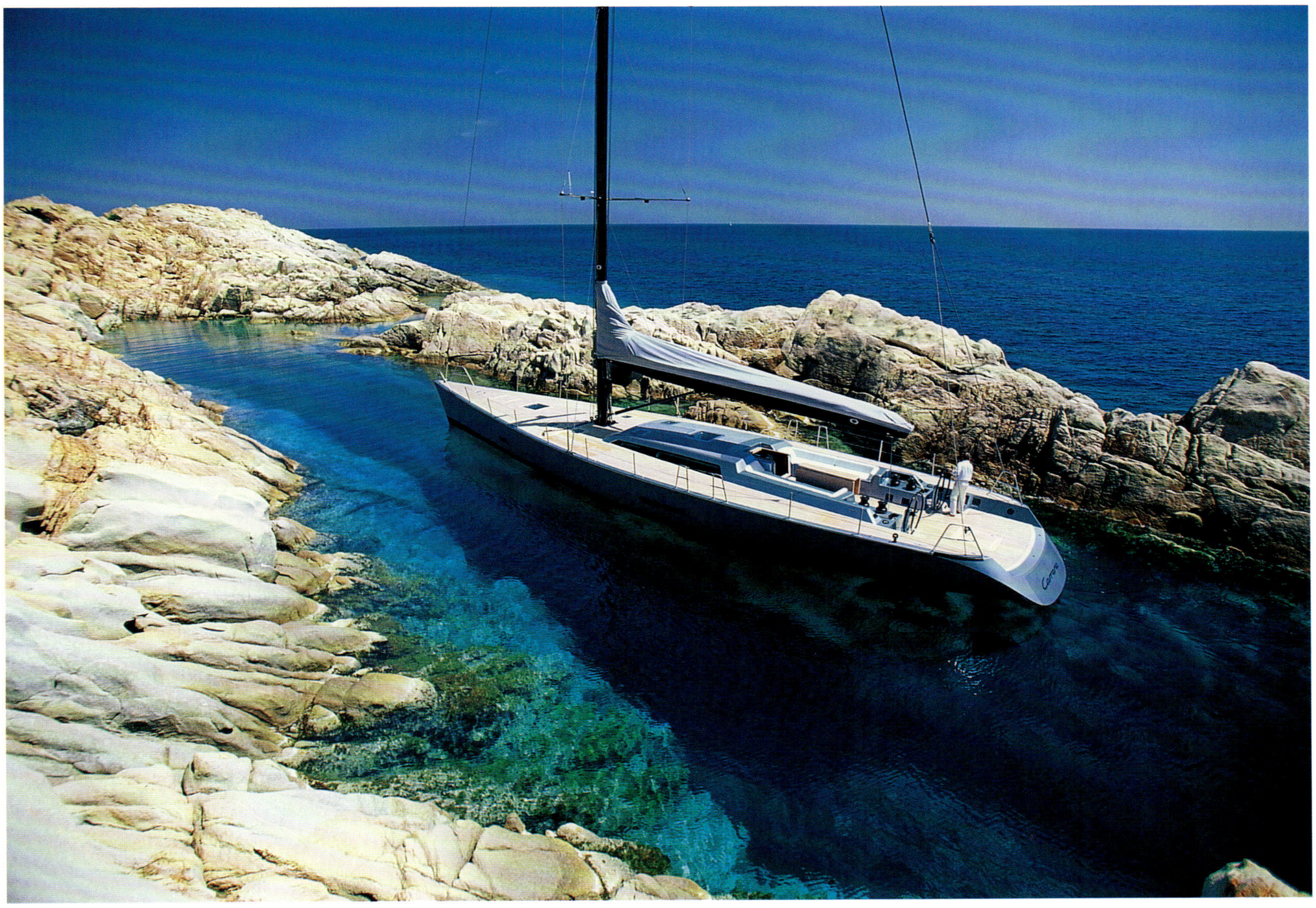

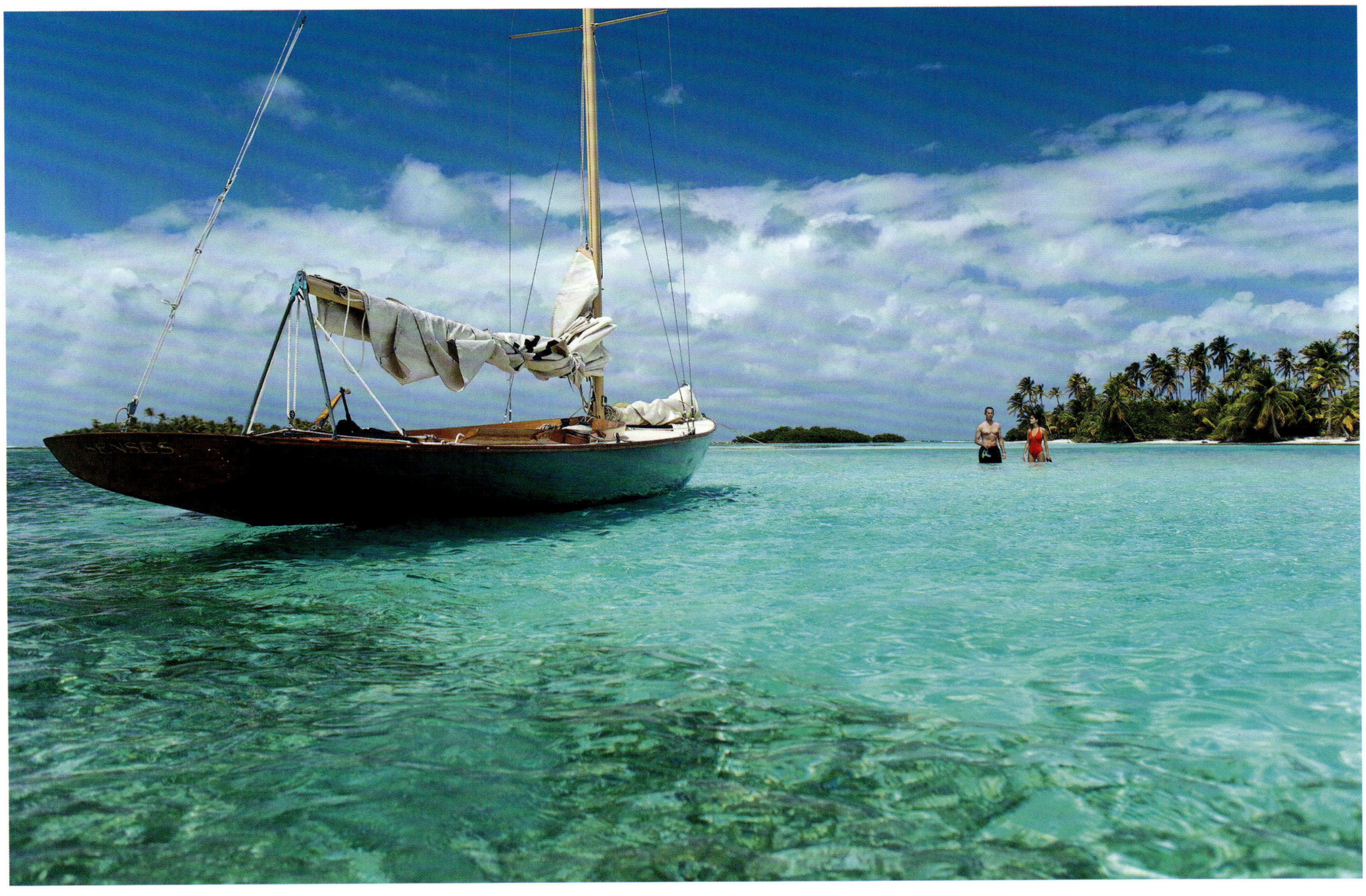

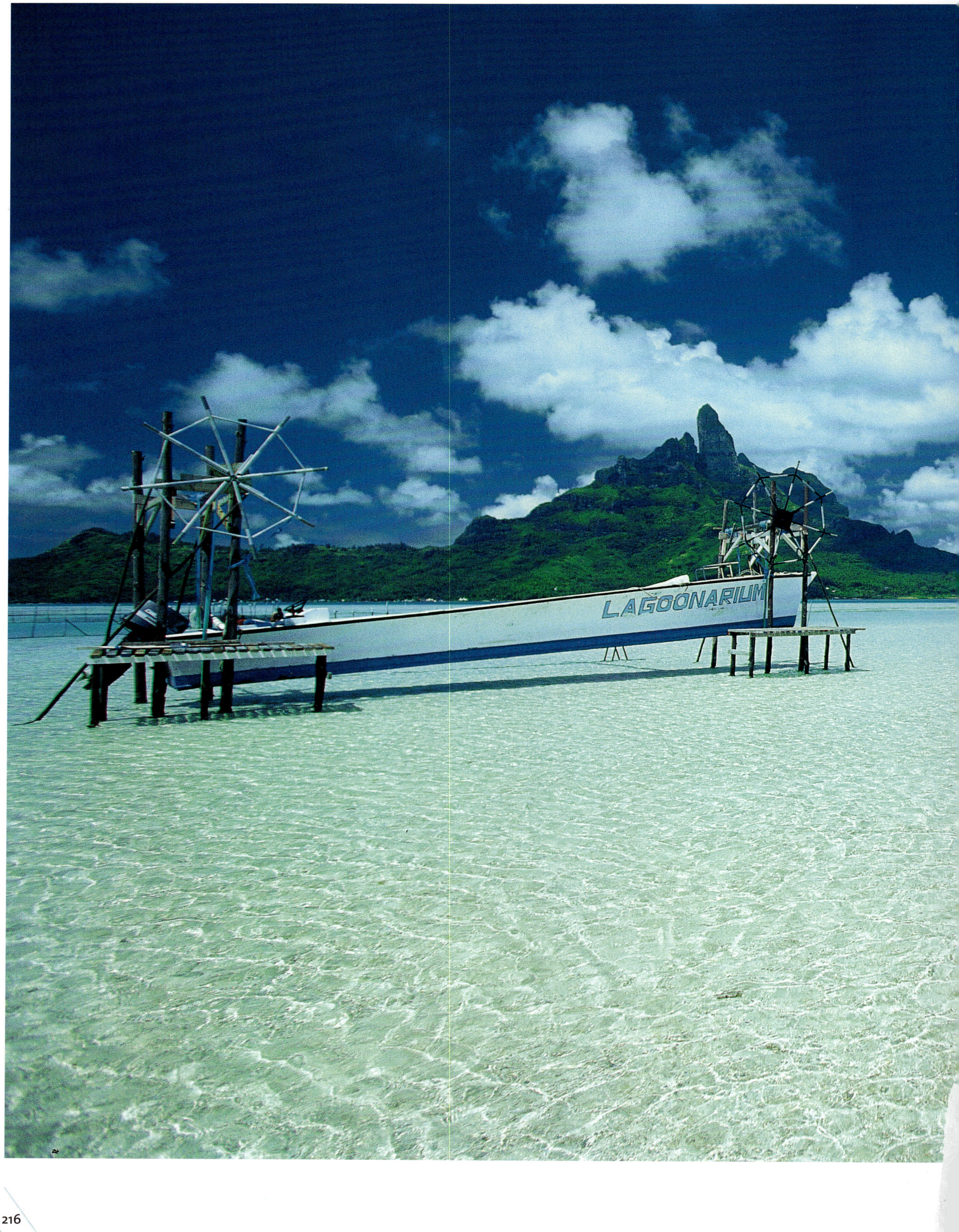
LAGOONARIUM

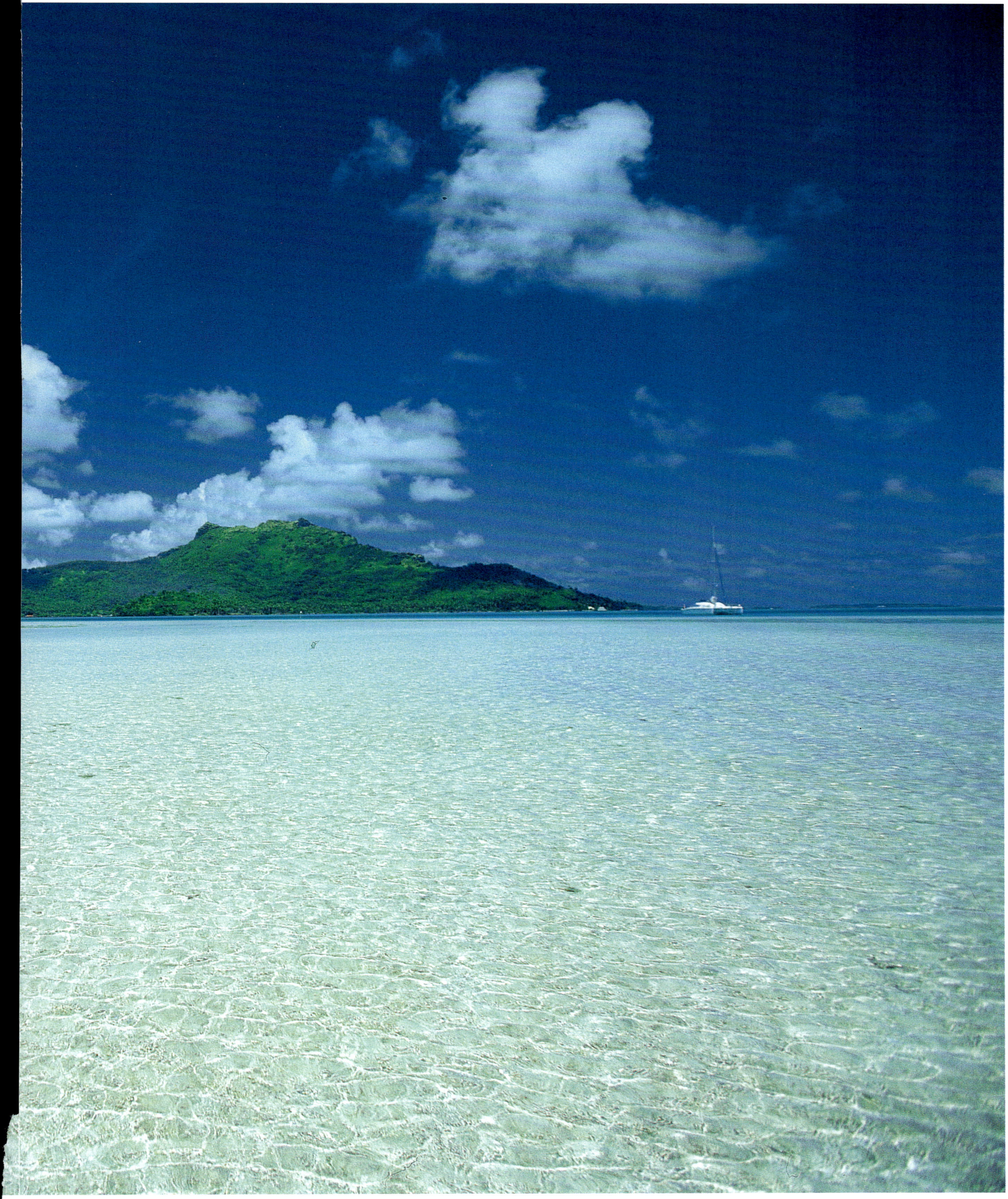

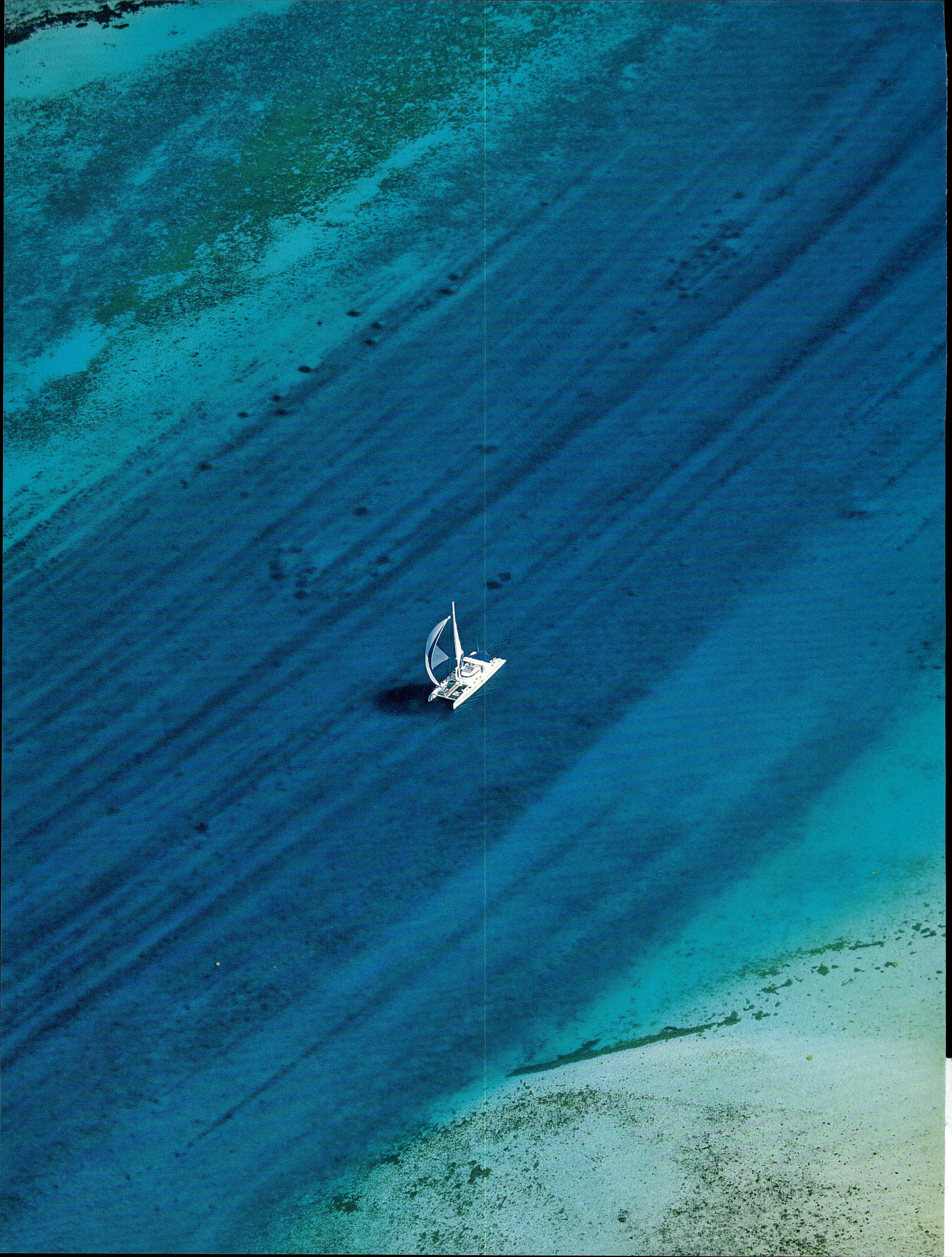

Ob Seychellen, Polynesien, Karibik, Mittelmeer, Patagonien oder Ozeanien – unsere Erde birgt so viele landschaftliche Schätze, dass ein Menschenleben kaum ausreicht, um alles zu erforschen. Wer sich in der glücklichen Lage befindet, wie einst Odysseus mit seinem Boot frei die sieben Weltmeere befahren zu können, zu segeln, wohin es ihm beliebt, der wird an fernen Gestaden und abgelegenen Küsten ungeahnte Herrlichkeiten entdecken.

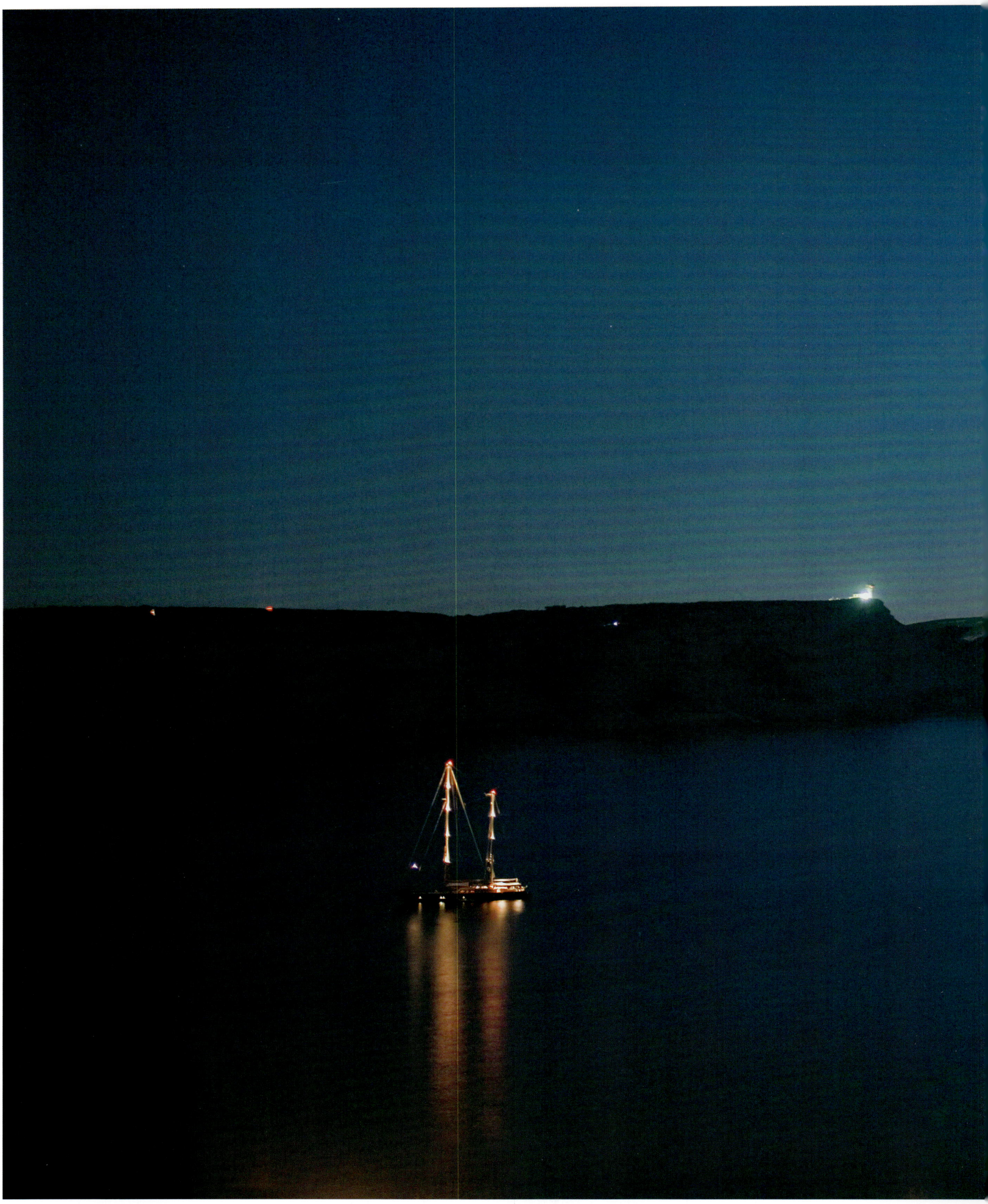

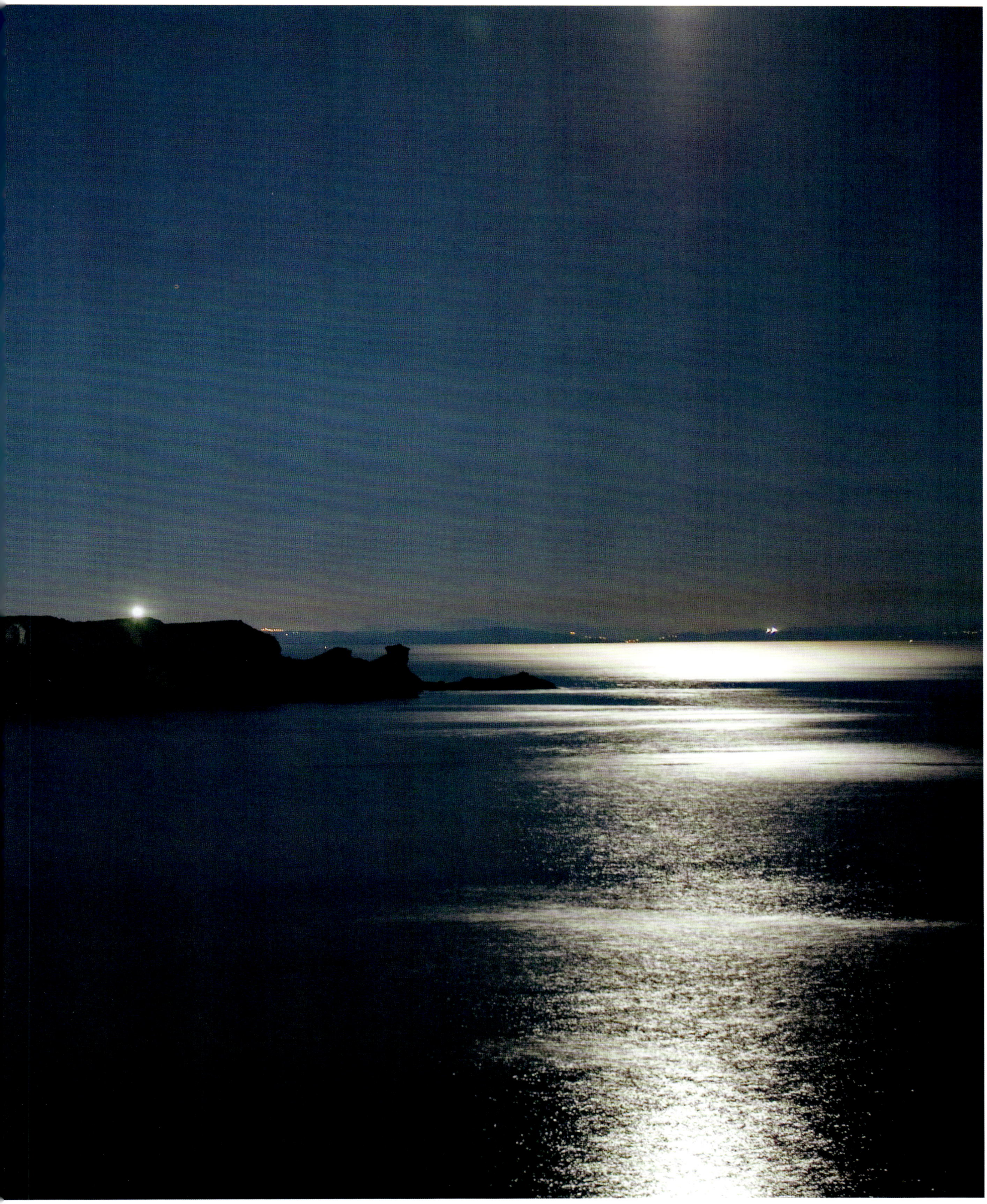

Die genannten Yachten in alphabetischer Reihenfolge

Name	Baujahr	Schiffstyp	Konstrukteur	Innendesign
Adix	1984	Dreimast Gaffelschoner	Arthur Holgate	–
Agneta	1948	Yawl (Bermudatakelung)	Knud Reimers	–
Alexia	2003	Slup (Bermudatakelung)	Javier Soto Acebal	Wally Yachts
Angel's Share	2009	Slup (Bermudatakelung)	Javier Soto Acebal	Wally / Eidsgaard
Ashanti IV	1954	Schoner (Bermudatakelung)	Henry Gruber	Dee Robinson
Atlantic (Replik von 1903)	2010	Dreimast Gaffelschoner	Gardner & Cox / Doug Peterson	Ed Kastelein
Avel	1896	Gaffelkutter	Charles E. Nicholson	–
Cambria	1928	23mR-Gaffelkutter	William Fife III	–
Carrera	2000	Slup (Bermudatakelung)	German Frers	–
Cartouche	2010	Katamaran	Jean-Jacques Coste	–
Challenge Twelve	1983	12mR-Slup (Bermudatakelung)	Ben Lexcen	–
Cotton Blossom	1925	Q-Class Slup (Bermudatakelung)	Johann Anker	–
Creole	1927	Dreimastschoner (Bermudatakelung)	Charles E. Nicholson	–
Eilean	1937	Ketsch (Bermudatakelung)	William Fife III	–
Eilidh	1931	Kutter (Bermudatakelung)	Alfred Mylne	–
Eleonora (Replik der Westward, 1910)	2000	Dreimast Gaffelschoner	Nathanaël G. Herreshoff	–
Esense	2006	Slup (Bermudatakelung)	Tripp Design	Odile Decq
Fantasque	1971	Slup (Bermudatakelung)	André Mauric	André Mauric
Highland Flings XI	2009	Slup (Bermudatakelung)	Reichel & Pugh Design	–
Hyperion	1998	Slup (Bermudatakelung)	German Frers	Pieter Beeldsnijder
Indio	2009	Slup (Bermudatakelung)	German Frers	Wally Yachts
J One	1997	Slup (Bermudatakelung)	German Frers	–
Jethou	2009	IRC 60-Slup (Bermudatakelung)	Judel & Vrolijk	–
Maltese Falcon	2006	Dreimaster mit DynaRigg	Gerard Dijkstra / Perini Navi	Ken Freivokh Design
Marigold	1892	Gaffelkutter	Charles E. Nicholson	–
Mariquita	1911	19mR-Gaffelkutter	William Fife III	–
Moonbeam IV	1914	Gaffelkutter	William Fife III	–
Orion	1910	Gaffelschoner	Charles E. Nicholson	–
Outlaw	1963	Kutter (Bermudatakelung)	Illingworth & Primrose	–
Rebecca	1999	Ketsch (Bermudatakelung)	German Frers	–
Senso One (ex-Mari-Cha IV)	2003	Schoner (Bermudatakelung)	Philippe Briand	–
Shamrock V	1930	J-Class (Bermudatakelung)	Charles E. Nicholson	–
Shenandoah	1902	Dreimast Gaffelschoner	Theodore E. Ferris	Terence Disdale Design
Sunshine (Replik von 1900)	2003	Gaffelschoner	William Fife III	–
Tango	2006	Slup (Bermudatakelung)	Bruce Farr	Lazzarini / Wally
Thendara	1936	Gaffelketsch	Alfred Mylne	–
Tiketitoo	2001	Slup (Bermudatakelung)	German Frers	Wally Yachts
Tomahawk	1939	12mR-Yawl (Bermudatakelung)	Charles E. Nicholson	–
Tuiga	1909	15mR-Gaffelkutter	William Fife	–
Véronique	1907	Gaffelyawl	Albert R. Luke	–

Werft	Land	Länge über alles (Meter)	Breite (Meter)	Tiefgang (Meter)
Astilleros de Palma	Spanien	64,90	8,70	5,00
Plyms	Schweden	25,00	4,20	2,93
Wally Yachts	Italien	30,63	6,67	4,50
Wally Yachts	Italien	39,90	7,90	4,00
Ernst Burmester	Deutschland	34,87	6,38	4,20
Van der Graaf	Niederlande	64,50	8,85	4,90
Camper & Nicholsons	Großbritannien	18,10	3,50	2,60
Fife & Sons	Großbritannien	41,15	6,21	4,26
Wally Yachts	Italien	24,00	5,85	2,50/4,05
H2X	Frankreich	28,90	12,30	2,00
S.E. Ward	Australien	19,25	3,65	2,66
Anker & Jensen	Norwegen	14,98	2,86	2,06
Camper & Nicholsons	Großbritannien	65,53	9,45	5,60
Fife & Sons	Großbritannien	22,20	4,65	3,25
Dickies of Bangor	Großbritannien	17,75	3,75	2,40
Van der Graaf	Niederlande	49,50	8,20	5,20
Wally Yachts	Italien	43,70	8,57	6,00
Felix Silvestro	Frankreich	12,00	3,50	2,05
Goetz Composite	USA	24,99	–	–
Royal Huisman	Niederlande	47,43	9,57	4,79
Wally Yachts	Italien	30,50	6,80	4,90
Wally Yachts	Italien	24,00	5,85	4,00
Green Marine	Großbritannien	18,30	4,85	4,10
Perini Navi	Türkei	88,00	12,60	6,11
Camper & Nicholsons	Großbritannien	17,98	3,74	2,67
Fife & Sons	Großbritannien	38,06	5,21	3,75
Fife & Sons	Großbritannien	32,10	5,10	3,90
Camper & Nicholsons	Großbritannien	44,80	7,20	4,20
Souter	Großbritannien	14,86	3,99	2,50
Pendennis Shipyard Ltd	Großbritannien	42,42	8,70	4,50
JMV Industries	Frankreich	42,67	9,60	6,50
Camper & Nicholsons	Großbritannien	36,58	6,07	4,75
Townsend & Downey	USA	55,08	8,60	4,72
Myanmar Shipyards	Birma	36,85	5,60	3,60
Wally Yachts	Italien	24,00	5,96	4,00
Alexander Stephens & Sons	Großbritannien	36,50	6,09	3,90
CNB	Frankreich	26,98	6,20	4,00
Camper & Nicholsons	Großbritannien	21,11	3,56	2,71
Fife & Sons	Großbritannien	28,70	4,15	2,87
Luke & Co	Großbritannien	22,90	3,95	2,68

Danksagung

Den Gestaltern, Eignern und Crews der hier vorgestellen Yachten für das Schauspiel, das sie uns boten, ein großes Dankeschön:
Luca Bassani, Monica Paolazzi und der Werft Wally Yachts,
Ed Kastelein und der Crew der d'*Atlantic*, Jim Thom und der Crew der *Mariquita*, André Beaufils, Maguelonne Turcat und der Société nautique de Saint-Tropez, Bernard d'Alessandri,
Isabelle Andrieux und dem Yacht Club de Monaco,
der Agentur Mille et une vagues und dem Yacht Club de Cannes,
der Werft Bénéteau, und natürlich dankt Gilles Martin-Raget seinem stets fröhlichen und effizienten Assistenten Guilain Grenier.
Dank auch an Félix Aubry de la Noë.
Und Catherine Laulhère dankt auch einmal mehr Michael Hantjes.

Copyright © 2012, Éditions Glénat. All rights reserved
Die französische Originalausgabe mit dem Titel »Plaisance d'exception« erschien bei Éditions Glénat, Grenoble

Bibliografische Information der Deutschen Nationalbibliothek
Die Deutsche Nationalbibliothek verzeichnet diese Publikation
in der Deutschen Nationalbibliografie; detaillierte bibliografische
Daten sind im Internet über http://dnb.d-nb.de abrufbar.

1. Auflage
ISBN 978-3-7688-3550-3
Die Rechte für die deutsche Ausgabe liegen beim Verlag
Delius, Klasing & Co. KG, Bielefeld

Aus dem Französischen von Andreas Jandl
Lektorat: Birgit Radebold
Projektleitung: Catherine Laulhère-Vigneau
Layout: Marie Laure Miranda
Schutzumschlaggestaltung: Gabriele Engel
Satz: Fotosatz Habeck, Hiddenhausen
Printed in China 2012

Alle Rechte vorbehalten! Ohne ausdrückliche Erlaubnis
des Verlages darf das Werk weder komplett noch teilweise
reproduziert, übertragen oder kopiert werden, wie z. B.
manuell oder mithilfe elektronischer und mechanischer
Systeme inklusive Fotokopieren, Bandaufzeichnung und
Datenspeicherung.

Delius Klasing Verlag, Siekerwall 21, D - 33602 Bielefeld
Tel.: 0521/559-0, Fax: 0521/559-115
E-Mail: info@delius-klasing.de
www.delius-klasing.de